합격을 위한 빠른 길

고종훈 한국사

고시넷

메가공무원에서 저자 직강
www.megagong.net
고종훈 공무원 한국사 다음 카페
http://cafe.daum.net/gosabu.kr

단권화 노트
(서브노트)

9급 국가직·지방직·서울시·법원직 대비

2026

바르해북스

분량은 콤팩트,
내용은 임팩트!

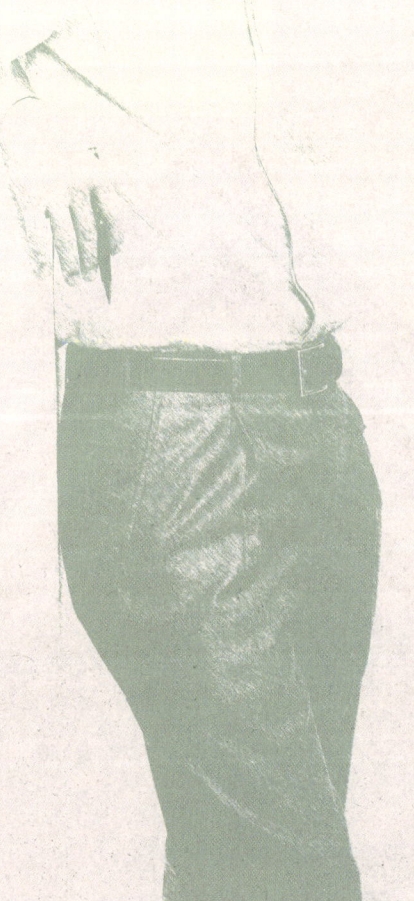

목 차 CONTENTS
Dynamic History

Ⅰ. 고조선과 초기국가 ……………………………… 4

Ⅱ. 한국 고대사 ……………………………………… 14

Ⅲ. 한국 중세사 ……………………………………… 42

Ⅳ. 근세 전기 ………………………………………… 68

Ⅴ. 근세 후기 ………………………………………… 96

Ⅵ. 한국 근대사 ……………………………………… 124

Ⅶ. 독립 운동사 ……………………………………… 150

Ⅷ. 한국 현대사 ……………………………………… 176

부록편 ………………………………………………… 196

머리말

한국사는 출제 범위가 있다.

국어, 영어 과목과 달리 한국사 시험은 범위가 있다. 최근 공무원 시험(9급, 법원) 한국사 시험을 분석해보면 99%는 고교 한국사 범위를 기반으로 출제되고 있다. 고교 한국사 범위만 충실히 공부해도 9급, 법원 시험은 95~100점을 충분히 확보할 수 있다. 또 탐구자료(사료, 지도, 사진, 표)를 제시하는 문제도 점차 증가하고 있다. 단순 암기를 요구하는 지식형 문제 보다는 개념을 정확하게 이해하고 있는 지를 묻는 문제가 주류를 이루고 있다.

한국사는 국어, 영어 어학 과목과는 달리 이론 뼈대를 세우고 반복하고, 문제 풀면서 점점 익숙해지는 과목이다. 고교 한국사 범위를 충실하게, 그리고 반복해서 공부해야 한다. 그 과정에서 최근 4~5년 동안의 기출 문제를 같이 풀어주고, 충분히 반복했다면 기출변형문제나 모의고사를 통해 실전 감각을 끌어올려 주면 된다. 아주 가끔 나오는 만점 방지용 문제를 잡으려고 범위를 넓히는 순간 수험생들은 좌표를 잃고 방황하게 될 것이다. 이 책은 각종 공시 한국사를 공부하는 수험생들에게 범위를 정해주는 역할을 할 것이다.

강의 듣기에 적합하게 설계된 교재

이 책은 서술식 기본서를 보완하는 "단권화 노트"이다. 개념편(2800분) 강의에서는 보조 교재로 활용되며, 초스피드 개념편(1600분)과 파이널 압축정리(800분) 강의에서는 주교재로 활용된다. 초스피드 개념편과 파이널 압축정리는 우리 연구실이 추구하는 최고의 가치, '수험적합성'이 잘 나타나 있다. 부디 많은 분들이 이 책으로 각종 공시 한국사에서 '시간대비 최대의 효과'를 얻기를 바랍니다.

마지막으로 이 책을 펴내는 과정에서 도움을 주신 발해북스 편집자들에게 감사드립니다.

2025년 7월 7일

고종훈

**분량은 콤팩트,
내용은 임팩트!**

Compact History

I

고조선과 초기국가

01. 선사 문화의 전개
02. 청동기·철기 시대
03. 고조선의 발전
04. 여러나라의 성장

01. 선사문화의 전개

I. 고조선과 초기국가

CheckPoint

기원전 8000년 경	기원전 1500년 경	기원전 5세기
구석기 시대	신석기 시대	청동기 시대	철기 시대

1) 구석기 시대

- 도구: 뗀석기(주먹도끼, 찍개 등), **슴베찌르개**(후기)
- 경제 생활: 사냥, 채집, 어로
- 사회 활동: 이동 생활, 무리 사회
- 주거 생활: 동굴, 바위그늘, 막집 고래와 물고기 등을 새긴 조각품(예술활동)
- 중석기 시대: 후빙기, 잔석기, 이음도구(활, 창)

◎ 주먹도끼

◎ 슴베찌르개
주로 **구석기 시대 후기**에 사용된 것으로, 슴베(자루)가 달린 찌르개로서 창의 기능을 하였다.

■ 구석기 시대 주요 유적지

분석

❶ 1978년 **연천 전곡리**에서 아슐리안형 주먹도끼가 아시아 최초로 발견되었다.
❷ **청원 두루봉 동굴**에서 구석기 시대 어린아이의 유골이 발견되었다(흥수아이).
❸ 1964년 공주 석장리에서 남한 최초로 구석기 시대 유적이 발견되었다.
❹ 단양 금굴에서 70만 년전의 유물이 발견되었고, 수양개 유적지에서는 뼈에 새긴 물고기 그림, 슴베찌르개, 석기 제작소 흔적 등이 발견되었다.
❺ 제천 점말 동굴에서 사람 얼굴을 새긴 코뿔소 뼈 등이 출토되었다.
❻ 1963년 웅기 굴포리 서포항에서 찍개, 긁개 등 구석기 시대의 유물이 발견되었다.
❼ 덕천 승리산 동굴에서 구석기 시대 사람의 뼈가 발견되었다(덕천 사람, 승리산 사람).
❽ 상원 검은모루 동굴에서 동물 화석과 주먹도끼 등의 도구가 발견되었다.

※ 기타 : 제천 창내, 남양주시 호평동 유적

2) 신석기 시대

- 도구
  - 간석기(돌보습, 돌괭이, 돌낫)
  - 이른 민무늬 토기, 눌러찍기무늬 토기, 덧무늬 토기
  - 빗살무늬 토기(대표적)
- 경제 생활
  - 원시 농경(조, 피 등 잡곡류 경작)
  - 원시 수공업(가락바퀴, 뼈바늘)
- 사회 활동: 평등사회, 족외혼(씨족 → 부족사회)
- 주거 생활: 움집(원형, 반지하, 중앙 화덕)
- 신앙 생활: 원시신앙(애니미즘, 샤머니즘, 토테미즘, 조상 숭배)

● **예술 활동**
신석기 시대 사람들은 짐승의 뼈나 이빨로 만든 치레걸이, 조개껍데기 가면 등을 만들어 몸을 치장하거나 종교의식에 사용하였다.

● 신석기 시대 주요 유물

● 덧무늬 토기

● 빗살무늬 토기

● 갈돌과 갈판

● 암사동 움집터

● 가락바퀴
직조기술(의복, 그물 제작)

● 조개껍데기 가면

■ 신석기 시대 주요 유적지

분 석

❶ 봉산 지탑리 유적에서 좁쌀이나 피로 보이는 탄화된 곡물이 출토되어 당시 원시적인 농경이 이뤄졌음을 알 수 있다.

❷ 서울 암사동 유적에서 모래땅에 움을 파고 지은 원형의 집터가 확인되었다. 집터 가운데에는 강돌을 둘러 만든 화덕 시설이 있다. 빗살무늬 토기, 돌도끼, 돌화살촉 등이 출토되었다.

❸ 양양 오산리 유적에서는 원형의 집터와 화덕 자리가 확인되고 다량의 토기와 결합식 낚시 도구, 흑요석 날석기[刃器], 흙으로 빚은 사람 얼굴상 등이 출토되었다.

❹ 제주 고산리 유적은 후기 구석기에서 신석기 초기 문화로 이행되는 전환기를 보여준다. 고산리식 토기로 불리는 이른 민무늬 토기와 덧무늬 토기 및 눌러찍기 무늬(압인문) 토기가 출토되었다.

❺ 부산 동삼동 유적은 바닷가에 있는 조개무지 유적이다.

I. 고조선과 초기국가

02 청동기·철기 시대

1) 청동기 문화의 전파
→ 무기와 위신재(거울, 방울), 그러나 농기구·공구는 간석기 사용
(청동제 농기구 X)

- 도구 ─ **비파형 동검**, 거친무늬 거울
  └ 반달 돌칼, 바퀴날 도끼, 홈자귀 등
- 토기 ─ 미송리식 토기, 민무늬 토기, 붉은 간토기 등
- 무덤 ─ **고인돌**, 돌널무덤, 돌무지 무덤

만주와 한반도의 대표적 청동기 유물!

● 청동기 시대 주요 유물

● 탁자식 고인돌
청동기 시대 지배층의 무덤으로, 형태에 따라 바둑판식(남방식)과 탁자식(북방식) 등으로 나뉜다.

● 비파형 동검 (요령식 동검)

● 반달 돌칼

● 미송리식 토기 (랴오둥 ~ 한반도 북부 지역)

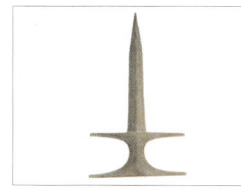
● 간돌검

● 홈자귀(부여 송국리)

● 호랑이 모양과 말 모양의 띠고리 장식

2) 철기의 보급

- 도구 ─ 철제 무기와 철제 농기구 사용
  └ **세형 동검**, 잔무늬 거울
- 토기 ─ 민무늬 토기, 검은 간토기, 덧띠 토기
- 무덤 ─ **널무덤, 독무덤**
- 중국과의 교류 ─ 중국 화폐(명도전, 오수전, 반량전), **붓**(한자 사용)
  창원 다호리 유적

● 철기 시대 주요 유물

● 세형 동검 (한국형 동검)
청천강 이남의 한반도 출토
(주로 마한지역)

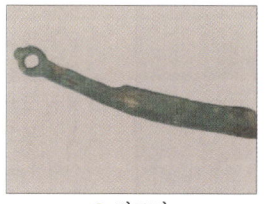
● 명도전
[중국과 경제적 교역의 증거]

● 독무덤

3) 청동기·철기 시대의 생활

- 경제 생활 ─ 청동기 시대에 벼농사 시작(탄화미) 여주 흔암리 유적
- 주거 생활 ┬ 야산, 구릉지대에 거주, 방어시설(환호, 목책)
           └ 직사각형 움집, 지상가옥(주춧돌), 벽면화로, 각종 공동 시설
- 사회 생활 ┬ 생산력 증대로 잉여 생산물 발생
           └ 빈부 격차와 계급 분화, 남녀 분업 촉진
- 정치체의   ┬ 금속 무기의 사용으로 정복 활동 활발, 계급 분화 촉진
  출현   └ 권력과 경제력을 가진 지배자 출현, 군장(족장)

4) 청동기·철기 시대의 예술

- 예술품 ┬ 말, 호랑이 모양의 청동 장신구(주술적 의미, 의식에 사용)
        └ 흙으로 빚은 짐승, 사람 모양의 토우 발견
- 바위그림 ─ 울산 대곡리 반구대 암각화, 고령 장기리 암각화, 울산 천전리 암각화

■ 부여 송국리 청동기 유적
부여 송국리 유적은 우리나라 최대의 청동기 시대 마을 유적이다. 반달돌칼, 홈자귀 등의 석기와 비파형 동검, 청동 도끼 거푸집, 붉은 간 토기, 송국리식 토기 등의 유물이 출토되었다. 또한 다량의 불탄 쌀과 볍씨 자국이 남아있는 토기 조각도 발견되어 당시 사람들이 벼농사를 지었음을 보여준다.

■ 바위그림(암각화)
울산 울주 반구대 암각화에는 여러 종류의 고래와 고래 잡는 사람, 호랑이, 사슴 등이 새겨져 있다. 고령 양전동 알터 바위그림에는 동심원 등 기하학적 무늬가 새겨져 있다. 이밖에 울주 천전리 암각화는 동심원, 사각형 등의 기하학적 무늬가 새겨져 있고, 신라 법흥왕 때의 명문도 발견되었다.

○ 울주 반구대 바위그림

◉ 청동기·철기 시대 주요 유물

○ 청동 도끼 거푸집

○ 농경무늬 청동기

○ 덧띠 토기

03 고조선의 발전

I. 고조선과 초기국가

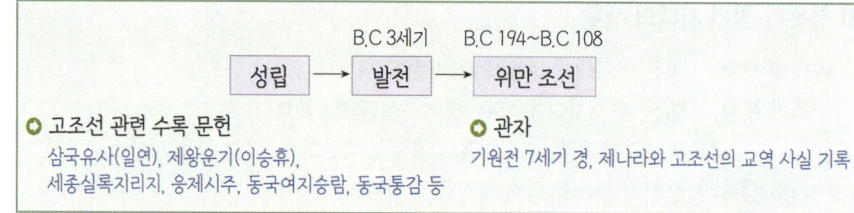

- **고조선 관련 수록 문헌**
  삼국유사(일연), 제왕운기(이승휴), 세종실록지리지, 응제시주, 동국여지승람, 동국통감 등
- **관자**
  기원전 7세기 경, 제나라와 고조선의 교역 사실 기록

○ 고조선의 세력 범위

1) 단군과 고조선

- 성립 ┬ 단군 왕검이 건국(B.C 2333), 청동기 문화에 바탕을 둔 최초의 군장국가
       └ 요령지방과 한반도 북부지방(비파형 동검과 탁자식 고인돌 출토)
- 발전 ┬ 기원전 4세기 경 왕을 칭함, 여러 관직 설치(상, 대부, 장군)
       └ 기원전 3세기 경 연과 대결(진개의 침입), 왕위세습(부왕, 준왕)

2) 위만 조선의 발전

- 성립   위만의 정변(기원전 194년), 준왕 축출
- 발전 ┬ 철기 문화의 본격적 수용, 정복활동(진번, 임둔)
       └ 한(漢)과 예·진 사이의 중계 무역으로 발전
- 멸망   섭하 사건 → 한무제의 침공으로 왕검성 함락(기원전 108년)
         → 한의 지배(4군 설치)
- 사회   8조 법금(한서 지리지) 고조선 멸망 이후 법조항 60여 개조로 증가

■ 단군신화 분석
① 천손사상(선민의식)
② 유이민세력과 토착세력의 정치적 연합에 의해 국가 성립
③ 농경사회(풍백, 우사, 운사)
④ 제정일치의 군장사회(단군왕검)

■ 고조선의 멸망
예국의 왕 남려가 한에 투항(창해군 설치)
→ 섭하 사건 → 한의 침략(1년 간 저항)
→ 지배층의 내분(니계상 삼이 우거왕 살해)
→ 왕검성 함락(기원전 108년)

○ **기자 조선**
상(은)이 멸망하자 기자가 동쪽으로 건너와서 조선의 임금이 되었다는 기록이 있다. 기자 동래설은 16세기 이후 사림들의 역사의식에 큰 영향을 미쳤다.

○ **위만 조선**
위만은 왕이 된 뒤에도 나라 이름을 그대로 조선이라고 했고, 그의 정권에는 토착민 출신으로 높은 지위에 오른 자가 많았다. 따라서 위만 조선은 고조선을 계승한 것으로 볼 수 있다.

■ 고조선의 법 〈한서 지리지〉
…… (고조선에서는) 백성들에게 금하는 법 8조를 만들었다. 그것은 ① 대개 사람을 죽인 자는 즉시 죽이고, ② 남에게 상처를 입힌 자는 곡식으로 갚는다. ③ 도둑질을 한 자는 노비로 삼는다. 용서받고자 하는 자는 한 사람마다 50만 전을 내야 한다. 여자들은 모두 정절을 지키고 신용이 있어 음란하고 편벽된 짓을 하지 않았다.

04 여러나라의 성장

I. 고조선과 초기국가

GOSABU Compact History

철기 문화의 확산 → 정복 활동 / 생산력 증대 → 연맹 왕국의 성립

1) 부여

- 정치: 5부 연맹체(왕과 사출도), 왕권 미약
  → 3세기 말 선비족 침입으로 약화, 5세기 말 멸망
- 경제: 농경과 목축, 말·모피·주옥(특산물)
- 풍속: 순장, 영고(12월), 우제점법, 1책 12법
  수렵사회의 전통

■ 부여의 법률 〈삼국지 위서 동이전〉
① 살인자는 사형에 처하고, 그 가족은 노비로 삼는다.
② 절도자는 12배의 배상을 물린다. 1책 12법
③ 간음자는 사형에 처한다.
④ 부인이 질투하면 사형에 처하되, 그 시체는 산 위에 버리며, 그 시체를 가져가려면 소·말을 바쳐야 한다. 일부다처제 사회 모습

2) 고구려

- 정치: 5부 연맹체, 제가회의 (국가 중대사 의논·결정)
  대가(상가, 고추가)는 사자, 조의, 선인 등의 관리를 둠
- 경제: 약탈 경제(부경)
- 풍속: 동맹(제천행사), 국동대혈에서 제사
  혼인 풍습: 서옥제, 형사취수제
  장례 풍속: 후장, 돌무지 무덤(송백)

▎기출지문

01. 부여는 전쟁이 일어났을 때 제천 의식을 행하고 소를 죽여 그 굽으로 길흉을 점쳤다. 또 흰 옷을 즐겨 입었으며, 형이 죽으면 동생이 형수를 아내로 삼는 풍습이 있었다.

02. 고구려는 중대한 범죄자가 있으면 제가회의를 통해 사형에 처하고, 그 가족은 노비로 삼았다.

CheckPoint

○ **연맹왕국**
연맹 왕국은 부족이 연합하여 국가 형태를 이루고 있었기 때문에 왕권이 강력하지 못하였고 부족장들에 의해 왕이 추대 혹은 폐위되기도 하였다. 부여, 고구려, 마한의 경우 연맹 왕국을 형성하였으나 옥저, 동예는 족장(군장) 사회에 머물렀다.

○ 여러 나라의 성장

○ **고추가**
왕족인 계루부, 전왕족인 소노부(연노부) 그리고 왕비족인 절노부의 대가를 고추가라고 불렀다.

I. 고조선과 초기국가 **11**

3) 옥저, 동예

- 옥저
  - 정치: 군장국가(거수, 삼로)
  - 경제: 소금과 어물 등을 고구려에 공납
  - 풍속: 민며느리제, 골장제(가족 공동 무덤)
- 동예
  - 정치: 군장국가(읍군, 삼로)
  - 경제: 해산물 풍부, 방직기술 발달, 특산물(단궁·반어피·과하마)
  - 풍속: 족외혼, 책화, 무천(제천행사)
    - 씨족사회의 전통

○ **편두**
변·진한 지역에서는 아이가 태어나면 돌로 머리를 눌러 편평하게 하는 풍습이 있었다.

○ 여(呂)자형 집터[동예]

○ 철(凸)자형 집터[동예]

4) 삼한

- 정치
  - 마한 54국(목지국 주도), 변한과 진한 각 12국
  - 제정분리 사회 : 신지·읍차(군장), 천군(제사장)
- 경제: 벼농사 발달(저수지 축조), 철 수출(변한) 덩이쇠를 화폐처럼 사용
- 풍속: 계절제(5월, 10월), 두레(공동체 조직), 소도(별읍)

○ **마한 목지국의 이동**
마한 목지국은 처음에 천안 지역을 중심으로 발달하였으나, 백제의 성장과 지배 영역의 확대에 따라 남쪽으로 옮겨 익산 지역을 거쳐 마지막에 나주 지역에 자리 잡았을 것으로 추정된다.

○ 마한의 토실

○ 마한의 무덤(주구묘)

| 기출지문

03. 옥저에서는 가족이 죽으면 시체를 가매장하였다가 나중에 그 뼈를 추려서 가족 공동의 무덤인 커다란 목곽에 안치하였다.

04. 동예는 다른 부족의 생활권을 침범하면 소, 말 등으로 갚는 풍속이 있었다. 또 식구가 병들어 죽으면 살던 집을 허물고 새집을 지었다.

05. 변한에서는 철이 많이 생산되어 낙랑, 왜 등에 수출하였다. 철은 교역에서 화폐처럼 사용되었다.

■ 삼국지 위서 동이전의 기록

① 부여는 구릉과 넓은 못이 많아서 동이 지역 중에서 가장 넓고 평탄한 곳이다. 토질은 오곡을 가꾸기에는 알맞지만, 과일은 생산되지 않았다. 사람들 체격이 매우 크고, 성품이 강직하고 용맹하며, ❶ 근엄하고 후덕하여 다른 나라를 노략질하지 않았다.

② 고구려에는 큰 산과 깊은 골짜기가 많고 평원과 연못이 없어서 계곡을 따라 살며, 골짜기 물을 식수로 마셨다. 좋은 밭이 없어서 힘들여 일구어도 배를 채우기는 부족하였다. ❷ 사람들의 성품은 흉악하고 급해서 노략질하기를 좋아하였다. …(중략)… 10월에 지내는 제천 행사는 국중 대회로서 동맹이라 한다. ❸ 혼인할 때에는 미리 약속을 하고 신부 집 뒤편에 작은 별채를 짓는다. 이것을 사위집(서옥)이라 부른다. 해가 저물 무렵 신랑이 신부 집 문밖에 와서 이름을 밝힌 뒤 무릎을 꿇고 신부와 잘 수 있도록 해달라고 청한다. 두세 번 거듭하면 신부 부모는 그때서야 사위집에서 자도록 허락한다. 신랑이 가지고 온 돈과 폐백은 사위집 곁에 쌓아 둔다. 아들을 낳아서 장성하면 남편은 아내를 데리고 자기 집으로 돌아간다.
― "삼국지", 위서 동이전 ―

③ 옥저는 큰 나라 사이에서 시달리고 괴롭힘을 당하다가 마침내 고구려에 복속되었다. 고구려는 그 나라 사람 중에 대인을 뽑아 사자로 삼아 토착 지배층과 함께 통치하게 하였다. ❹ 동예는 대군장이 없고, 한대 이후로 후, 읍군, 삼로 등의 관직이 있어서 하호를 통치하였다. ❺ 예의 풍속은 산천을 중요시하여 산과 내마다 구분이 있어 함부로 들어가지 않는다.

④ 산과 바다 사이에 흩어져 살며, ❻ 모두 50여 개의 나라로 이루어져 있다. 인구는 큰 나라의 경우에 만여 가, 작은 나라의 경우에 수천 가로, 총 10만여 호이다. …(중략)… ❼ 짚으로 지붕을 덮은 흙집에서 사는데, 그 모양이 마치 무덤과 같으며, 문은 윗 부분에 있다. …(중략)… ❽ 귀신을 믿기 때문에 국읍에 각각 한 사람씩 세워 천신의 제사를 주관하게 한다. 이를 천군이라 한다. 여러 나라에는 각각 소도라고 하는 별읍이 있다. 큰 나무를 세우고 방울과 북을 매달아 놓고 귀신을 섬긴다. 다른 지역에서 거기로 도망쳐온 사람은 누구든 돌려보내지 아니하였다.

CheckPoint

분 석
❶ 부여는 중국과 외교관계를 맺고 군사적으로 충돌하지 않았으므로 우호적으로 묘사되었다.
❷ 고구려는 지리적 조건으로 인해 초기부터 활발한 정복활동을 펼쳤다.
❸ 고구려의 혼인 풍속인 서옥제에 대한 설명이다.
❹ 동예는 연맹 국가로 성장하지 못하고 부족 국가 단계에 머물렀다.
❺ 동예의 책화를 설명하는 부분이다.
❻ 마한은 54개의 소국, 변한과 진한은 각기 12개국으로 이루어졌다.
❼ 삼한의 사람들은 초가지붕의 반움집이나 귀틀집에서 살았다.
❽ 삼한은 제정이 분리된 사회로 정치적 지배자인 신지, 읍차 외에 제사장인 천군이 있었다.

분량은 콤팩트,
내용은 임팩트!

Compact History

Ⅱ 한국 고대사

01. 삼국과 가야의 발전
02. 삼국의 통일
03. 삼국의 통치 체제
04. 통일 신라의 정치 발전
05. 발해의 발전
06. 삼국의 경제
07. 남북국 시대의 경제적 변화
08. 고대의 사회
09. 불교와 도교, 풍수지리설
10. 학문의 발달
11. 고대인의 멋과 자취
12. 일본으로 건너간 우리 문화

01 삼국과 가야의 발전

Ⅱ. 한국 고대사

CheckPoint

1) 고대국가의 특징

: 왕권강화, 통치체제의 정비(율령, 관등), 집단의 통합 강화(불교 수용)

연맹 왕국 → (왕권 강화, 정복 활동) → 중앙 집권 국가

2) 고구려의 발전

- 태조왕(1세기 후)   계루부 고씨의 왕위 계승, 옥저 정복
- 고국천왕(2세기)   왕위의 부자상속제 확립, 5부 개편(부족 → 행정), 진대법 실시
- 동천왕(3세기)   관구검의 침입
- 미천왕(4세기 초)   서안평 점령, 낙랑군 축출 중국세력(낙랑)과 경쟁에서 승리
- 고국원왕(4세기 중)   전연(모용황)의 침입, 백제의 공격(평양성에서 전사)
- 소수림왕(4세기 후)   불교 수용, 태학 설립, 율령 반포, 전진과 교류
- 광개토왕(5세기 초)   백제 공격, 신라에 침입한 왜 격퇴(400)
   영락 연호, 만주 정복(후연·비려·숙신)
- 장수왕(5세기)   남북조와 동시 수교, 남진 정책 추진(평양 천도), 한성함락(475)
   한강유역 진출(충주 고구려비), 흥안령 일대 진출 시도
- 문자왕(5세기 말)   부여 복속(최대 판도)

유연족과 지두우족을 분할 점령 계획

북위국서(472)
개로왕 죽임, 백제는 웅진으로 천도

● 호우명 그릇
경주의 호우총에서 발굴된 것으로, 이 그릇 밑바닥에 "乙卯年國岡上廣開土地好太王壺十(을묘년 국강상 광개토지호태왕호우십)"이라는 글씨가 새겨져 있어, 당시 신라와 고구려의 관계를 보여 준다.

● 광개토대왕릉비
만주 집안현(국내성)에 위치하고 있으며 1880여 글자로 되어 있다. 고구려 건국 과정과 광개토대왕의 정복활동 그리고 수묘인(묘지기)에 대한 기록, 이렇게 크게 세부분으로 이루어져 있다.

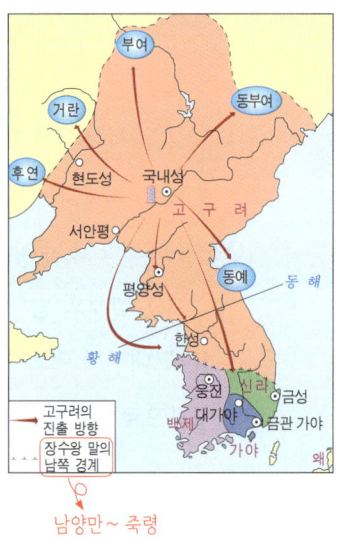

● 충주고구려비(중원고구려비)
충주시 가금면에 위치하고 있으며 5세기 장수왕 때 고구려가 남한강 지역을 복속하고 세운 것으로 추정하고 있다. '고려 대왕'이란 표현, 신라를 '동이', 신라왕을 '매금'이라 칭하는 것을 통해 당시 고구려 국력의 강대함과 독자적 천하관을 보여준다.

● 나제동맹
신라와 백제가 고구려를 견제하기 위해 맺은 동맹이다. 433년 눌지왕(신라)과 비유왕(백제) 사이에 처음 맺어졌으며, 필요한 경우 상호 원군을 파견하기로 하였다.

■ 고구려의 왜 격퇴 ☆중요한 사료!

(영락) 9년(399) 기해에 ❶ 백제가 서약을 어기고 왜와 화통하므로, 왕은 평양으로 순수해 내려갔다. 신라가 사신을 보내 왕에게 말하기를, "왜인이 그 국경에 가득 차 성을 부수었으니, 노객은 백성 된 자로서 왕에게 귀의하여 분부를 청한다."고 하였다. …… **10년(400) 경자에 보병과 기병 5만을 보내 신라를 구원하게 하였다.** …… ❷ 성이 곧 귀순하여 복종하므로, 순라병을 두어 지키게 하였다. 신라의 □농성을 공략하니, ❸ 왜구는 위축되어 궤멸되었다.
– 광개토 대왕릉 비문 –

CheckPoint

분 석
❶ 백제와 가야, 왜의 연합군이 신라를 침입하였다.
❷ 고구려는 이후 장수왕 때까지 신라 영역 안에 군대를 주둔시켰다.
❸ 왜와 연합한 금관가야의 세력도 쇠퇴하였다.

3) 백제의 발전

- 고이왕(3세기) — 한강유역 복속, 6좌평 제도, 관등제와 관복제 실시
- ☆근초고왕(4세기 중) ┬ 왕위의 부자 상속제 확립, 정복활동(마한 복속, 고구려 공격)
                    └ 가야 지역 진출, 해외 진출(산둥, 요서, 규슈지역)
- 침류왕(4세기 후) — 불교 수용(384)
- 동성왕(5세기 후) — 신라와 결혼 동맹(493)   5세기 백제는 고구려의 팽창으로 국력이 위축됨(아신왕~개로왕)
- 무령왕(6세기 초) — 지방통제 강화(22담로), 남조(양)와 교류
- ☆성왕(6세기 중) ┬ 사비(부여) 천도, 남부여로 국호 개칭, 중앙관제 정비(22부)
                  └ 일본에 불교 전파, 한강유역 회복, 관산성에서 전사(554)
                    불교 진흥(겸익 등용), 지방제도 정비(수도 5부, 지방 5방)

● 백제의 건국 세력

백제는 기원전 18년 고구려계 이주민 세력이 한강 유역의 토착세력을 규합하여 건국하였다. 백제 초기 무덤인 석촌동 고분이 고구려의 초기 무덤과 유사한 돌무지 무덤이라는 점은 이러한 사실과 관련이 있다.

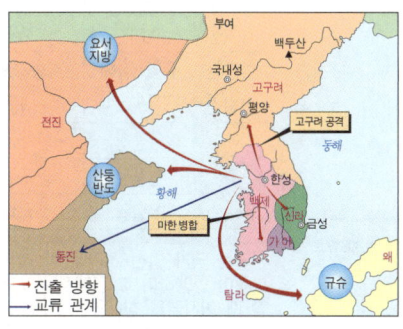

※ 백제와 남조(양)의 교류
→ 무령왕릉, 양직공도(난징 박물관)
   (벽돌무덤)

● 칠지도
현재 일본의 신궁에 보관되어 있는 철제 칼로, 61자의 명문이 새겨져 있다. 4세기 근초고왕 때 백제에서 제작되어 일본에 보내진 것으로 추정되고 있다.

4) 신라의 발전

- 건국 : 사로국(진한의 소국)
- 초기체제 : 6부 연맹체(박·석·김 교대로 이사금에 선출)

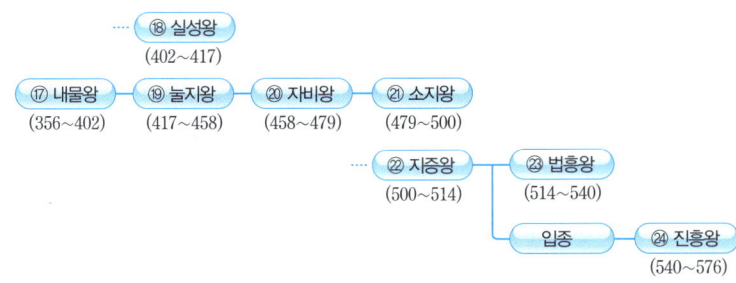

※ 눌지왕 때 외교노선의 변화
→ 친고구려에서 친백제로
(나제동맹)

- 내물왕(4세기) : 김씨 왕위세습제 확립, 마립간 칭호 사용, 낙동강 동쪽 지역 진출
- 눌지왕(5세기) : 나제동맹 체결(433), 왕위의 부자상속제 확립
- 소지왕(5세기 말) : 백제와 결혼동맹(493), 우역과 관도 정비
- 지증왕(6세기 초) : 신라 국호, 왕 호칭, 우산국 정복, 지방제도 정비, 순장 금지
- 법흥왕(6세기 초) : 율령 반포, 17관등제 정비, 공복 제정, 병부와 상대등 설치 / 불교 공인, 건원 연호, 골품제도 정비, 금관가야 정복
- 진흥왕(6세기 중) : 팔관회 개최(혜량), 화랑도 개편, 불교 교단 정비(국통·주통·군통) / 한강유역 진출(단양 적성비, 4개의 순수비), 대가야 멸망(562), 개국·대창·홍제 연호

● **우역(郵驛)**
공문서의 전달, 관물의 운송, 출장관리의 편의 등을 위해 운송 수단과 숙박을 제공하는 시설이었다.

중국과의 교류 길목
(중국의 선진문화 수용)

북한산비 / 단양적성비
한강 하류지역
정복(신주설치)

● **신라의 왕호 변천**

왕호	사용시기	의미
거서간	박혁거세	군장
차차웅	남해	무당
이사금	유리~흘해	계승자, 연장자
마립간	내물~소지	대군장
왕	지증왕	한자식왕호
	법흥왕	불교식왕명
	무열왕	중국식시호

신라는 국가 발전 초기에 박·석·김의 3부족이 연맹하며 그 연맹장을 교대로 선출할 때 이사금을 칭하였다. 이후 김씨가 왕위 세습권을 독점하면서 그 왕권의 강화를 표시하기 위해 대군장이라는 의미의 마립간으로 바뀌었다.

5) 가야의 발전

전기(3~4세기) → 후기(5~6세기)
금관가야 중심 → 대가야 중심

① 전기 가야연맹
- 3세기 경 금관가야(김해)를 중심으로 발전
- 중계무역 발달(철, 낙랑과 규슈지방 연결)
- 고구려의 공격(400년)으로 약화

② 후기 가야연맹 — 소백산맥 서쪽 진출(호남 동부 지역)
- 5세기 경 대가야(고령)를 맹주로 한 연맹체
- 신라와 결혼동맹(국제적 고립 탈피 시도)
- 대가야의 멸망(562년, 진흥왕)

③ 가야 문화
- 금동관, 철제무기와 갑옷, 토기 발달 → 일본 토기문화에 영향(스에키 토기)
- 대성동 고분(금관가야), 지산동 고분(대가야)

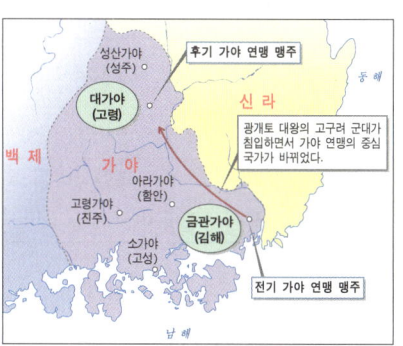

■ 금관 가야의 건국 설화
　이 나라에는 왕이 없어서 아홉 명의 족장이 백성을 다스리고 있었다. 어느 날 구지봉에서 소리가 들려왔다. ❶ 족장들은 백성들을 구지봉에 모아 놓고 신이 하라는 대로 흙을 파헤치고 춤을 추고 노래를 불렀다. "거북아, 거북아 머리를 내놓아라. 만약 내놓지 않으면 구워 먹으리."

■ 대가야의 건국 설화
　시조는 이진아시왕이고, 그로부터 도설지왕까지 대략 16대 520년이다. 최치원이 지은 "석이정전"에는, "가야산신 정견모주가 천신 이비가지에게 감응되어 뇌질주일과 뇌질청예 두 사람을 낳았다. ❷ 뇌질주일은 곧 이 나라의 시조인 이진아시왕의 별칭이고, 뇌질청예는 금관국의 시조인 수로왕의 별칭이다."라고 하였다.
　　　　　　　　　　　　　　　　　　　　　　　－ "신증동국여지승람" －

CheckPoint

○ 구지봉 설화
금관가야를 세운 김수로왕의 탄생 설화로 삼국유사에 실려 있다.

○ 가야의 금동관
(고령 지산동 32호분 출토)
대가야

분 석
❶ 구지봉 설화는 금관가야를 세운 김수로왕의 탄생 설화이다.
❷ 대가야는 시조를 금관가야의 시조 수로왕과 형제로 설정하여 권위를 높였다.

※ 삼국 필수 암기 사건

4세기	평양 전투에서 고국원왕 전사(371, 백제 근초고왕)
5세기	• 신라에 침입한 왜 격퇴(400, 고구려 광개토왕) • 평양 천도(427, 고구려 장수왕) • 나제동맹(433) • 한성 함락과 개로왕의 죽음(475, 고구려 장수왕) • 신라와 백제의 결혼 동맹(493)
6세기	• 금관가야 항복(532, 신라 법흥왕) • 관산성 전투에서 성왕 전사(554, 신라 진흥왕) • 대가야 멸망(562, 신라 진흥왕)

Ⅱ. 한국 고대사

02 삼국의 통일

CheckPoint

■ 신라의 주요 금석문

비석명	건립 연대	내용
포항 중성리비	지증왕(501)	재산 분쟁과 관련된 판결을 기록(현존 최고 신라 금석문)
포항 냉수리비	지증왕(503)	지증왕을 비롯한 6부 대표자들이 절거리라는 인물의 재산 분쟁을 판결한 것을 기록
울진 봉평비	법흥왕 11년(524)	울진 지역에서 일어난 사건을 해결하기 위해 군사 동원, 사후 처리를 위해 회의를 열고 판결한 것을 기록
단양 적성비	진흥왕(545~550)	적성 점령에 대한 포상과 민심 수습 (한강 상류지역 진출)
진흥왕 순수비		북한산비(555?), 창녕비(561), 황초령비(568), 마운령비(568)
임신서기석	진흥왕(552?)	두 명의 청소년이 맹세한 내용을 기록

02 삼국의 통일

1) 7세기 초 삼국의 형세   수·당+신라 ↔ 돌궐-고구려-백제-왜

① 중원의 정세 변화 : 남북조 시대 → 수의 통일(589)
② 삼국의 상황
- 고구려   한강 유역 탈환 시도(영양왕, 온달)
- 백제   미륵사 창건(무왕)
- 신라   수에 원병 요청 (진평왕의 걸사표)
  원광법사(호국불교)
③ 고구려와 수의 전쟁
- 고구려의 요서 선제 공격(598) → 수의 1차 침입
- 수의 2차 침입(612, 살수 대첩), 3~4차 침입도 격퇴

○ 7세기 전반 주요 연표

608	신라 진평왕의 걸사표(수에 원병 요청)
612	수의 2차 침입(살수대첩)
642	대야성 전투, 연개소문의 정변
645	당의 침입(안시성 싸움), 황룡사 9층 목탑
648	나당 연합의 성립

642년 → 645년 → 648년 → 660년, 668년

642 성주 김품석(김춘추 사위) 죽임.
김춘추는 복수하기 위해 당으로 건너가 나당연합 성사 시킴

영류왕 죽임, 대당강경노선
(천리장성축조)

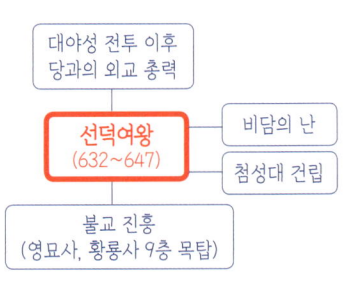
대야성 전투 이후 당과의 외교 총력
선덕여왕 (632~647) — 비담의 난, 첨성대 건립
불교 진흥 (영묘사, 황룡사 9층 목탑)

2) 7세기 중엽의 상황

① 고구려
- 당의 건국(618) 이후 천리장성 축조(631~647)
- 연개소문의 정변(642) → 당의 침입, 안시성 싸움(645)

② 백제 : 의자왕의 정복 활동(대야성 함락)

③ 신라   연호(인평)
- 비담의 난 진압(김춘추·김유신)
- 선덕여왕 : 첨성대와 황룡사 9층 목탑 건립
- 김춘추의 외교 활동(고구려에 청병, 당과의 외교 노력) → 나당연합의 성립(648)
  이후 신라는 당의 연호, 제도, 문물 수용

천리장성
고구려가 당의 침략에 대비하여 보장왕 6년(647)에 완성한 성으로 북쪽의 부여성에서 남쪽의 비사성(대련)에 이른다. 연개소문은 이 성곽 축조를 감독하면서 요동의 군사력을 장악하여 정권을 잡을 수 있었다.

3) 삼국의 통일

- 백제의 멸망
  - 나당연합군의 침공 → 황산벌 전투, 사비성 함락(660)
  - 부흥운동 : 주류성(복신, 도침), 임존성(흑치상지), 왜의 지원(663, 백강전투)

- 고구려의 멸망
  - 연개소문 사후 지배층의 분열 → 나당연합군의 공격으로 평양성 함락(668) 연남생은 당에, 연정토는 신라에 투항
  - 부흥운동 : 한성(검모잠과 안승), 오골성(고연무), 신라의 지원

4) 나·당전쟁

당의 지배 야욕에 대한 신라의 대응
- 당의 야욕 웅진도독부(660), 계림도독부(663), 안동도호부(668) 설치
- 나당전쟁
  - 옛 백제 땅에 소부리 주 설치(671), 보덕국(674) 설치
  - 매소성 싸움(675), 기벌포 싸움(676)
  → 당 세력 축출, 삼국 통일(대동강 ~ 원산만)

안동도호부
고구려 멸망 직후 평양에 설치한 군정기관이다. 고구려 유민의 저항이 거세지자 670년 치소를 신성(요동)으로 옮겼다.

보덕국(674~684)
고구려 멸망 이후 신라가 금마저(익산)에 두었던 고구려 유민의 나라이다. 고구려 왕족 안승을 보덕국왕으로 삼았다.

기출지문

01. 나당동맹 체결 이후 신라는 고유 연호를 버리고 당의 연호를 사용하는 등 중국의 제도와 문물을 받아들였다.

02. 안승은 고구려 왕족 출신으로 신라에 투항하자 문무왕은 보덕국왕으로 삼았다. 신문왕때 소판 관등을 받고 신라 귀족으로 편입되었다.

● 부흥운동과 나당전쟁

03. 삼국의 통치 체제

Ⅱ. 한국 고대사

CheckPoint

◉ 6좌평
내신좌평(왕명 출납), 내법좌평(의례), 조정좌평(형벌), 내두좌평(재정), 위사좌평(숙위), 병관좌평(국방)

◉ 2소경
진흥왕 때 국원경(충주), 선덕여왕 때에 동원경(강릉)을 설치하고 장관으로 사신을 파견하였다.

1) 삼국의 정치 제도

- 부 체제 — 왕실과 각 부가 중앙 지배 집단 형성(고구려·백제 5부, 신라 6부)
- 귀족회의 — 제가회의(고구려), 정사암회의(백제), 화백회의(신라)
- 관등제도 — 10여 관등(고구려), 16관등(백제), 17관등(신라)
- 국정총괄 — 대대로(고구려), 상좌평(백제), 상대등(신라)
- 중앙관서 ┬ 백제 : 6좌평 제도, 성왕 때 22부 설치
           └ 신라 : 병부, 품주 등의 관제를 차례로 설치

2) 삼국의 지방·군사 제도

- 지방제도 ┬ 고구려 : 수도(5부), 지방(5부), 욕살·처려근지(지방관)
           ├ 백제 : 수도(5부), 지방(5방), 방령·군장(지방관)
           └ 신라 : 수도(6부), 지방(5주), 군주·태수(지방관)
- 군사제도 — 군사적 지배(지방관이 군의 지휘관 겸임)
- 특수 행정구역 — 3경(고구려), 22담로(백제), 2소경(신라)

| 기출지문

03. 촌(말단 행정 단위)에는 지방관을 파견하지 않고 토착세력을 촌주로 삼았다.

◉ 부(部) 체제
삼국시대 초기 고구려와 백제는 5부, 신라는 6부가 중앙의 지배집단이 되었다. 각 부는 중앙 왕실에 예속된 형태였으나, 각 부의 귀족들은 각자 관리를 거느리고 자신의 영역을 지배하는 등 독자성을 유지하였다. 전쟁과 같은 국가 중대사는 각 부의 귀족들로 구성된 회의체에서 결정하였다.

◉ 삼국의 지방 통치
삼국은 외형상 중국의 군현 제도와 유사한 지방 조직을 설치했지만, 실제로는 지방관의 수가 많지 않아서 주요 거점만을 지배하는 데 그쳤고, 나머지 지역은 자치를 허용하여 간접적으로 주민을 지배하였다.

◉ 관등제
관리들의 등급을 정한 것으로, 종래의 족장적 성격을 띤 다양한 세력 집단이 하나의 체계로 조직되어 상하 관계를 이룬 것이다.

◉ 중위제
신라의 골품제도에서 관등 승진의 상한선에 따른 불만을 무마하기 위해 아찬에 4등급의 중위를 설치하였다.

◉ 갈문왕
신라에서 왕족이나 왕비족의 유력자를 갈문왕이라 불렀다. 고구려의 고추가와 비슷하다. 무열왕 때 왕권을 강화하면서 갈문왕 제도를 폐지하였다.

고구려의 관등 변화

등급	〈삼국지〉	〈수서〉	〈한원〉
1	상가	태대형	대대로
2	대로	대형	태대형
3	패자	소형	울절
4	고추가	대로	대부사자
5	주부	의후사	조의두대형
6	우태	조의	대사자
7	승	태대사자	대형가
8	사자	대사자	발위사자
9	조의	소사자	상위사자
10	선인	욕사	소형
11		예속	제형
12		선인	과절
13	행정관료계열		부절
14			선인

(족장계열 / 행정관료계열)

백제의 관등

등급	관등명	복색	장식
1	좌평	자색	은화 모자
2	달솔		
3	은솔		
4	덕솔		
5	한솔		
6	나솔		
7	장덕	비색	자주색 허리띠
8	시덕		검은색 허리띠
9	고덕		붉은색 허리띠
10	계덕		파란색 허리띠
11	대덕		
12	문독		누런색 허리띠
13	무독		
14	좌군	청색	
15	진무		하얀색 허리띠
16	극우		

골품과 관등

등급	관등명	골품 진골	6두품	5두품	4두품	복색
1	이벌찬	■				자색
2	이찬	■				
3	잡찬	■				
4	파진찬	■				
5	대아찬	■				
6	아찬	■	■			비색
7	일길찬	■	■			
8	사찬	■	■			
9	급벌찬	■	■			
10	대나마	■	■	■		청색
11	나마	■	■	■		
12	대사	■	■	■	■	황색
13	사지	■	■	■	■	
14	길사	■	■	■	■	
15	대오	■	■	■	■	
16	소오	■	■	■	■	
17	조위	■	■	■	■	

04. 통일 신라의 정치 발전

Ⅱ. 한국 고대사

1) 신라 중대 전제왕권의 확립

① 무열왕 : 진골 출신(이후 무열계의 왕위 세습), 백제 정복, 갈문왕제 폐지
② 문무왕 : 고구려 정벌, 나당전쟁에서 승리(삼국 통일 완성), 외사정 파견
③ 신문왕
- 김흠돌 모역사건을 계기로 귀족세력 숙청
- 관료전 지급(녹읍 폐지), 국학설치 (유교정치이념 수용)
- 지방제도 정비(9주 5소경), 군사제도 정비(9서당 10정)
- 만파식적(萬波息笛), 달구벌(대구) 천도 계획

④ 성덕왕 : 정전 지급
⑤ 경덕왕
- 지방 군현의 명칭 변화, 국학을 태학감으로 개칭(박사와 조교) 집사부 중시 → 시중
- 녹읍 부활, 불국사와 석굴암, 성덕대왕 신종
⑥ 6두품의 역할 중대 : 전제왕권과 결탁, 국왕의 정치적 조언자 역할(집사부 시랑)
　　　　　　　　　　　　　　　　　　　　　　ex) 강수, 설총

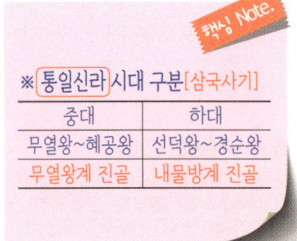

2) 통일 신라의 통치 조직

① 중앙 정치 기구
　　　　　　　　→ 왕명출납, 기밀사무　　품주 → 집사부·창부
- 집사부 이하 13부　(왕권대변)　(진흥왕)　(진덕여왕)
- 사정부(감찰), 국학설치

② 지방행정조직 : 9주 5소경제
- 9주(총관 → 도독) : 행정적 기능 강화, 군현까지 지방관 파견(태수, 현령)
- 5소경 : 행정·군사 요지에 설치(효율적인 피정복민 통제, 지방의 균형 발전 도모)
- 특수행정구역(향, 부곡)설치, 외사정 파견(지방관 감찰), 상수리제도 실시

③ 군사조직 : 9서당 10정
- 9서당(중앙군) : 민족융합 모색(백제계와 고구려계 포함)
- 10정(지방군) : 9주에 1정씩, 한주에는 2정 배치

기출지문

04. 통일신라 각 부의 장관인 영(令)은 복수로 임명되었으며, 한 사람이 관부 두 곳 이상의 장관직을 겸하는 경우도 많았다.

※ 통일신라 시대 구분 [삼국사기]

중대	하대
무열왕~혜공왕	선덕왕~경순왕
무열왕계 진골	내물방계 진골

● **만파식적** (전제왕권 확립의 상징)
신문왕이 동해의 용이 바친 대나무로 피리를 만들었는데, 이 피리를 불면 침입한 적병이 물러가고 파도가 가라앉는다는 고사가 전한다.

● **통일신라의 중앙행정**
통일신라에는 위화부(이부), 조부와 창부(호부), 예부, 병부, 좌·우 이방부(형부), 예작부(공부)등이 있어 중국의 6전제도와 비슷하게 행정을 분담하였다.

● **상수리 제도**
지방 세력을 통제하기 위해서 이들을 일정 기간 서울에 와서 거주하게 하던 것으로 고려 시대의 기인 제도로 계승되었다.

● **5소경**　통일이전 2소경 포함
북원경(원주), 중원경(충주), 서원경(청주), 남원경(남원), 금관경(김해)을 두었다. 소경의 장관은 사신으로 진골 출신이 임명되었다.

CheckPoint

○ 김헌창의 난(822)
웅천주 도독 김헌창이 자신의 아버지 김주원이 원성왕(김경신)에 밀려 왕위에 오르지 못한 일(785)에 원한을 품고 헌덕왕 14년 반란을 일으켜 국호를 '장안', 연호를 '경운'이라 하였다.

○ 호족의 출신 성분
호족은 권력 투쟁에서 밀려나 지방에서 세력을 키운 몰락한 중앙 귀족, 무역에 종사하면서 재력과 무력을 축적한 세력, 군진 세력, 지방의 토착 세력인 촌주 출신 등으로 구분된다.

→ 패강진(평산), 혈구진(강화), 청해진(완도)

○ 해인사 묘길상탑기
신라 말의 사회 혼란을 보여주는 최치원의 해인사 묘길상탑기에는 '전란과 흉년으로 악 중의 악이 없는 곳이 없고 도처에 굶어 죽거나 싸우다 죽은 시신이 널려 있다.'고 한탄하는 내용이 적혀 있다.

---

3) 신라 말기의 정치 변동
체제 이행기 (고대 → 중세)
1. 모순의 심화(정치, 경제, 사회)
2. 새로운 정치세력의 등장
3. 새로운 사상의 출현

① 왕위쟁탈전의 격화
　　96각간의 난(768~80) → 혜공왕 피살, 김양상(선덕왕) 즉위
　　→ 선덕왕 사후 김경신(원성왕)과 김주원의 왕위경쟁(785)
- 내물계의 왕위 세습(왕권 약화, 귀족 연합 정치)
- 김헌창의 난(822) 이후 지방통제력 약화

② 농민 몰락
- 자연재해, 귀족들의 사치·향락으로 재정 악화, 강압적인 수취
- 노비로 몰락, 초적, 농민반란(원종·애노의 난, 붉은 바지 도적)

③ 새로운 정치세력의 대두
- 6두품 출신의 도당 유학생들과 선종 승려 등은 골품제도 비판, 새로운 정치 이념 제시 → 호족 세력과 연계하여 사회개혁 추구 9산선문 발달(호족의 지원)
- 지방 세력가(호족) : 성주·장군을 칭하면서 행정권과 군사권 장악

■ 하대의 주요 군주
- 원성왕(785~798)　독서삼품과 실시, 주의 장관(총관 → 도독)
- 헌덕왕(809~826)　김헌창의 난(822)
- 흥덕왕(826~836)　청해진 설치(828, 장보고), 사치금지령
- 진성여왕(887~897)　최치원의 시무 10조, 원종·애노의 난, 견훤의 거병(892)

4) 후삼국의 성립 기타 : 기훤(죽주), 양길(북원)
- 후백제　900년에 견훤이 완산주(전주)에서 건국, 중국과 외교 관계 (오월과 통교)
- 후고구려　901년에 궁예가 송악에서 건국, 철원으로 천도(국호를 마진, 태봉으로 바꿈)
　　　　　　광평성 설치, 9관등제, 미륵신앙을 이용한 전제 정치
　　　　　　국정총괄

분석
❶ 장보고는 문성왕(839~857)이 자신의 딸을 왕비로 맞이하기를 거절하자 난을 일으켰으나 자객에게 살해당했다.
❷ 진성여왕 때 중앙 정부의 강압적인 수취에 저항하는 농민 봉기가 전국적으로 일어났다. 원종·애노의 난과 적고적의 난이 대표적이다.
→ 신라 말 모순의 절정 (887~97)

■ 신라 하대의 반란
○ ❶ 청해진 대사 궁복(장보고)이 자기 딸을 왕비로 맞지 않는 것을 원망하고 청해진을 근거로 반란을 일으켰다. …… (문성왕) 13년(851) 2월에 청해진을 파하고, 그 곳 백성들을 벽골군으로 옮겼다.
○ 진성왕 3년(889) 나라 안의 여러 주·군에서 공부(貢賦)를 바치지 않으니 창고가 비어 버리고 나라의 쓰임이 궁핍해졌다. ❷ 왕이 사신을 보내어 독촉하였지만, 이로 말미암아 곳곳에서 도적이 벌 떼같이 일어났다. 이에 원종·애노 등이 사벌주(상주)에 의거하여 반란을 일으키니 왕이 나마 벼슬의 영기에게 명하여 잡게 하였다.

05 발해의 발전

Ⅱ. 한국 고대사

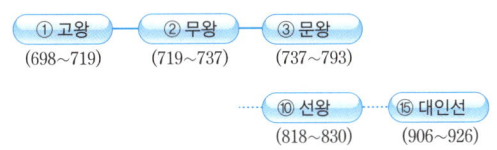

CheckPoint

■ 발해사 연구
- 제왕운기(이승휴) : 최초로 발해를 우리 역사로 기록
- 발해고(유득공) : '남북국 시대'로 표현

1) 발해의 성립
① 건국 : 고구려 유민(**대조영** 중심)과 말갈 집단이 동모산에서 건국(698)
② 성격 : 고려·고려국왕 명칭 사용, 고구려 문화와 유사성(온돌장치, 돌사자상, 막새기와, 모줄임 구조) → 고구려 계승 국가

○ 말갈
중국 수·당 시대에 한반도 북부와 만주 북동부에서 거주했던 종족이다. 진(秦)이전에는 숙신(肅愼), 한(漢)대에는 읍루(挹婁), 남북조 시대에는 물길(勿吉)로 불렸고, 발해 멸망 이후에는 여진(女眞)으로 불렸다.

2) 발해의 발전

- **고왕(대조영)** — 건국(698, 동모산), 국호(진 → 발해), 천통(연호) _{당으로부터 '발해군왕' 책봉(713)}
- **무왕** ┬ 북만주 일대 장악(흑수 말갈 공격), 인안(연호)
         └ 당의 산동 지방 공격(732, **장문휴**), 돌궐·일본과 외교 관계
- **문왕** ┬ 당과 친선 관계, 대흥(연호), 발해국왕 책봉(762)
         └ 천도(중경 → 상경 → 동경), 주자감 설치, 신라도 개설
- **선왕** ┬ 요동 진출, 지방제도 정비(5경 15부 62주)
         └ **해동성국**으로 불림, 건흥(연호)
- **멸망** — 요(거란족)의 침입으로 멸망(926)

※ **732~3년 상황**
① 당의 분열공작(흑수말갈 이용)
② 발해의 반격(덩저우 공격)
③ 당의 요청으로 신라가 발해 공격(733)

→ 이후 당과 신라의 연계 강화, 발해는 돌궐·일본과 관계 강화

■ **발해의 발전**

○ 무왕 9년(727) 사신 고제덕 등 24인을 일본에 파견하여 국서를 전했다. 그 국서에서 말하기를, "❶ 고구려의 옛 땅을 회복하고 부여의 유속을 잇게 되었다."고 하였다.

○ 지금 보내온 국서를 살펴보니 부왕(父王)의 도를 갑자기 바꾸어 날짜 아래에 관품과 이름을 쓰지 않았고, ❷ 글 끝에 천손(天孫)이라는 참람된 칭호를 쓰니 법도에 어긋납니다. …(중략)… 지금 대씨는 일없이 고의로 망령되이 사위와 장인을 칭하였으니 법례를 잃은 것입니다.

○ 대명충이 이 나라의 왕위에 오른 지 1년 만에 죽으니, 그의 종부(從父)인 인수가 왕위를 잇고 연호를 건흥으로 고쳤다. …(중략)… ❸ 선왕이 자주 학생들을 장안의 태학에 보내어 고금의 제도를 배우도록 하니, 드디어 **바다 동쪽의 성대한 나라가 되었다.**

분 석
❶ 발해는 고구려 계승 국가임을 자처하였다.
❷ 771년 문왕은 일본에 보낸 국서에 스스로 천손이라고 칭하고, 발해와 일본의 관계를 구생관계(장인과 사위)로 규정하여 일본과 외교 갈등을 빚었다.
❸ 선왕 때 발해는 해동성국으로 불렸다.

3) 발해의 통치조직

① 중앙 정치 기구 : 3성 6부제 정당성의 장관인 대대상이 국정 총괄
  - 당의 제도를 수용하였으나 독자성 유지(2원적 운영, 유교적 6부 명칭)
  - 중정대(감찰), 주자감(교육기관)
② 지방행정조직 : 5경 15부 62주, 말단 촌락은 토착 세력가 지배
③ 군사제도 : 중앙군 10위(대장군, 장군), 지방군(지방관 지휘)
  → 도독 → 자사

● 신라도
발해의 상경을 출발하여 동경과 남경을 거쳐 동해안을 따라 신라에 이르던 교통로를 신라도라 한다.

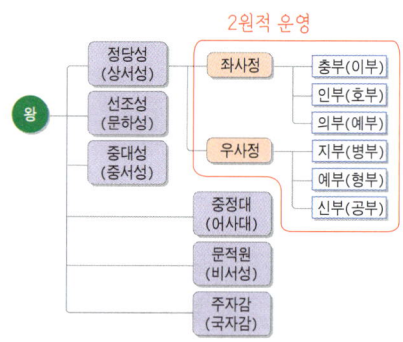

● 발해의 중앙 관제
(당의 관제 수용, 독자성 유지)

■ 발해의 천도
발해는 동모산(길림성 돈화시)에서 건국되었으나 3대 문왕 때 중경으로 천도하였다가(742), 상경으로 천도하였다(755). 그 후 문왕 말기에 일본과의 교통에 편리한 동경으로 천도하였으나(785), 문왕 사후 성왕 때 상경으로 다시 도읍을 옮겼다(794).

■ 발해의 5경(京), 5도(道)
- 상경(홀한성), 남경(남해부), 동경(용원부), 서경(압록부), 중경(현덕부)
- 신라도, 일본도, 조공도(압록도), 영주도, 거란도

06 | 삼국의 경제

1) 삼국의 경제 정책

- 수취 제도
  - 조세 : 재산의 정도에 따라 상·중·하로 나누어 곡물과 포 징수
  - 역 : 15세 이상 남자 노동력 징발
- 수공업 : 관영 수공업(노비들이 무기와 장신구 생산)
- 상업 : 시장(동시) 설치, 동시전(감독) 설치
- 대외무역
  - 고구려 : 남북조 및 북방 유목 민족과 교류
  - 백제 : 남중국 및 왜와 교류
  - 신라 : 6세기 이후 **당항성**을 통해 중국과 직접 교역

중원국가 ⇄ 삼국
- 비단, 서적
- 금·은, 모피, 직물

2) 귀족과 농민의 경제 생활

- 귀족 생활 : 사유지와 **녹읍**·**식읍**·노비 소유, 고리대를 이용한 재산 증식
- 농민 생활
  - 농민 : 자기 소유의 토지 경작, 부유한 자의 토지를 빌려 경작
  - 농업기술 : 철제농기구 보급, 우경 보급, 그러나 휴한농법이 일반적

◎ **식읍(食邑)**
국가에서 **왕족, 공신** 등에게 준 토지와 가호로서, 조세를 수취하고 노동력을 징발할 권리를 부여하였다.

◎ **녹읍(祿邑)**
국가에서 **관료 귀족**에게 지급한 일정 지역의 토지로서, 조세를 수취할 뿐만 아니라 그 토지에 딸린 노동력을 징발할 수 있었다.

07 | 남북국 시대의 경제적 변화

1) 통일신라의 경제 정책

- 수취 제도
  - 조세 : 생산량의 1/10
  - 공물 : 촌락 단위로 특산물 징수
  - 역 : 16세 이상 남자 노동력 징발
- 민정문서
  - 조세·공물 징수를 위한 기초 자료, 3년마다 작성
  - 호구·인구·토지 면적·수목(잣·호두)·가축(말·소) 등
- 토지 제도 : 식읍 제한, **녹읍 폐지(관료전 지급)**, 백성에게 **정전** 지급

■ 통일신라의 토지 제도

○ 신문왕 7년(687) 5월에 ❶ 문무 관료전을 지급하되, 차등을 두었다.
○ 신문왕 9년(689) 1월에 내외관의 ❷ 녹읍을 혁파하고 매년 조(租)를 내리되 차등이 있게 하여 이로써 영원한 법식을 삼았다.
○ 성덕왕 21년(722) 8월에 처음으로 ❸ 백성에게 정전을 지급하였다.
○ 경덕왕 16년(757) 3월에 여러 내외관의 월봉을 없애고 ❹ 다시 녹읍을 나누어 주었다.
― "삼국사기" ―

분 석

❶ 관료전은 농민들에게 조세를 거둘 수 있었다.
❷ 녹읍은 국가에서 관료 귀족에게 지급한 토지로, 조세뿐만 아니라 그 토지에 딸린 노동력도 징발할 수 있었다.
❸ 정전 지급은 귀족에 대한 국왕의 권한을 강화하고 농민 경제를 안정화시키려는 목적이었다.
❹ 귀족들의 반발로 녹읍이 부활되었다.

2) 통일신라의 경제 활동

- 수공업 — 공장부(장인 관리, 수공업품 생산 관장)
- 상업 — 서시와 남시 설치(효소왕), 지방의 중심지에 시장 개설
- 무역 활동 ┬ 당과의 교역 활발(신라방), **울산항**(국제무역항)
  ├ 당으로부터 비단·책 수입, 인삼·베·해표피 수출
  └ 장보고의 활약(**청해진**, 법화원)

3) 통일신라 귀족과 농민의 경제 생활

- 귀족의 경제생활 ┬ 녹읍과 식읍, 사유지, 고리대를 통한 재산 증식
                   └ 당과 아라비아에서 수입한 사치품 소비, 별장(금입택, 사절유택)
- 농민의 경제생활 — 지방의 농민은 자연촌락에 거주, 과중한 조세 부담

분석

① 호는 상상부터 하하까지 9등급으로 구분하였다.
② 인구는 나이에 따라 6등급으로 구분하였다.
③ 3년마다 민정 문서를 작성하였음을 추론할 수 있다.
④ 촌민들은 거주지를 옮길 수 있었다.
⑤ 연수유전은 농민의 사유지 및 경작지를 지칭하는 것이며, 촌주위답은 촌주에게 주어진 토지를 말한다.

■ 민정문서 (신라장적, 촌락문서)

연령을 지칭하는 표현(소, 추, 조, 정, 제, 노)

사해점촌(沙害漸村)의 경우 ① 호는 11호인데 중하(中下) 4호, 하상(下上) 2호, 하하(下下) 5호이다. 인구는 모두 147명인데 ② 남자는 (丁)이 29명(노비1명), 조자(助子) 7명(노비1명), 추자(追子) 12명, 소자(小子) 10명, 3년간 태어난 소자 5명, 제공(除公) 1명이고 여자는 정녀(丁女) 42명(노비 5명) 조여자(助女子)9명, 소여자(小女子) 8명, ③ 3년간 태어난 소여자 8명(노비 1명), 제모(除母) 1명과 ④ 다른 마을에서 이사 온 추자 1명, 소자 1명 등이었다. 말은 22마리에 3마리가, 소는 17마리에 5마리가 보태졌다. 논은 102결 정도인데 관모전(官謀田) 4결, 내시령답(內視令畓) 4결, ⑤ 촌민이 받은 것은 94결이 있었으며 그 가운데 19결은 촌주가 받았다. 밭은 62결, 마전(麻田)은 1결 정도이다. 잣나무는 862그루가 있었고 34그루를 심었다. 호두나무는 74그루가 있었고 382그루를 심었다.

> **자료해석**
>
> 1. 발견 장소 : 일본의 동대사에 있는 정창원(1933)
> 2. 조사 지역 : **서원경(청주)** 지방의 4개 촌락
> 3. 작성
>   - 시기 : 경덕왕(8세기 중엽 추정)
>   - 목적 : 노동력과 생산 자원의 편제·관리
>   → **부역 동원과 조세 징수의 기준 마련** (토착세력가인 촌주가 작성)
>   - 변동 사항을 조사하여 **3년마다** 다시 작성
> 4. 조사 대상 : 호구, 인구, 토지, 수목(뽕·잣·호두), 가축(소·말) 등
>   - 호구 : 사람의 다소에 따라 **9등급**
>   - 인구 : 연령, 성별에 따라 **6등급**
>   - 토지 : 내시령답, 관모답, 촌주위답, 연수유답(백성)

관료전의 일종으로 추정   관청경비

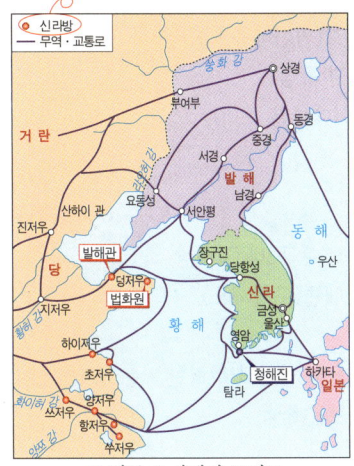

↳ 신라촌, 신라원(사찰), 신라소(행정), 신라관(숙소)

○ 장보고의 활동
장보고는 일찍이 당에 들어가 무령군 소장으로 활동하다가 돌아와 청해진을 설치하였다(828). 장보고는 해적을 소탕하고 동북아시아 해상 무역권을 장악하였다. 일본 승려 엔닌은 《입당구법순례행기》에서 당 입국과 귀국을 도와준 장보고의 은혜에 깊은 경의를 표하였다. 그후 장보고는 신무왕의 즉위를 돕는 등 왕위 계승 다툼에도 관여하였으나 신라 조정에서 보낸 자객에게 암살되었다.

↳ 청해진 , 법화원, 회역사·견당매물사
　　　　(사찰)　　(교역사절)

○ 남북국 시대의 무역로

4) 발해의 경제

- 수취 제도 ─ 조세(곡물), 공물(특산물), 부역(노동력)
- 산업 활동 ┬ 농업 : 밭농사 중심(일부 지역에서 벼농사), 목축 및 수렵 발달
　　　　　└ 상공업 : 금속가공업·직물업·도자기업 발달, 상업 발달(상경 등)
- 무역 활동 ┬ 당 : 발해관(덩저우), 모피·인삼·말 수출, 책·비단 등 사치품 수입
　　　　　└ 일본과 교역 활발, 신라와 교류(신라도)

| 기출 지문 |

05. 통일신라 시대 향과 부곡의 주민들은 일반 농민과 비슷한 생활을 하였으나, 더 많은 공물을 부담해야만 했다.

06. 발해의 특산물로 남해부의 다시마, 책성부의 된장, 부여부의 사슴, 막힐부의 돼지, 솔빈부의 말, 현주의 삼베, 옥주의 풀솜, 용주의 명주, 위성의 철, 노성의 벼, 미타호의 붕어가 있고, 과일로는 환도의 오얏과 낙유의 배가 있다.

Ⅱ. 한국 고대사
08 고대의 사회

CheckPoint

1) 신분 제도
- 초기국가 족장(가, 대가), 호민(부유층), 하호(피지배층), 노비
- 삼국시대 귀족(정치권력과 사회 경제적 특권 독점),
            평민(농민, 조세와 역 부담), 천민(대부분 노비)

2) 고구려와 백제의 사회 모습
여자의 투기 엄히 처벌(관나부인)
- 고구려 ─ 법률 : 패전자와 반역자는 사형, 절도죄는 12배로 배상
         └ 형사취수제와 서옥제(혼인 풍습), 진대법(구휼제도)
- 백제 ─ 언어와 풍속, 의복은 고구려와 유사
        ├ 패전자·반역자·살인자는 사형, 뇌물을 받거나 횡령한 자는 3배를 배상
        └ 간통한 부녀자 엄히 처벌, 절도죄는 2배 배상

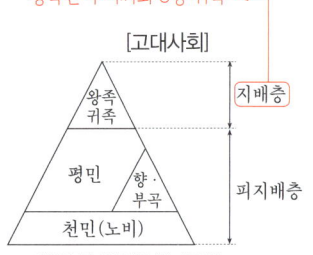

백제의 경우
왕족인 부여씨와 8성 귀족

[고대사회]
왕족·귀족 / 평민 / 향·부곡 / 천민(노비)
지배층 / 피지배층
친족공동체 중심의 철저한 계급사회

● 세속5계 (진평왕 때, 원광법사)
충성으로써 임금을 섬긴다.
효도로써 어버이를 섬긴다.
믿음으로써 벗을 사귄다.
싸움에 임해서는 물러나지 않는다.
함부로 살생하지 않는다.

3) 신라의 사회 모습
화백회의와 화랑도(초기 부족사회의 유습)
- 화백회의 국가 중대사를 귀족들이 만장일치로 결정, 국왕과 귀족의 권력 조절 기능
- 화랑도   원시 사회의 청소년 집단에서 기원, 계급 갈등 조절(귀족+평민), 세속 5계
- 골품제도 ─ 성립 : 족장 세력을 통합·편제하여 성립된 폐쇄적인 신분 제도
          ├ 특징 : 개인의 사회 활동(가옥, 복색, 수레)과 정치 활동(관직의 승진 상한선) 제한
          └ 6두품 : 대족장 출신(득난), 학문과 종교 분야에서 활약, 도당 유학생
                   ex) 삼국(설계두), 중대(강수, 설총), 하대(최치원)

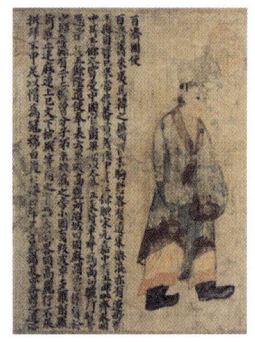

● 양직공도의 백제 사신도
(6세기 경)

※ 발해와 신라의 문화적 경쟁
→ 빈공과 등제 서열 사건(906), 쟁장사건(897)

4) 남북국 시대의 사회
- 통일신라 ─ 중대 ─ 왕권의 전제화(신문왕) : 국왕의 군사 지휘권 강화, 진골귀족 숙청
           │   └ 6두품의 활약(국왕의 정치적 조언자 역할)
           └ 하대 ─ 귀족들의 농장 확대, 자연재해, 강압적 수취 → 농민 몰락, 농민 봉기 확산 (원종·애노의 난)
                  └ 호족의 성장, 6두품 지식인의 반신라적 태도
- 발해   ─ 지배층 : 왕족인 대씨, 고구려계 귀족 중심
  이원적 사회구조 └ 피지배층 : 말갈인이 대다수

■ 사치 금지령, 발해의 사회
○ ❶ 왕이 말하기를 "세상의 습속은 점점 각박해지고 백성들은 다투어 사치와 호화를 일삼고 오로지 외래품의 진귀한 것만을 숭상하고 토산물의 야비한 것을 싫어한다. (중략) 이에 옛날 법에 따라 엄한 명령을 내리는 것이니, 그래도 만약 일부러 범하는 자는 진실로 응당한 형벌이 있을 것이다."라고 하였다.
○ 그 넓이가 2천 리이고, 곳곳에 마을이 있는데, 모두 말갈의 마을이다. ❷그 백성은 말갈인이 많고 토인(원주민)이 적다. 모두 토인을 마을의 우두머리로 삼는다.

| 분 석 |
❶ 흥덕왕의 사치 금지 조서이다.
❷ 발해의 지배층은 주로 토인(옛 고구려인)이고, 피지배층은 대부분 말갈인이었다.

09. 불교와 도교, 풍수지리설

Ⅱ. 한국 고대사

1) 삼국의 불교

- **수용 과정**
  - 고구려 : 소수림왕(372, 전진으로부터 수용)
  - 백제 : 침류왕(384, 동진으로부터 수용)
  - 신라 : 눌지왕(묵호자) → 법흥왕 때 공인(이차돈 순교)
- **역할** : 국가 정신 확립(세속 5계), 왕권 강화를 이념적으로 뒷받침(불교식 왕명), 선진 문화 수용
  - 왕즉불사상
- **각국의 불교** : 고구려(삼론종), 백제(계율종), 신라(업설과 미륵신앙)
- **호국 불교** : 팔관회, 황룡사 9층 목탑(삼국 통일 염원), 미륵사(백제 무왕)
- **주요 승려**
  - 원광 : 세속오계, 걸사표
  - 자장 : 대국통 역임, 황룡사 9층탑의 건립 건의

2) 불교 사상의 발전

- **원효**
  - 불교의 이해 기준 마련(대승기신론소, 금강삼매경론)
  - 종파 간의 융합 도모 : 일심사상, 화쟁사상(십문화쟁론)
  - 아미타 신앙 전파(불교 대중화에 기여)
- **의상**
  - 해동 화엄종 개창 : '화엄일승법계도'에서 상호 의존성, 조화 강조
  - 교단 정비 : 제자 양성, 부석사 창건
  - 아미타 신앙과 더불어 관음 신앙 주도
- **그 밖의 승려**
  - 원측 : 유식불교(당 불교계에 영향)
  - 혜초 : "왕오천축국전" 저술
  - 진표 : 법상종(김제 금산사)

기출지문

07. 진흥왕은 자신을 불교의 정법을 널리 퍼트린 정복군주인 전륜성왕으로 칭하였다.

08. 문무왕이 경주에 도성을 쌓으려고 하자 의상은 '민심의 성'을 강조하면서 만류하였다.

● 업설
왕과 귀족의 우월한 지위는 전생에 선한 공덕을 많이 쌓은 결과라는 해석이 가능하여, 왕의 권위와 귀족의 특권을 인정하는 일면이 있다.

● 교종 5교
원효의 법성종, 자장의 계율종, 보덕의 열반종, 의상의 화엄종, 진표의 법상종

● 아미타 신앙
아미타불이 있는 곳이 극락 정토인데, 그 곳에 가려면 열심히 아미타불을 염하여야 한다는 신앙

● 관음 신앙
관음보살(관세음보살)을 신봉하는 불교의 신앙 형태로 관음보살은 현세에서 자비로 중생의 괴로움을 구제한다는 보살이다.

● 밀교
삼국 후기 신라의 민간 사회에서는 불교가 샤머니즘과 유착되어 출산·질병치료·외적격퇴 등을 기원하는 밀교가 성행하였다.

■ 원효 서당화상, 화쟁국사

원효는 이미 계를 범하고 설총을 낳은 후로는 속인의 옷을 바꾸어 입고, 스스로 소성거사라 일컬었다. 우연히 광대들이 놀리는 큰 박을 얻었는데 그 모양이 괴이했다. 그 모양대로 도구를 만들어 ❶ 화엄경의 "일체 무애인은 한 길로 생사를 벗어난다"라는 문구에서 따서 이름지어 무애라 하며 곧 노래를 지어 세상에 퍼뜨렸다. ❷ 가난하고 무지몽매한 무리들까지도 모두 부처의 호를 알게 되었고, 모두 '나무아미타불'을 부르게 되었으니 원효의 법화는 컸던 것이다.

— "삼국유사" —

분석
❶ 화엄 사상을 쉽게 풀이하여 '무애가'를 짓고 이를 중생의 교화에 활용하였다.
❷ 원효는 아미타 신앙을 전도하며 불교 대중화의 길을 열었다.

3) 선종불교

- 전래: 신라 하대 본격적으로 확산(820, 도의)
- 성격
  - 사색과 참선 강조(불립문자, 견성오도) — 승탑(부도)과 탑비 유행
  - 지방 호족의 이념적 지주(9산 선문 형성)
- 영향: 지방 문화의 역량 증대, 새로운 사회 건설에 사상적 바탕 제공

분석
1. 삼국 통일 전후에 전래된 선종은 신라 하대에 도의에 의해 본격적으로 확산되었다.
2. 교종은 경전과 교리를 중시하였고, 선종은 사색과 참선을 통하여 마음 속에 있는 불성을 깨닫는 것을 강조하였다.

■ 선종 불교

❶ 820년대 초에 승려 도의가 서쪽으로 바다를 건너가 당나라 서당 대사의 깊은 뜻을 보고 지혜의 빛이 스승과 비슷해져서 돌아왔으니, 그가 그윽한 이치를 처음 전한 사람이다. …… 그러나 메추라기의 작은 날개를 자랑하는 무리들이 큰 붕새가 남쪽으로 가려는 높은 뜻을 헐뜯고, ❷ 기왕에 공부했던 경전 외우는 데만 마음이 쏠려 선종을 마귀 같다고 다투어 비웃었다. 그래서 도의는 빛을 숨기고 자취를 감추어 서울에 갈 생각을 버리고 마침내 북산에 은둔하였다.

— 봉암사 지증대사적조탑비 비문 —

발해의 불교
발해는 왕실과 귀족을 중심으로 불교가 발전하여 많은 사원이 건립되었으며 문왕은 자신을 전륜성왕이라 일컬었다. 9세기 이후 많은 승려들이 일본이나 당에서 활동하였다.

4) 도교, 풍수지리설

산천숭배, 불로장생 추구

- 도교
  - 고구려: 사신도 벽화, "도덕경"과 도사 초빙(영류왕 때), 연개소문의 도교 장려 (귀족세력과 결탁된 불교계 견제)
  - 백제: 산수무늬 벽돌, 금동대향로, 무령왕릉 지석(매지권)
- 풍수지리설
  - 신라 말기 수용(도선)
  - 지방 호족의 입지 강화, 신라 정부의 권위 약화
  - (송악길지설: 고려 개창의 사상적 기반 제공)

● 도교와 관련된 문화재

○ 백제 금동 대향로
부여 능산리 절터에서 출토

○ 산수 무늬 벽돌

○ 현무도(평남 강서대묘)

10 학문의 발달

1) 한자의 보급과 교육

- 고구려: 수도에 태학(소수림왕), 지방에 **경당**(한학과 무술)
- 백제: 5경 박사, 의박사, 역박사를 두어 유교 경전과 기술학 교육
  - 한문학: 개로왕의 북위국서, **사택지적 비문**
- 신라: 화랑도의 세속오계, **임신서기석**(유교 경전 학습)
- 통일신라: 신문왕 때 국학 설립, 경덕왕 때 태학감으로 개칭(박사와 조교)
  - 원성왕 때 **독서삼품과** 실시
- 발해: 주자감 설립, 당의 빈공과에 합격자 다수 배출

○ **독서삼품과**
통일신라 원성왕 때 유교 경전의 이해 수준을 시험하여 3품으로 나누어 관리를 채용한 제도이다. 〈효경〉이 필수 과목이었다. 골품제도 때문에 그 기능을 제대로 발휘하지 못하였지만 학문을 보급하는데 기여하였다.

2) 역사 편찬과 유학의 보급

- 역사서
  - 고구려: "유기" 100권, "신집" 5권(영양왕 때 이문진)
  - 백제: "서기"(근초고왕 때 고흥)
  - 신라: "국사"(진흥왕 때 거칠부)
- 학자
  - 김대문: 화랑세기, 고승전, 한산기 저술 → 신라 문화를 주체적으로 인식
  - 강수: 외교문서(답설인귀서, 청방인문표) 불교를 세교라고 비판
  - 설총: 이두 정리, **화왕계** 저술(유교적 합리주의)
  - 최치원: 빈공과 합격, 토황소격문, 개혁안 10여조 건의
    - 저술: **계원필경**, **사산비명**, **제왕연대력** 등

※ **삼국시대 역사서 편찬 목적**
→ 나라의 정통성과 왕실의 권위 과시, 백성들의 충성심을 모으기 위해

○ **사산비명**
성주사 낭혜화상탑비, 쌍계사 진감선사탑비, 대숭복사비명, 봉암사 지증대사탑비를 가리키며 네 군데 산 이름을 취하여 일반적으로 사산비명이라 부른다.

기출지문

09. 최치원은 유학자이면서도 불교와 도교에 조예가 깊었는데, 그가 남긴 난랑비서와 사산비명을 통해 확인할 수 있다.

■ **최치원(857~미상)**
신라 말 6두품 출신의 학자이자 문장가이다. 당의 빈공과에 급제하고 '토황소격문'이라는 명문장을 지어 명성을 떨쳤다. 귀국 후 진성여왕에게 개혁안 10여조를 올렸으나, 받아들여지지 않자 벼슬을 버리고 은둔 생활을 하면서 "계원필경", 사산비명, "법장화상전" 등의 저술을 남겼다.

■ **난랑비서**
이 나라에 현묘한 도가 있어 이를 풍류(風流)라 하였다. 이 교의 기원은 선사(仙史)에 자세히 실려 있거니와 실로 이는 3교를 포함한 것으로 모든 민중을 교화하였다.

분석
최치원은 화랑도(풍류도)가 유교와 도교, 불교를 모두 포함한 전통사상으로 이해하였다.

11. 고대인의 멋과 자취

Ⅱ. 한국 고대사

CheckPoint

● 무령왕릉 (송산리 7호분)
중국 남조의 영향을 받아 연꽃 등 우아하고 화려한 백제 특유의 무늬를 새긴 벽돌로 무덤 내부를 쌓았다. 무령왕의 관은 일본에서 보내온 금송으로 제작되었으며, 무덤의 주인공을 알려주는 지석이 발견되어 연대를 확실히 알 수 있다.

● 사신도
도교의 영향으로 네 곳의 방위를 나타내는 신을 그린 것이다. 고구려의 강서대묘(굴식돌방무덤)에 가장 잘 나타나 있으며, 백제의 송산리고분(벽돌무덤)과 능산리고분(굴식돌방무덤)에도 사신도 벽화가 있다.

● 묘지(墓誌)
죽은 사람의 생애와 가족 관계 등을 기록하여 무덤에 함께 묻은 유물로, 묘지의 주인을 가장 확실하게 알려주고 있다.

1) 고분과 고분벽화

① 고구려 : 돌무지 무덤(장군총) → 굴식돌방무덤(벽화) — 집안현 일대(벽화×)

② 백제
- 한성 : 계단식 돌무지 무덤(석촌동 고분, 온조설화) — 고구려 영향
- 웅진 : 굴식돌방무덤, 벽돌무덤(무령왕릉, 남조영향)
- 사비 : 굴식돌방무덤(능산리 고분)

공주 송산리 고분
- 1~5호분(굴식돌방무덤)
- 6, 7호분(벽돌무덤)

③ 신라
- 통일 이전 : 돌무지 덧널 무덤(천마총 등)
- 통일 이후 : 화장(불교 영향), 굴식 돌방무덤(둘레돌, 12지신상) — 통일신라 굴식돌방무덤의 특징!

④ 발해
- 정혜공주묘(굴식돌방무덤, 모줄임구조) - 육정산 고분(동모산) — 고구려 영향
- 정효공주묘(벽돌무덤, 묘지와 벽화) - 용두산 고분(중경) — 당과 고구려 영향

◉ 돌무지무덤(장군총)

◉ 계단식 돌무지무덤

◉ 벽돌무덤(무령왕릉, 충남 공주)

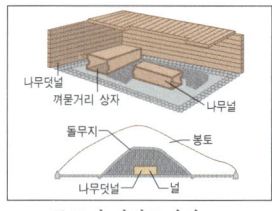
◉ 돌무지 덧널무덤의 구조
(도굴 어렵다, 벽화× 많은 껴묻거리 발견)

◉ 천마도 (벽화×, 말 배가리개에 그린 그림)

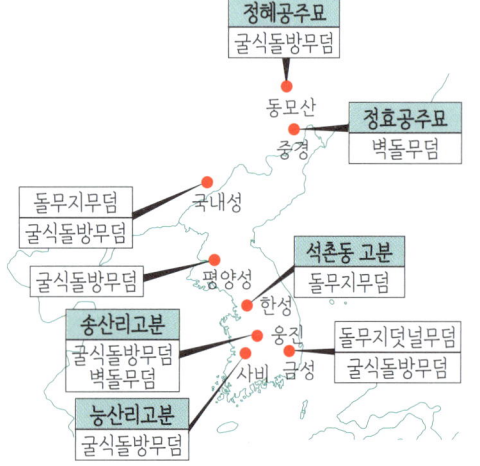

◉ 굴식 돌방무덤 구조

■ 무령왕릉 지석

❶ 영동대장군 백제 사마왕은 나이가 62세 되는 계묘년 5월 임진일에 돌아가셨다. 을사년 8월 영동대장군 백제 사마왕은 상기의 금액으로 매주인 ❷ 토왕, 토백, 토부모, 상하 2천 석 이상의 여러 관리에게 문의하여 신지를 매입하여 능묘를 만들었기에 문서를 작성하여 명확한 증험으로 삼는다.

분 석
❶ 이 지석에는 무령왕을 '영동대장군 백제 사마왕'이라 칭하고 있다.
❷ 매지권은 지신에게 무덤의 터를 매입하고 그 사실을 기록한 문서이다.

■ 정효공주 묘지

공주는 ❶ 대흥 56년(792) 여름 6월 9일 임진일에 사망하니 나이는 36세였다. 이에 시호를 정효공주라 하였다. 이 해 겨울 11월 28일 기묘일에 염곡의 서쪽 언덕에 배장하였으니, 이것은 예의에 맞는 것이다. ❷ 황상은 조회를 파하고 크게 슬퍼하여, 침소에 들어가지 않고 음악도 중지시켰다.

분 석
❶ 발해 문왕 때 대흥이라는 독자적인 연호를 사용하였다.
❷ 문왕은 대왕, 성인 또는 황상으로 불렸다.

| 기출지문

10. 신라의 돌무지덧널무덤은 나무로 덧널을 만들고 그 안에 시신을 담은 널과 껴묻거리 상자를 넣었다. 그리고 덧널 위에 돌을 쌓고 그 위에 흙을 쌓아 무덤의 형태를 만들었다.

11. 정혜공주 묘에서는 매우 힘차고 생동감 있는 돌사자상이 출토되었다.

2) 불상조각과 공예

- 삼국 ─ 금동 연가 7년명 여래 입상(고구려), 서산 마애 삼존불(백제), 경주 배리 석불 입상(신라)
  ─ 금동 미륵보살 반가 사유상(삼국 공통)
- 통일 신라 ─ 석굴암 본존불(불상), 법주사 쌍사자 석등
- 발해 ─ 이불 병좌상, 벽돌과 기와 무늬(고구려 영향), 석등

⊙ **미륵신앙**
미래의 부처인 미륵이 나타나 세상을 구원한다는 신앙이다. 사회가 혼란스러워질 때마다 사회 개혁을 원하는 사람들 사이에서 인기가 높았다.

● 불상

◉ 연가 7년명 금동여래입상

◉ 서산 마애 삼존불

◉ 경주 배리석불입상

◉ 금동 미륵보살 반가 사유상 (국보 83호)

◉ 석굴암 본존불

◉ 이불 병좌상

◉ 법주사 쌍사자 석등

◉ 발해의 석등

CheckPoint

○ 승탑

신라 말기에 선종이 널리 퍼지면서 승려의 사리를 봉안하는 승탑과 선승의 행적을 기록한 탑비가 많이 만들어졌다.

○ 미륵사지 석탑

2009년 익산 미륵사지 석탑의 해체 수리 중에 사리장엄구와 금제 사리봉영기가 발견되었다. 사리봉영기에는 "우리 왕후께서는 좌평 사택적덕의 따님으로"라는 명문이 있어 미륵사의 창건 배경과 발원자, 석탑 건립 연대를 알 수 있는 내용이 담겨 있다.

3) 탑 (나라와 시대 구별!)

나라	탑명	특징
백제	익산 미륵사지 석탑	목조탑 양식(무왕 때 건립)
	부여 정림사지 5층 탑	안정되면서도 경쾌한 모습
신라	분황사 모전석탑	석재를 벽돌 모양으로 만들어 쌓은 탑
	황룡사 9층 목탑	삼국통일 염원, 몽골 침입 때 소실
통일 신라 (대부분 3층탑)	감은사지 3층 석탑	통일직후, 장중하고 웅대함, 삼국 통일의 기상
	석가탑	통일 신라 3층탑의 전형, 이중기단 위에 3층으로 몸체 세움
	다보탑	높은 예술성과 건축술
	양양 진전사지 3층탑	하대, 기단과 탑신에 불상을 부조
발해	영광탑	벽돌탑 형태, 당 영향

○ 고대 탑

○ 미륵사지 석탑

○ 정림사지 5층탑

○ 분황사 모전 석탑

○ 감은사지 3층탑

○ 불국사 석가탑

○ 불국사 다보탑

○ 진전사지 3층탑

○ 영광탑(발해)

4) 불교 건축물

- 백제   미륵사(익산)   무왕 때 건립한 최대 규모의 사찰, 목탑(중앙)과 석탑(동·서)
- 신라   황룡사   진흥왕 때 건립, 9층 목탑(선덕여왕)
- 통일 신라
  - 불국사   청운교와 백운교, 석가탑과 다보탑
  - 석굴암   인공 석굴 사원, 본존불과 나한·보살상

5) 도성 구조와 천도

- 고구려
  - 장수왕 때 평양 천도(안학궁과 대성산성)
  - 평원왕 때 장안성 천도(평지성과 산성 구조 결합)
- 백제
  - 초기 도성 유적 : 풍납토성, 몽촌토성
  - 사비 도성 : 나성, 부소산성
- 신라   월성(궁성)과 산성의 결합, 월지(안압지)
- 발해   <mark>상경성</mark>(장안성 모방, 주작대로), 온돌장치

6) 과학 기술의 발달

- 천문학
  - 고구려(천문도), 백제(역박사), 신라(첨성대) — 선덕여왕
  - 통일신라 : 사천대 박사(김암)
- 금속공예
  - 백제 : 칠지도, 금동대향로
  - 범종 : 상원사 동종(현존 최고), <mark>성덕대왕 신종</mark>
- 목판인쇄술   <mark>무구정광대다라니경</mark>(현존 최고 목판 인쇄물)

7) 문학과 음악, 그림

- 문학
  - 통일신라 : <mark>삼대목</mark>(진성여왕, 위홍과 대구화상)
  - 발해 : 다듬이소리(양태사)
- 음악   백결선생(신라), 왕산악(고구려), 우륵(대가야)
- 그림, 글씨   솔거(그림), 김생(글씨)

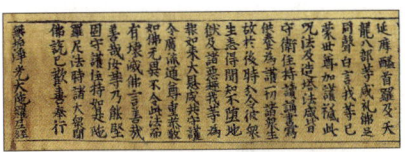

○ 무구정광대다라니경
불국사 3층 석탑(석가탑)을 보수할 때 발견된 무구정광대다라니경은 현재 전해지는 세계에서 가장 오래된 목판 인쇄물이다.

○ 첨성대
(선덕여왕 때)

기출지문

12. 통일신라는 천문을 관측하는 사천대박사와 시간을 측정하는 누각박사를 두었다.

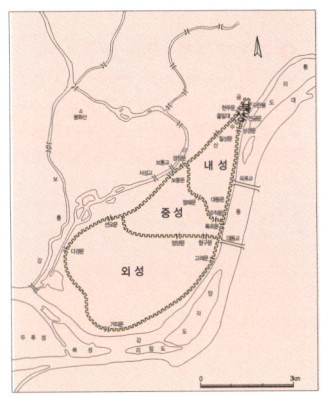

○ 장안성(평양성)
양원왕 때 축조하였으며, 평원왕 때 천도하여 83년간 고구려의 수도였다. 산성과 평지성을 연결시킨 구조로 내성, 중성, 외성, 북성 등 4개의 성으로 이루어져 있다.

○ 상경성의 구조

○ 역법
통일신라는 당의 인덕력을 사용하였으나, 신라 말에는 선명력을 도입하였다.

12. 일본으로 건너간 우리 문화

Ⅱ. 한국 고대사

CheckPoint

● 아스카 문화 (582~670)
일본 나라의 아스카 지방을 중심으로 발전하였던 일본 고대 문화이다. 6세기 중반 이후 한반도로부터 전래된 불교문화를 바탕으로 7세기 전반에 꽃피웠다.

1) 삼국 문화의 일본 전파

- 고구려
  - **담징** : 종이와 먹의 제조 방법, 호류사의 금당 벽화
  - **혜자**(쇼토쿠 태자의 스승), 혜관(일본 삼론종의 시조)
  - 다카마스 고분 벽화(수산리 고분 벽화)
- 백제
  - 4세기 : 아직기와 왕인의 활약
  - 6세기 : 유학 전래(단양이, 고안무), 불경과 불상(**노리사치계**)
  - 고류사 미륵보살 반가 사유상, 호류사 백제 관음상
- 신라   배 만드는 기술, 제방 쌓는 기술(한인의 연못)
- 가야   스에키 토기에 영향(수레 토기)

2) 남북국 시대 문화의 일본 전파

● 하쿠호(白鳳) 문화 (670~710)
7세기 후반에 발달한 일본의 고대 문화로, 당과 통일 신라의 영향을 많이 받았다. 불상, 가람 배치, 탑, 율령과 정치 제도에서 신라의 불교와 유교의 영향이 컸다.

- 통일 신라
  - 불교(원효) 및 유교(강수, 설총) 문화는 **하쿠호 문화** 성립에 기여
  - 심상의 화엄 사상 → 일본 화엄종 성립에 기여
- 발해   역법, 불경, 음악 등 전파

● 일본으로 건너간 우리 문화

● 고류사 미륵반가사유상　● 호류사 백제 관음상　● 다카마스 고분벽화　● 스에키 토기
　　　　　　　　　　　　　　　　　　　　　　　　　　　　　　　　　가야의 토기 기술 영향

● 삼국과 서역의 교류
우즈베키스탄의 아프라시압 궁전 벽화에 고구려 사신으로 추정되는 인물이 그려져 있고, 고구려 고분벽화에는 서역계통의 인물이 등장하고 있다. 신라의 고분에서 유리 그릇, 금제 장식 보검 등이 발견되었는데, 이는 삼국시대 서역과 교류하였음을 보여준다.

● 서역과의 교류

● 미추왕릉 출토 유리 그릇　● 계림로 출토 서역 장식 보검

주요 국왕 정리

■ 고구려 편

왕조	국왕	정치	경제·사회	문화
고구려	태조왕 (53~146)	계루부 고씨의 왕위 세습, 옥저 정복		
	고국천왕 (179~197)	왕위 부자 상속제 확립, 행정적 5부 개편	진대법	
	미천왕 (300~331)	서안평 점령(313), 낙랑축출		
	소수림왕 (371~384)	전진과 수교, 율령 반포(373)		불교 수용(372), 태학 설립
	광개토왕 (391~413)	백제 공격, 만주 정복, 신라에 침입한 왜 격퇴, 영락 연호		
	장수왕 (413~491)	평양 천도(427), 한성 함락(475), 남북조와 동시 수교		광개토 대왕릉비, 충주 고구려비, 경당 설립
	영양왕 (590~618)	온달의 아단성 공격(590), 살수 대첩(612)		"신집" 편찬
	영류왕 (618~642)	연개소문의 정변(642), 천리장성 축조		도사(도교 승려) 초빙

■ 백제 편

왕조	국왕	정치	경제·사회	문화
백제	고이왕 (234~286)	6좌평제, 16관등제, 공복 제정		
	근초고왕 (346~375)	마한 병합(369), 동진과 교류, 평양성 공격(371, 고국원왕 전사)		일본에 문화 전파(아직기·왕인), 칠지도, "서기" 편찬
	침류왕 (384~385)			불교 공인(384)
	동성왕(479~501)	신라와 결혼 동맹(493)		
	무령왕(501~523)	22담로 설치, 남조(梁)와 수교		
	성왕 (523~554)	사비 천도(538), 국호 개칭(남부여), 중앙 관제 정비(22부), 관산성 전투(554)		일본에 불교 전파 (노리사치계)
	무왕 (600~641)			미륵사(익산) 창건

39

주요 국왕 정리

■ 신라 편

왕조	국왕	정치	경제·사회	문화
신라	내물왕 (356~402)	김씨 왕위 계승권 확립, 마립간(대군장) 왕호, 왜구 격퇴(400, 호우명 그릇)		
	눌지왕 (417~458)	나·제 동맹(433)		불교 전래(묵호자)
	소지왕 (479~500)	결혼동맹(493)	시장개설, 우역설치	
	지증왕 (500~514)	왕호 변화(마립간 → 왕), 신라 국호, 우산국 복속	우경 시작, 동시전 설치	순장 금지령, 포항(영일) 냉수리비
	법흥왕 (514~540)	병부와 상대등 설치, 율령 반포, 공복 제정, 금관가야 정복(532), 건원 연호 사용	골품제 정비	불교 공인(527), 울진 봉평 신라비
	진흥왕 (540~576)	화랑도 개편, 한강 유역 장악 (당항성, 북한산비), 대가야 정복, 단양 적성비		"국사" 편찬, 불교 교단 정비, 황룡사 창건
	진평왕 (579~632)	걸사표(608, 원광)		세속 5계(원광법사)
	선덕여왕 (632~647)	대야성 전투(642), 비담의 난		첨성대 건립, 황룡사 9층 목탑

주요 국왕 정리

■ 통일신라 편

왕조	국왕	정치	경제·사회	문화
통일신라	무열왕(654~661)	백제 멸망, 갈문왕제 폐지		
	문무왕(661~681)	고구려 멸망, 나당전쟁		
	신문왕(681~692)	김흠돌의 난, 9주 5소경 설치, 9서당 10정 설치	관료전 지급, 녹읍 폐지	국학 설립(682), 만파식적, 감은사지 3층탑
	성덕왕(702~737)		정전 지급	상원사 동종
	경덕왕(742~765)	지방 군현의 명칭 변화	녹읍 부활, 민정 문서	석굴암, 불국사, 성덕 대왕 신종, 태학감 개칭(박사와 조교)
	원성왕(785~798)	주(총관 → 도독)		독서삼품과 설치
	헌덕왕(809~826)	김헌창의 난(822)		
	흥덕왕(826~836)	청해진 설치	사치 금지령	
	진성왕(887~897)	최치원의 시무 10조	원종·애노의 난	"삼대목"(향가집)

■ 발해 편

왕조	국왕	정치	경제·사회	문화
발해	무왕(719~737)	인안 연호, 북만주 지배, 일본과 수교(727), 당의 덩저우 공격(732, 장문휴)		
	문왕(737~793)	대흥 연호, 당과 친교, 신라도 개설, 상경 천도		주자감 설치, '불교적 성왕'(전륜성왕)
	선왕(818~831)	건흥 연호, 요동 진출, 5경 15부 62주 설치		해동성국

분량은 콤팩트,
내용은 임팩트!

Compact History

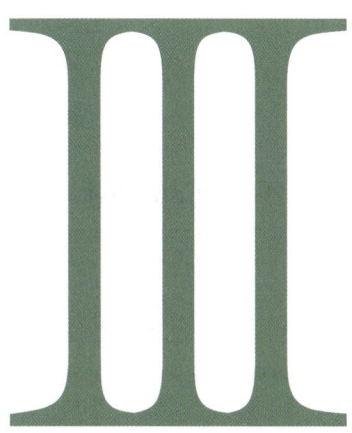

한국 중세사

01. 고려 초기의 정치발전
02. 문벌귀족 사회의 동요
03. 고려 전기의 대외 관계
04. 통치 체제의 정비
05. 무신정권의 성립과 항몽
06. 고려후기의 정치 변동
07. 고려의 경제 정책
08. 고려의 경제 활동
09. 고려의 신분제도
10. 고려의 사회 모습
11. 유학의 발달과 역사서
12. 불교 사상과 신앙
13. 과학 기술의 발달
14. 귀족 문화의 발달

01 Ⅲ. 한국 중세사
고려 초기의 정치 발전

CheckPoint

◎ 고려의 민족 재통일

◎ **사심관**
개국 공신이나 고관들을 출신 지역의 사심관으로 삼아 부호장 이하의 향직 임명권을 부여하는 한편, 지방의 치안을 책임지도록 하였다.
※ 최초 : 경주 사심관(경순왕 김부)

◎ **분사제도**
서경을 우대하여 개경의 중앙 관서와 비견되는 독립적인 행정 기구를 두었다.

◎ **훈요 10조**
2조(비보사찰 건립), 4조(거란 배척), 5조(서경 중시), 6조(불교 행사 중시)

◎ **환구단(원구단)**
고려 성종 때 환구단을 쌓고 하늘에 제사하였다.

1) 고려의 성립
- 국제 정세 : 5대 10국의 혼란(907~960), 요의 건국(거란족 통합, 발해 멸망)
- 고려 건국
  - 왕건 : 송악지방의 호족출신, 나주 점령(후백제 견제), 광평성 시중
  - 건국 : 궁예 축출, 왕건을 국왕으로 추대(918), 국호 고려, 송악 도읍
- 민족의 재통일 : 친신라 정책, 후백제와 대립 → **고창 전투(930)** 이후 우세
  - 발해유민 포용 → 신라 항복·견훤 귀부(935) → 후백제 정벌(936)

※ 왕건의 위기
→ 927년 공산전투(고려패배, 신숭겸 전사)

2) 중세의 시대 개관

시기	전기		후기		
	초기 (918~1018)	중기 (1018~1170)	무신 집권기 (1170~1270)	원 간섭기 (1270~1351)	말기 (1351~1392)
구분	체제 정비기	문벌 귀족 시대	하극상의 혼란기	자주성의 상실기	개혁·보수 갈등기
세력	호족	**문벌 귀족**	무신	**권문 세족**	**신진사대부**

정중부의 난(1170)

3) 태조의 정책
- ★ 민생안정 : 조세 감면(취민유도), 흑창 설치
- 호족 통합 : 역분전 지급, 정략 결혼, 사성정책, **기인제도**와 **사심관제도**
- 북진정책 : 서경 중시, 분사 제도, 영토 확대(청천강~영흥만)
- 기타 : 후대 왕에게 **훈요 10조** 제시, 정계와 계백료서 반포

4) 광종의 개혁
- 정종 : 왕규의 난 진압, 서경 천도 계획 추진, 광군사 설치
- ★ 광종
  - **노비안검법** 실시, **과거제도** 실시, 주현**공부법** (세금)
  - 공복제도 정비, 호족·공신 세력 숙청
  - 황제라 칭하고 연호 사용(광덕, 준풍), 황도(개경)·서도(서경)
- 경종 : 전시과 제도 실시

5) 유교적 정치 질서의 확립(성종, 현종)
- 성종
  - **최승로의 시무 28조** 수용(유교정치이념 확립)
  - 2성 6부의 중앙 관제 마련, **12목 설치, 향리제도 마련**
  - 국자감 정비, 12목에 경학박사와 의학박사 파견

  문산계·무산계 정비, 노비환천법

- 현종
  - **강조의 정변**으로 즉위, 거란의 침입 격퇴
  - **경기와 5도 양계로 정비**, 현화사 건립, **팔관회 부활**

기출지문

01. 성종은 중앙관리에게 문산계를 부여하고, 향리와 노병에게는 무산계를 부여하였다.

신라계 6두품 출신 유학자
(유교정치이념)

■ 최승로 시무 28조   5조 정적평(태조 칭송, 광종 비판)

7. ① 청컨대 외관(外官 : 지방관)을 두소서.
11. 예악(禮樂)·시서(詩書)의 가르침과 군신·부자의 도리는 마땅히 중국을 본받아 비루한 것은 고치도록 하고, 그 밖에 ② 거마(車馬)·의복의 제도는 우리의 풍속을 따르게 하여 사치함과 검소함을 알맞게 할 것이며 구태여 중국과 같이 할 필요가 없습니다.
13. 봄에는 연등을 설치하고, 겨울에는 팔관을 베풀어 사람을 많이 동원하고 노역이 심하오니, ③ 원컨대 이를 감하여 백성이 힘을 펴게 하소서. 불교행사 축소 건의
19. 광종께서 말년에 조정의 신하를 죽이고 내쫓아 세가(世家)의 자손이 가계를 계승하지 못하였으니, 여러 차례의 은혜로운 임금의 뜻에 의하여 ④ 그 공신의 등제(登第)에 따라 그 자손을 등용하기를 청합니다. 귀족·공신에 대한 우대
20. ⑤ 불교를 행하는 것은 수신(修身)의 근본이며, 유교를 행하는 것은 치국(治國)의 근원이니, 수신은 내생(內生)을 위한 것이며, 치국은 곧 오늘의 일입니다. 유교 통치 이념 강조

― "고려사" ―

분석

① 전국에 **12목을 설치하여 처음으로 지방관을 파견**하고, 향직 제도를 개편하여 지방 세력가들을 향리로 편입하였다.
② 최승로는 **맹목적인 중국 모방을 비판하고 자주적·주체적 개혁을 주장**하였다.
③ 성종 때 중지된 연등회와 팔관회는 현종 때부터 다시 열렸다.
④ 최승로는 귀족 관료 중심의 정치 제도와 사회 질서를 추구하였다.
⑤ 최승로는 불교의 한계를 지적하고 유교를 정치 이념으로 삼을 것을 주장하였다.

구분	연호	왕
고구려	영락(永樂)	광개토왕
	건흥(建興)	?
신라	건원(建元)	법흥왕
	개국(開國)	진흥왕
	대창(大昌)	
	홍제(鴻濟)	
	건복(建福)	진평왕
	인평(仁平)	선덕여왕
	태화(太和)	진덕여왕
발해	천통(天統)	고왕
	인안(仁安)	무왕
	대흥(大興)	문왕
	건흥(建興)	선왕

구분	연호	왕
마진	무태(武泰)	궁예
태봉	수덕만세(水德萬歲)	
고려	천수(天授)	태조
	광덕(光德)	광종
	준풍(峻豊)	
조선	건양(建陽)	고종
대한제국	광무(光武)	
	융희(隆熙)	순종

❋ **역대 왕조의 연호** 연호는 군주의 재위 기간을 기준으로 연도를 표시하는 것으로, 동아시아 사회에서는 대체로 중국의 연호를 사용하였다. 대외적으로는 자주 국가임을 내세우고, 대내적으로는 왕권 강화를 위해 광개토대왕을 비롯한 여러 왕들이 독자적인 연호를 사용하였다.

III. 한국 중세사
02 문벌귀족 사회의 동요

CheckPoint

1) 문벌 귀족 사회의 동요

- 문벌귀족사회 ─ 배경 : 거란과의 전쟁 이후 백여 년의 평화 시대(문종~인종)
  └ 유력한 귀족 가문이 과거와 음서로 관직 독점, 공음전 세습, 혼인관계
- 문종   고려문화의 황금기, 경정 전시과 실시, 남경 설치
- 숙종   화폐 주조(은병, 해동통보), 별무반 조직, 남경 개발(김위제)
- 예종   윤관의 여진 정벌(동북 9성), 속현에 감무 파견

○ **측근 세력**
문벌 귀족을 비판하면서 정계에 진출한 신진 관리들 중에서 왕의 측근 세력으로 성장한 대표적인 인물은 예종 때의 한안인이다.

2) 이자겸의 난(1126)

- 배경   경원 이씨의 권력 독점, 측근 세력과 대립
- 전개   이자겸의 반란 → 척준경이 이자겸 제거 → 척준경 축출
- 결과   지배층의 분열, 문벌귀족 사회의 동요

※ 국제 정세 와 연관지어 이해할 것!
여진(금)이 일어나 요(거란) 멸망(1125),
북송 멸망(1127), 그리고 고려에 군신관계 요구(1126)

✱ (승려)

3) 묘청의 난(1135)

① 묘청의 자주적 혁신정치 : **서경천도**, **칭제건원**, **금국정벌론**
② 경과 : 개경파에 의해 받아들여지지 않자 봉기(국호 '대위', 연호 '천개') → 김부식의 개경 세력에 의해 진압됨 ➔ 신라 계승의식이 부각된 삼국사기 저술(1145)
③ 의의 : 문벌귀족 사회 내부의 분열과 지역 세력 간의 대립, 풍수지리설이 결부된 자주적 전통사상과 사대적 유교정치 사상의 충돌, 고구려 계승 이념에 대한 이견과 갈등 등이 얽혀 일어난 사건

○ **신채호의 평가**
신채호는 '조선 역사상 일천년래 제일 대사건'이라는 글에서 묘청이 일으킨 서경 천도 운동의 이면에는 낭·불·유 3가의 대립이 감추어져 있었으며, 이는 곧 독립당 대 사대당의 싸움이며, 진취 사상 대 보수 사상의 다툼이었다고 주장하였다.

| 기출지문
02. 인종 때 묘청 등은 서경에 대화궁을 짓고, 토착신을 숭배하는 팔성당을 건립하였다.

■ 고려 초기 왕 계보

①태조 (918~43)
├ ②혜종
├ ③정종
├ ④광종 (949~75)
├ 욱
└ 욱
④광종 ─ ⑤경종 ─ ⑦목종
⑥성종 (981~97)
⑧현종 (1009~31)

■ 고려 중기 왕 계보

⑧현종
├ ⑨덕종
├ ⑩정종
└ ⑪문종 (1046~83)
⑪문종 ─ ⑫순종, ⑬선종, ⑮숙종 (1095~1105)
⑬선종 ─ ⑭헌종
⑮숙종 ─ ⑯예종 (1105~22)
⑯예종 ─ ⑰인종 (1122~46)
⑰인종 ─ ⑱의종

03 Ⅲ. 한국 중세사
고려 전기의 대외 관계

1) 고려와 송의 관계

- 외교 정책
  - 송과 국교(광종), 적극적인 친송정책
  - 북진정책(고구려 계승 의식), 거란 배척 — 만부교 사건
- 송과의 교류
  - 사신과 상인의 왕래(경제적, 문화적 교류 활발)
  - 송의 선진문화 수용 → 인쇄술, 도자기 등에 영향

2) 거란의 침입과 격퇴

- 거란의 침입
  - 1차 침입(993) : 서희의 외교 담판(강동 6주 확보)
  - 2차 침입(1010) : 개경 함락(나주로 피난), 양규의 저항
  - 3차 침입(1018) : 귀주 대첩(강감찬)
- 전쟁의 결과
  - 고려, 송, 거란 사이의 세력 균형 유지
  - 개경 주위에 나성, 국경에 천리장성 축조

※ 거란(요)의 2차 침입
- 강조의 정변(김치양 일파 축출, 현종 옹립)
- → 거란의 침입, 통주 전투(패배), 개경 함락
- → 친조약속, 거란군 퇴각, 양규의 저항

■ 서희의 외교 담판

❶ 우리나라는 곧 고구려의 땅이오. 그러므로 국호를 고려라 하고 평양에 도읍하였으니 만일 영토의 경계로 따진다면 그대 나라의 동경이 모두 우리 영토 안에 있거늘 어찌 침략이라 하리오. 그리고 압록강의 내외도 또한 우리 영토인데, 지금 여진이 가로막고 있어 바다를 건너는 것보다 더 심하오. …… ❷ 만일 여진을 내쫓고 우리 옛 땅을 돌려보내어 도로를 통하게 하면 감히 국교를 맺지 않으리오.

— "고려사" —

분석
❶ 거란의 1차 침입 때 서희는 거란의 장수 소손녕과 담판하면서 고려가 고구려 계승 국가임을 밝혔다.
❷ 서희는 여진이 차지하고 있는 땅을 확보해 통로가 열리면 거란과 통교하겠다는 조건으로 거란군을 퇴각시켰다. 이로써 고려는 압록강 동쪽의 강동 6주를 확보하였다.

3) 여진정벌과 9성 개척

- 동여진 정벌 별무반 편성(숙종) → 여진정벌과 동북 9성 축조(예종)
- 금과의 관계 금의 건국(1115) → 군신관계 요구 (굴복)

● 별무반
기병인 신기군, 보병인 신보군, 승병인 항마군으로 편성되었다.

04 통치 체제의 정비

Ⅲ. 한국 중세사

CheckPoint

1) 중앙정치기구 당의 3성 6부 영향, 6부 운영은 독자적

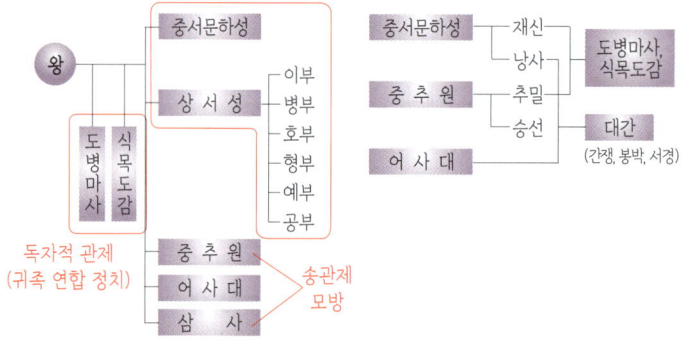

- 2성 6부 ─ 중서문하성(최고 관서) : **문하 시중**이 국정 총괄, 재신(2품 이상)과 낭사
　　　　　　　　　　　　　　　　　(3품 이하)
　　　　└ 상서성 : 6부를 두고 정책 집행 담당
- 중추원 　　**군사기밀**(추밀), **왕명 출납**(승선)
- 삼사 　　　회계 담당(화폐 및 곡식의 출납)
- 어사대 　　관리들의 비리 감찰, 정치의 잘잘못을 논함
- 도병마사, **귀족합좌기구**(재신과 추밀) 재·추 합좌기구
- 식목도감 ─ 도병마사(국방, 후에 도평의사사로 개칭), 식목도감(법률과 시행 규정)
- 대간 　　　어사대와 중서문하성 낭사, 간쟁과 봉박·**서경의 역할** (왕권 견제, 권력 독점 비판)
- 기타 　　　한림원(왕의 조서와 외교문서 작성), 춘추관(역사편찬), 보문각(서적관리)등

🔘 **도병마사의 변화**
도병마사는 국방 문제를 담당하는 임시 기구였으나, 원 간섭기에 도평의사사(도당)으로 개편되면서 구성원이 확대되었고, 국정 전반의 중요 사항을 결정하는 최고 정무 기구로 발전하였다.

🔘 **간쟁, 봉박, 서경**
간쟁은 왕이나 관리의 잘못을 비판하는 것이며, 봉박은 잘못된 왕명을 돌려보내는 것이다. 서경은 관리의 임명이나 법령의 개폐 등에 대간의 동의 얻는 것이다.

🔘 **고려의 승과**
승과는 교종 승려를 선발하는 교종선과 선종 승려를 선발하는 선종선 두 종류가 있었다.
　스승　　제자
🔘 **좌주·문생** 관계
과거에 합격한 사람은 시험관인 좌주와 결속을 강화하여 그들의 도움으로 쉽게 관직에 진출할 수 있었다.

2) 관리등용제도

① 과거제도
　　　　　　　　주로 귀족이나 향리 자제
　　├ 종류 : 제술업(한문학), 명경업(경서), 잡과 │ 하급 관리·평민 자제
　　└ 응시자격 : 양인층 이상이면 가능(승려 자제와 천민 제외)

② **음서제도** : 5품 이상의 관리 친족(아들, 손자, 사위, 조카)이 과거를 거치지 않고 관리
　　　　　　　　가 될 수 있는 제도 VS 조선의 음서제도
　　　　　　　　　　　　　　　　　　　　(고려보다 제한적)
나이 18세가 되면
음직으로 관리가 될 수 있다.

3) 지방행정제도

① 정비 과정 : 12목 설치(성종) → 현종 때 5도와 양계, 경기로 나누고 4도호부, 8목 그리고 주·현·진 설치
② 조직 : 5도와 양계, 경기
　　　　　　　　　　　　　　　　임기 6개월, 6품관리
　- 5도 : 상설 행정 기관이 없는 일반 행정 단위, 안찰사 파견
　- 양계 : 국경 지대에 설치, 병마사 파견, 국방 요충지에 진 설치
③ 특징
　- 중앙집권 미흡(주현 < 속현), 3경제(개경, 서경, 동경 → 남경)
　　　　　　　　　　　　　　　　　　　　　　　문종 때 남경길지설
　- 특수 행정 구역 설치(향, 부곡, 소)
④ 향리 : 조세나 공물 징수 등 실질적인 행정 담당, 외역전 수급·직역세습·과거응시 가능
　　→ ① 군·현민 보다 가혹한 수취 부담　　하층 양민
　　　 ② 거주 이전의 제한, 관직 진출 제한　(천민x)

○ **고려의 지방 편제**
성종 때 12목이 설치되었고, 현종 때 5도와 경기, 양계로 나누고, 그 안에 3경, 4도호부, 8목을 비롯하여 군, 현, 진을 설치하였다. 정치·군사적 거점에 4도호부(도호부사)와 8목(목사)을 두었으며 군(지사), 현(현령), 진(진장)에 지방관을 파견하였다.

4) 군사제도

① 중앙군 : 2군(친위부대), 6위(수도방위, 국경방어)
　- 직업군인으로 편성
　- 군적에 올라 군인전을 지급받고 자손에게 직역 세습(중류층)

6위 구성
- 좌우위·신호위·흥위위 → 수도 경비, 국경 방어
- 기타 : 금오위(경찰), 천우위(의장), 감문위(궁성수비)

② 지방군 : 16세 이상의 양인 농민으로 편성
　- 주진군(양계) : 상비군으로 국경 수비
　- 주현군(5도) : 치안유지, 각종 노역에 동원

　　※ **중방** : 2군 6위의 책임자들, 군사회의 기구
　　　　　　→ 무신정변 이후 권력의 중심

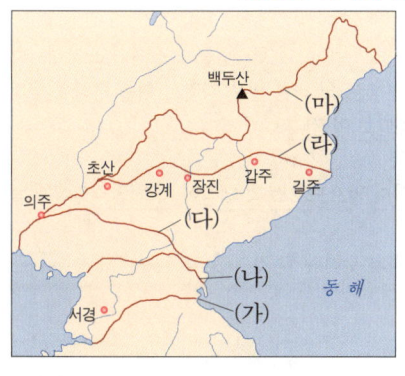

○ **국경선의 변화**
(가) 신라의 삼국 통일(대동강 ~ 원산만)
(나) 고려 태조의 북진정책(청천강 ~ 영흥만)
(다) 거란 침입의 격퇴(압록강 입구 ~ 도련포)
(라) 고려 말 실지 회복(압록강 중류 초산 ~ 길주)
(마) 조선 초 4군 6진 개척(압록강 ~ 두만강)

기출지문

03. 고려 시대에는 과거보다 음서로 관직에 진출하는 경우가 더 많았고, 음서 출신자들도 고위 관직에 오르는 경우가 많았다.

05 무신정권의 성립과 항몽

Ⅲ. 한국 중세사

CheckPoint

중방(정중부, 이의민)
도방(경대승, 최충헌)

● **교정도감**
최씨 정권의 반대 세력을 제거하고 국정을 총괄하는 최고의 정치 기구

● **흥녕부(興寧府)**
최충헌이 식읍 등의 관리를 위해 설치한 관청으로 후에 진강부(晉康府)로 개칭되었다.

1) 무신정권의 성립 혼란 → 독재 → 항몽

- 배경: 의종의 실정, 숭문천무 풍조, 하급군인들의 불만(군인전 미지급)
- 과정
  - 이의방·정중부의 봉기 → 문신제거, 의종 폐위
  - 최고 집권자의 교체 : 정중부 → 경대승 → 이의민 → 최충헌
- 사회 혼란: 중앙 정부의 통제력 약화 → 농민과 천민의 대규모 봉기

2) 최씨 정권 시대

- 최충헌 **봉사10조**(사회개혁책) 제시, **교정도감**(최고 집정부) 설치, 도방 부활
- 최우 **정방**(인사행정) 설치, 서방(문인숙위) 설치, **삼별초**(사병기구)

  신진사대부의 원류(이규보)

보충 무신집권기 사회혼란

- 반무신란 : 김보당의 난, 조위총의 난
  - 동북면병마사 서경유수
- 민란
  - 농민 : 김사미·효심의 난
  - 천민 : 만적의 난, 전주관노의 난
  - 특수 : 공주 명학소의 난 (망이·망소이의 난)
    - 향·소·부곡 소멸의 계기
- 부흥운동 : 최광수(고구려), 이연년(백제)
  - 유민의식

● 무신권력자와 사회 혼란

이의방 · 정중부	김보당의 난(1173), 조위총의 난(1174)
정중부	공주 명학소의 난(1176)
경대승	전주 관노의 난(1182)
이의민	김사미 효심의 난(1193)
최충헌	만적의 난(1198), 이비·패좌의 난(1202) 최광수의 난(1217)
최우	이연년 형제의 난(1237)

cf) 교종 승려의 난(흥왕사, 귀법사)

분석

① 최충헌은 이의민을 제거하고 권력을 장악하였다.
② 최충헌은 사회개혁책으로 봉사10조를 제시하였으나 실제로 시행되지 못하였다.
③ 최충헌은 봉사 10조에서 권력자들의 토지 점탈을 시정할 것과 공평한 조세 징수를 제시하였다.

■ **최충헌의 봉사 10조**

그가 글을 올리기를 "① 이의민은 성품이 사납고 잔인하여 윗사람을 업신여기고 아랫사람을 능멸했습니다. …(중략)… 원컨대 폐하께서는 태조의 바른 법을 따라서 이를 행하여 빛나게 중흥하소서. ② 이에 삼가 열 가지 일을 조목별로 아룁니다." ……
1. 새로 지은 궁궐에 길일을 택하여 들어갈 것
3. 벼슬아치들의 ③ 토지 겸병으로 인한 폐단이 많으므로 토지 대장에 따라 원주인에게 돌려줄 것
5. 관리가 공물 진상을 구실로 약탈 행위를 하지 못하게 할 것

3) 몽골과의 전쟁

- 발발
  - 강동의 역(1219, 몽골과 고려가 거란족 소탕)
  - 저고여 피살 사건을 계기로 침공(1231)
    → 박서의 저항, 개경 포위(강화 성립)
- 저항
  - **강화 천도(1232)** → 몽골의 재침, 30년 대몽 항쟁
  - 피지배층의 항쟁(다인철소, 처인부곡)
- 피해
  - 국토의 황폐화, 민중 생활 파탄
  - 문화재 소실 : **초조 대장경, 황룡사 9층 목탑**

쿠빌라이
세조 구제(불개토풍)
→ 고려의 종묘·사직·토풍 유지한다.

4) 무신정권의 붕괴

- 몽골과의 강화
  - 최씨 정권의 붕괴(무오정변)
  - 몽골과 강화(고려의 주권과 고유한 풍습 인정)
- 삼별초의 항쟁
  - 무신정권의 종식, 고려 왕실은 개경 환도(1270)
  - 배중손 주도로 항몽 정권 수립(진도 → 제주도)

○ **삼별초**
최우가 집권하면서 설치한 야별초에서 분리된 좌별초, 우별초와 몽골에 포로로 잡혀갔던 병사들로 조직된 신의군을 말한다.

기출지문

04. 최충헌 집권 시기 이비·패좌 등이 경주를 중심으로 운문, 울진, 초전 등지에서 신라 부흥을 내세우며 반란을 일으켰다.

05. 1258년 조휘, 탁청 등이 동북면 병마사를 죽이고 철령 이북의 땅을 바치자 몽골은 이 지역에 쌍성총관부를 설치하였다.

■ 무신집권기 왕 계보 / ■ 원간섭기 왕 계보

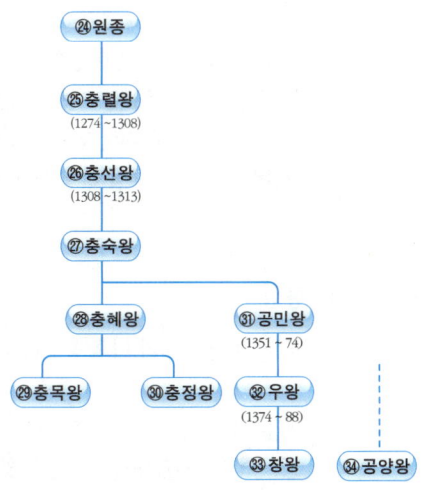

■ 몽골의 침입과 대몽 항쟁

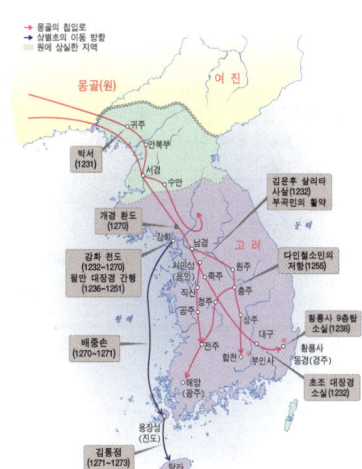

06 Ⅲ. 한국 중세사 — 고려후기의 정치 변동

1) 원의 내정간섭

- 일본원정 — 두 차례 원정 시도, 정동행성 설치 → 태풍으로 실패
- 영토 축소 — 쌍성총관부(철령 이북), 동녕부(자비령 이북), 탐라총관부(제주)
- 내정간섭 ┬ 관제 축소(첨의부, 4사), 왕실 호칭 격하, **몽골풍**(변발·체두) 유행
            └ **만호부**(군사간섭기구), **순마소**(반원인사 색출), **다루가치**(감시관)
- 원의 수탈 ┬ 인적 수탈 : 결혼도감을 두고 **공녀** 공출
            └ 물적 수탈 : 특산물(인삼, 약재), 매(**응방** 설치)

◉ **정동행성** (고려왕이 승상 겸임)
원이 2차 일본 원정을 하기 위해 설치한 기관. 일본 원정 실패 이후에도 연락 기구의 성격으로 남아 고려의 내정을 간섭하였다.

제국대장공주
→ 충렬왕의 비(원의 공주)

2) 원 간섭기의 정치

입성책동
→ 고려를 원의 직할령으로 편입 시도

- 권문세족 — 부원세력, 고위관직 독점, 농장 확대(부재지주)
- 충렬왕 — 최초의 부마왕, 홍자번의 편민 18사, 성리학 수용
- 충선왕 — **사림원** 설치, 소금 전매제, **만권당** 설립
- 기타 — **찰리변위도감**(충숙왕), **정치도감**(충목왕)

원 간섭 전	원 간섭 후
중서문하성·상서성	첨의부
6부	4사
중추원	밀직사
도병마사	도평의사사
조(祖), 종(宗)	왕
폐하, 태자, 짐	전하, 세자, 고

→ 전리사, 군부사, 판도사, 전법사

충렬왕과 왕위 갈등
★ **충선왕**(1298, 1308~13)
사림원 설치(개혁추진)
→ 부원세력의 반발로 왕위에서 물러남
→ 북경에 만권당 설립

◉ 관제 및 관직 칭호 변화

3) 공민왕의 개혁정치

- 배경 — 14세기 중반 원명 교체기
- 반원정책 ┬ **친원파(기철) 숙청**, **정동행성 이문소 폐지**, 관제복구, 몽골풍 폐지
            └ **쌍성총관부 무력 탈환**, 요동 공략(최영, 이성계)
- 내정개혁 ┬ 정방폐지, **성균관 정비**, 과거제도 정비
            └ **전민변정도감** : 신돈을 등용하여 토지개혁과 노비 환속 시도

◉ **홍건적의 침입**
홍건적은 원의 지배에 반발하여 일어난 한족 농민 반란군으로 1360년과 다음해에 고려에 침입하였다. 한때 개경이 함락당하고 공민왕은 복주(안동)까지 피난하였으나 정세운 등의 활약으로 물리쳤다.

★ **흥왕사의 변(김용의 난)**
→ 공민왕 암살 기도

4) 새로운 세력의 등장

- 신진사대부 ┬ 형성 : 무신집권기 이후 등장(향리 출신), 공민왕의 개혁정치로 성장
              └ 성향 : 과거를 통해 정계 진출, 성리학 수용, 불교 비판, 권문세족과 대립
- 신흥 무인 ┬ 배경 : 홍건적과 왜구 격퇴 과정에서 성장(최영, 이성계)
            └ 왜구 격퇴 : **진포대첩**(최무선), **황산대첩**(이성계)

5) 고려의 멸망

- 우왕 　　　이인임 일파의 복고정치(친원외교, 토지겸병)
　　　　　　→ 최영의 권력 장악(이인임 일파 축출)
- 위화도 회군　명의 철령위 요구 → 요동 정벌 추진 → **위화도 회군**(1388)
- 고려의 멸망　혁명파 사대부 주도의 **전제개혁(과전법)**, 정몽주 제거 → 조선 건국 (1392)

> 위화도회군 후 우왕 폐위, 창왕 즉위
> → 폐가입진을 내세워 창왕 폐위, 공양왕 즉위

기출지문

06. 홍건적의 2차 침입 때 공민왕은 복주로 피난하였다. 그 후 정세운, 이방실, 안우, 김득배 등이 홍건적을 물리치고 개경을 수복하였다.

공민왕의 영토 수복

홍건적과 왜구의 격퇴

첨설직

홍건적, 왜구 격퇴 과정에서 공을 세운 자들에게 첨설직 수여

■ 왜구 격퇴

○ 진포 대첩

　우왕 6년(1380) 8월 추수가 거의 끝나 갈 무렵, 왜구는 500여 척의 함선을 이끌고 진포로 쳐들어와 충청·전라·경상도의 3도 연해의 주군(州郡)을 돌며 약탈과 살육을 일삼았다. 고려 조정에서는 ❶ 나세, 최무선, 심덕부 등이 나서서 최무선이 만든 화포로 왜선을 모두 불태워 버렸다.

○ 황산 대첩

　❷ 운봉을 넘어온 이성계는 적장 가운데 나이가 어리고 용맹한 아지발도를 사살하는 등 선두에 나서서 전투를 독려하여 아군보다 10배나 많은 적군을 섬멸했다.

분석

❶ 최무선은 원나라 상인을 통해서 화약 제조법을 터득하고, 화통도감에서 화포와 화약을 제작하여 왜구 격퇴에 기여하였다.

❷ 이성계는 나하추와 왜구를 격퇴하면서 세력을 키워 신흥 무인 세력으로 두각을 나타내게 되었다.

07 Ⅲ. 한국 중세사 | 고려의 경제 정책

CheckPoint

1) 농업 중심의 산업 발전

- 중농정책
  - 개간한 땅은 일정 기간 세금 면제, 농번기에 잡역 동원 금지
  - 재해 시 세금 감면(재면법), 의창 설치, 고리대의 이자 제한
- 상공업
  - 시전과 관영상점 설치, 화폐 유통 시도
  - 관청 수공업, 소 수공업 발달

분석
새로 개간한 땅에 대해서는 소유권을 인정해주고, 일정기간 소작료나 조세를 감면해 주었다.

■ 고려의 농업 장려 정책
진전(황폐해진 경작지)을 개간하여 경작하는 자는, 사전(개인 소유지)의 경우 첫해에는 수확의 전부를 가지고, 2년째부터 경작지의 주인과 수확량을 반씩 나눈다. 공전(국가 소유지)의 경우에는 3년까지 수확의 전부를 가지고, 4년째부터 법에 따라 조(租)를 바친다. - "고려사" -
생산량의 1/4

2) 수취제도

- 조세
  - 부과 기준 : 논과 밭의 비옥한 정도에 따라 3등급(상, 중, 하)
  - 과세 : 생산량의 1/10
- 공물(공납)
  - 호 단위로 토산물 징수, 필요한 공물을 종류와 액수를 나누어 주현에 부과 — 주현공부법(광종)
  - 별공과 상공
- 역
  - 정남(16~60세)은 군역과 요역의 의무
  - 인구의 많고 적음에 따라 9등급으로 호를 나누어 부역

○ **재정 담당 관청**
- 호부 : 호적과 양안 작성
- 삼사 : 화폐와 곡식의 출납

○ **조운제도**
군현 단위로 거둔 조세는 농민들이 조창까지 운송한 다음, 조운을 통해 개경으로 운반하였다. 양계 지역은 경창으로 운반하지 않고 현지의 군사비로 사용하였다.

녹봉지급
경창(좌창, 우창)
왕실·관청 경비

3) 전시과 제도

① 특징
- 문무관리로부터 군인, 한인에 이르기까지 18과로 구분하여 전지와 시지의 수조권만 지급
- 세습불가 : 충성과 직역에 대한 대가, 사망과 퇴직시 반납이 원칙

② 정비과정
- 역분전(태조)   개국공신, 논공행상(공로, 충성도, 인품고려)
- 시정전시과(경종)   전현직관리에게 관품과 인품을 고려하여 전지·시지 지급
- 개정전시과(목종)   관품을 기준으로 18과로 나누어 지급, 군인 전시과 시행
- 경정전시과(문종)   현직 관리만 지급, 무관에 대한 대우 향상
- 한외과 폐지, 무산계전시와 별사전 지급
  향리, 악공, 노병 등   승려, 지리업자 등

○ **녹과전**
원종 때인 1271년에 관료들의 부족한 녹봉을 보충해 주기 위해 경기 8현의 토지를 대상으로 수조권을 나누어 준 제도이다.

○ **민전**
고려시대 귀족과 농민의 사유지로 매매, 상속이 가능하였다. 민전의 소유자는 국가에 세금(1/10)을 내야 했다.

③ 토지의 종류

과전	문무 관리(18관등)	공음전	5품 이상의 고위관리	내장전	왕실경비
한인전	하급 관리자제	군인전	직업군인	공해전	중앙관청 경비
구분전	하급관리 및 군인의 유가족	외역전	향리	사원전	사원

세습가능

GOSABU Compact History

| 기출지문 |

07. 문종 때 경정 전시과는 현직 관리에게만 토지를 지급하고, 무반에 대한 대우가 높아졌다. 한외과를 폐지하였으며, 무산계 전시와 별사전을 지급하였다.

■ 전시과
고려의 토지 제도는 대개 당의 제도를 모방하여 개간된 토지의 넓이를 총괄해서 그 기름지고 메마른 것을 나누어 ❶ 문무 백관에서부터 부병, 한인에 이르기까지 과(科)에 따라 전지와 시지를 주었는데, 이를 전시과라 한다. 죽은 후에는 모두 나라에 다시 바쳐야 했다. 그러나 부병은 나이 20세 전후되면 비로소 땅을 받고 60세가 되면 반환하는데, 자손이나 친척이 있으면 전지를 물려받게 하고, 없으면 감문위에 적을 두었다가 70세 이후에는 구분전을 지급하고, 그 나머지 땅을 환수하였으며 죽은 다음에 후계자가 없는 자와 전사한 자의 아내에게 모두 구분전을 지급하였다. 또한 ❷ 공음 전시과가 있어 과에 따라 지급하여 자손들에게 전하였다.

→ 군인전(세습가능)

분석 |
❶ 고려는 문무관리와 군인, 한인 등에게 과에 따라 전지와 시지를 지급하였다. 전시과는 죽은 뒤 반납하는 것이 원칙이었다.
❷ 5품 이상의 고위 관료는 과전이외에 별도로 공음전을 받았는데, 공음전은 세습이 가능하였다.

○ 전시과의 토지 지급 액수(단위 : 결)

시기	등급		1	2	3	4	5	6	7	8	9	10	11	12	13	14	15	16	17	18
경종 (976)	시정 전시과	전지	110	105	100	95	90	85	80	75	70	65	60	55	50	45	42	39	36	33
		시지	110	105	100	95	90	85	80	75	70	65	60	55	50	45	40	35	30	25
목종 (998)	개정 전시과	전지	100	95	90	85	80	75	70	65	60	55	50	45	40	35	30	27	23	20
		시지	70	65	60	55	50	45	40	35	33	30	25	22	20	15	10			
문종 (1076)	경정 전시과	전지	100	90	85	80	75	70	65	60	55	50	45	40	35	30	25	22	20	17
		시지	50	45	40	35	30	27	24	21	18	15	12	10	8	5				

※ 무신정변 이후 전시과 붕괴
→ 개경환도 직후 녹과전(경기 8현) 지급
→ 고려후기 권문세족과 사찰은 사패권을 활용하여 대농장 보유

분석 |
① 지급결수 점차 감소, 특히 시지의 감소가 크다.
② 지급대상 : 전현직 관리 → 현직 관리

■ 토지 제도의 문란
우왕 14년(1388년) 7월 대사헌 조준 등이 상소하였다. "근년에 이르러 겸병이 더욱 심해졌습니다. 간흉한 무리가 주와 군을 묶고 산천을 경계로 하여 조업전이라 하면서 서로 빼앗습니다. 1묘의 전주(田主)가 5, 6을 넘고 1년에 전조(田租)를 8, 9차례나 거두어 갑니다. 왕실 토지에서 종실, 공신과 조정의 문무 백관의 토지는 물론 외역전, 진, 역, 원, 관의 토지와 다른 사람이 대대로 심어놓은 뽕나무와 집까지 모두 빼앗습니다." — "고려사" —

분석 |
권문세족은 권력을 이용하여 대규모의 토지와 몰락한 농민을 모아 농장을 형성하였다. 이는 혁명파 사대부 세력이 전제개혁을 추진하는 배경이 되었다.

■ 고려의 화폐 정책
❶ 내(목종) 선대의 조정에서는 법도와 양식에 따라 조서를 반포하고 화폐를 주조하니, 수년 만에 돈꿰미가 창고에 가득차서 화폐를 통용할 수 있게 되었다. (중략) 문득 근본을 힘쓰는 마음을 지니고서 돈을 사용하는 길을 다시 정하니 ❷ 차와 술과 음식 등을 파는 점포들에서는 전과 같이 전폐를 사용하도록 하고, 그 밖에 백성이 사사로이 서로 교역하는 데에는 임의로 토산물을 쓰도록 하라.

분석 |
❶ 성종 때 철전 화폐인 건원중보를 발행하였다.
❷ 민간 거래에서 토산물(곡식, 옷감)을 화폐 대신 사용하는 것을 허락하였다.

Ⅲ. 한국 중세사 **55**

08 고려의 경제 활동

Ⅲ. 한국 중세사

CheckPoint

● 녹비, 퇴비
녹비법은 콩과 작물을 갈아엎어 비료로 사용하는 방법이며, 퇴비법은 가축의 분뇨를 풀이나 갈대와 함께 비료로 사용하는 방법이다.

● 소 수공업
소(所)는 금, 은, 철, 구리 등의 광산물과 각종 옷감, 자기, 종이, 기와, 먹 등의 수공업품을 생산하여 공물로 바쳤다.

● 사원 수공업
고려 후기 유통 경제가 발달하면서 사원에서 베, 모시, 기와, 술, 소금 등의 제품을 생산하여 판매하였다.

● 활구(은병)
우리나라의 지형을 본떠서 은 1근으로 만든 고가의 화폐이다. 은병 하나의 가치는 포 100여 필에 맞먹었다.

● 고려의 대외 무역

1) 귀족과 농민의 경제생활

- 경제 생활
  - 귀족 : 과전, 공음전, 녹봉, 사유지, 외거노비의 신공
  - 농민 : 민전 경작, 국유지나 다른 사람의 땅 경작, 품팔이 등
- 농업 기술
  - 우경에 의한 깊이갈이 일반화, 윤작법(2년 3작) 시작, 모내기법 도입
  - 시비법(퇴비, 녹비) 발달로 휴경지 감소, 상경지 증가
  - 목화 재배 시작, 원에서 "농상집요" 도입
    - 문익점 　　　　　　　　 이암

2) 수공업 활동

- 전기 　관청수공업, 소 수공업
- 후기 　사원수공업, 민간 수공업

3) 상업 활동

- 전기
  - 시전 : 개경 및 서경, 관청과 귀족들이 이용
  - 관영상점 : 개경, 서경 등 대도시에 서적점, 주점, 다점 설치
  - 경시서(상행위 감독), 사원의 상업 활동
- 후기
  - 시전의 규모 확대, 업종별 전문화, 소금 전매제(충선왕)
  - 지방 : 행상의 활동, 원(여관)이 상업의 중심지 역할

4) 화폐 주조

- 화폐
  - 성종 : 건원중보(최초)
  - 숙종 : 주전도감(의천 건의), 은병(활구), 해동통보, 삼한통보 등
  - 한계 : 유통부진, 일반 농민들은 삼베나 곡식 사용
- 보 　제위보(광종, 빈민구제), 팔관보(팔관회 경비 마련), 광학보(승려 장학), 경보(불경 간행), 학보(국자감 학생 장학) 등

5) 무역 활동

- 송
  - 벽란도(국제 무역항), 조공무역과 사무역 활발
  - 비단·약재·서적 수입, 종이·먹·인삼·칠기·화문석 수출
- 거란, 여진 　은·모피·말 수입, 곡식이나 옷감 수출
- 일본 　곡식과 서적 수출, 유황과 수은 수입
- 아라비아 　수은, 향료, 산호 수입

| 기출지문

08. 고려와 몽골(원)의 교역이 늘어나 원의 지폐가 고려에서 통용되기도 하였다.

III. 한국 중세사
고려의 신분제도

향리 —과거→ 중앙관리
농민 —군공→ 군인
외거노비 —재산→ 양인

1) 신분 구성
- 특징 ┬ 귀족과 중류층, 양민과 천민으로 구성
       └ 신라의 골품제 사회보다 **개방적 사회**(신분 상승 가능)
- 본관제 : **본관제** 실시(토성 제도), 성씨 집단의 증가(공민층의 확대)

● 본관제 — 일종의 영역규제 (거주와 이동 제한)
지방에 토착하고 있던 씨족 집단에게 그 지역 명을 본관으로 부여하였는데 이를 소위 토성(土姓)이라 한다. 지역 사회의 지배층을 중심으로 토성 및 직역을 분정(分定)하여 부세 징수 등의 행정실무를 맡도록 하였다.

2) 귀족
- 귀족 ┬ 왕족과 공신의 자손, 5품 이상의 관료
       └ 음서나 공음전의 혜택, 서로 중첩된 혼인관계
- 주요 지배층 : 문벌귀족(전기) → 권문세족(후기)

■ **재상지종**(권문세족) 충선왕의 복위교서(1308)

이제부터 만약 ❶ 종친으로서 같은 성에 장가드는 자는 황제의 명령을 위배한 자로서 처리할 것이니, 마땅히 ❷ 여러 대를 내려오면서 재상을 지낸 집안의 딸을 취하여 부인을 삼을 것이며, 재상의 아들은 왕족의 딸과 혼인함을 허락할 것이다. …… 철원 최씨, 공암 허씨, 평강 채씨, 청주 이씨, 당성 홍씨, 황려 민씨, 횡천 조씨, 파평 윤씨, 평양 조씨는 다 여러 대의 공신 재상의 종족이니 가히 대대로 혼인할 것이다. 남자는 종친의 딸에게 장가가고 딸은 종비(宗妃)가 됨직하다.

| 분 석 |
❶ 왕실내에서는 동성혼이 행해지고 있었다.
❷ 권문세족에는 기존의 문벌귀족은 물론 무신 집권기에 성장한 무신 가문, 원 간섭기에 원을 배경으로 성장한 친원 세력도 포함되었다.

3) 중류층
- 구성 : **남반**(궁중 잡역), 잡류(중앙 관청의 말단 실무), **군반**(직업 군인), **향리**(지방 관청의 행정 실무), 역리(역 관리) 등
- 역할 : 통치 체제의 하부 구조 담당, 직역을 세습하고 그 대가로 토지 수급(군인전, 외역전)
- 향리 ┬ 향리 제도 정비(성종), 향리의 정원과 복색 제정(현종)
       └ 상층 향리 : 지방의 실질적 지배층(호장, 부호장 등)

4) 양민
- 백정(양인 농민) : 조세·공납·역 부담
- 향·소·부곡민 : 거주 이전의 제한, 백정보다 많은 조세 부담

5) 천민
- 노비 ┬ 매매와 상속 가능, **일천즉천**, 천자수모법
       └ 공노비(입역노비, 외거노비), 사노비(솔거노비, **외거노비**)
- 기타 : 화척(도살업), 양수척(버들고리 장수), 기생, 재인(광대)

● 일천즉천
재산으로 간주된 노비를 늘리기 위하여 부모 중 한쪽이 노비이면 그 자식도 노비가 되게 하였다.

10 고려의 사회 모습

Ⅲ. 한국 중세사

CheckPoint

분 석
❶ 향·부곡·소 등 특수 행정 구역의 향리는 과거에 급제해도 5품까지만 허락되어 일반 군현의 향리에 비해 차별을 받았다.
❷ 고려 후기에는 향·부곡·소 등 특수 행정 구역이 점차 일반 행정 구역으로 승격되었다.

분 석
평량은 사노비로 주인과 따로 살면서 신공을 바치는 외거노비였다. 고려시대 노비는 재산을 모아 양인 신분을 얻는 경우도 있었다.

■ 유청신
❶ 나라 제도에 부곡리(部曲吏)는 비록 공이 있더라도 5품을 넘을 수 없었다. 유청신은 몽골어를 익혀 왕명으로 여러 차례 원에 사신으로 다녀왔는데, 답변을 잘하여 충렬왕의 총애를 받고 낭장에 임명되었다. 왕이 교서를 내리기를, "유청신은 힘을 다하여 공을 세웠으니 비록 그 가세가 5품에 제한되어야 마땅하나, 그만은 3품까지 오를 수 있도록 허용하라."고 하였다. 또한 ❷ 고이부곡을 승격시켜 고흥현으로 삼았다.   - "고려사" -

■ 노비의 신분 상승
평량은 평장사 김영관의 집안 노비로, 경기도 양주에 살면서 농사에 힘써 부유하게 되었다. 그는 권세가 있는 중요한 길목에 뇌물을 바쳐 천인에서 벗어나 산원동정의 벼슬을 얻었다.

| 기출 지문 |

09. 호장은 지방의 실질적 지배층으로 통혼 관계나 과거 응시 자격에서 하위의 향리와 구별되었다. 호장은 지방관이 추천하면 중앙의 상서성에서 임명하였다.

10. 노비 이외의 천민집단으로 화척(도살업), 재인(광대), 양수척(버들고리 장수), 기생 등이 있었는데, 국가는 이들을 호적에 올리지도 않았고 따라서 아무런 부담을 지지 않았다.

10 고려의 사회 모습

1) 농민의 공동 조직 ; 향도

- 기원 불교의 신앙 조직(매향 활동, 불상·석탑 건립 주도)
- 변화 농민 공동체 조직(마을 노역, 혼례와 상장례, 마을 제사 주관)

2) 사회 제도

- 사회 시설 ┬ 의창 : 성종, 춘대추납을 통한 빈민 구제
           └ 상평창 : 성종, 물가 조절(개경, 서경, 12목)
- 의료 기관   동서대비원(환자 진료 및 빈민 구휼), 혜민국(의약 담당)
- 구제 기관 ┬ 구제도감·구급도감 : 재해 발생시 백성 구제를 위한 임시 기구
           └ 제위보 : 광종, 이자로 빈민을 구제하는 기금

■ 사회시책
농업에 전념할 수 있도록 농번기에는 잡역을 면제하였다. 농민이 자연 재해를 입으면 그 피해 정도에 따라 조세와 부역을 감면해 주었다. 또, 법으로 이자율을 정하여 이자가 원금과 같은 액수가 되면 그 이상의 이자를 받지 못하도록 하였다. 황무지를 개간하거나 갈지 않고 버려둔 진전을 새로 경작하는 경우에는 일정 기간 동안 소작료나 조세를 면제해 주었다.

▶ 농민생활 안정, 유망 방지

3) 법률과 풍속

- 법률
  - 당률을 참고한 법률 시행, 민사 사건의 경우 관습법을 따름
  - 지방관의 사법적 재량권 행사, 반역죄와 불효죄 등을 중죄로 처벌
  - 5형 제도(태, 장, 도, 유, 사), 삼복제 실시(문종)
- 풍속 상장제례는 토착신앙과 결합된 불교나 도교의식 따름
  → 성리학 수용 이후 변화(주자가례 보급, 가묘 설치)

유배형을 받은 자가 부모상을 당하면 7일간의 휴가를 주었다.

CheckPoint

◎ 형벌의 종류
- 태형(笞刑) : 10~50대 ┐
- 장형(杖刑) : 60~100대 ┤ 지방관
- 도형(徒刑) : 징역
- 유형(流刑) : 귀양 ┐ 중앙
- 사형(死刑) : 죽임 ┘

귀향형, 속동제도
지배층 대상

4) 가족제도

- 여성의 지위
  - 자녀 균분 상속, 딸의 제사 봉행, 호적에 연령순 기재, 호주 가능
  - 사위나 외손자도 음서 혜택, 여성의 재가 가능
- 혼인 풍습 일부일처제, 처가살이(서류부가혼, 솔서혼, 예서제 등)

※ 박유열전
충렬왕 때 일부다처제 제안
→ 반발 (고려시대 여성의 지위가 비교적 높았다)

5) 몽골의 침입과 백성의 생활

- 고려의 대응 강화 천도 이후 장기 항전 태세(산성·해도 입보 정책)
- 민중의 저항 충주성 노군의 전투, 용인 처인 부곡의 전투 등

6) 원 간섭기의 사회 변화

- 신분제 변화 하층민 중에서 전공, 혼인, 통역 등을 통해 출세 → 신분상승, 권문세족의 대열에 합류
- 원과의 교류 몽골풍(변발·체두), 고려양
- 공녀 결혼도감 설치, 심각한 사회 문제로 대두, 조혼 풍습

겁령구
(원 공주의 사속인)

| 기출지문

11. 고려 시대에는 횡령, 수뢰 등의 죄를 지은 관리는 자신의 본관지로 돌려보내는 귀향형이 있었다.

11. 유학의 발달과 역사서

Ⅲ. 한국 중세사

CheckPoint

◆ **문신월과법**
성종 때 실시한 제도로 관리들의 자질 향상을 위해 중앙 문신들은 매월 시 3편, 부 1편을, 지방관들은 1년에 1회씩 글을 지어 바치게 하였다.

※ 정도전의 불교 비판
- 심기리편(1394)
- 불씨잡변(1398)

1) 유학의 발달

- 특징: 불교(신앙 생활)와 유학(정치 이념)의 공존
- 초기
  - 태조: 최언위, 최응, 최지몽 등 6두품 출신 유학자의 활약
  - 광종: 과거제도 실시(유학 능력을 기준으로 관료 등용)
  - 성종: 최승로의 시무 28조(자주적 주체적 성격), 문신월과법
- 중기
  - 보수적 성격, 최충(훈고학적 유학에 철학적 경향 가미)
  - **평양에 기자 사당 건립(숙종)**, 김부식(인종)

2) 성리학의 전래   안향 - 이제현 - 이색 - 정몽주·정도전

- 전래: **충렬왕 때 안향이 소개**
- 학통
  - 이제현, 백이정, 박충좌 등이 원의 학자들과 교류
  - 이색과 정몽주, 정도전 등 신진 사대부가 수용
- 성격: 실천적 기능 강조(소학, 주자가례 보급), 권문세족과 불교 폐단 비판

| 분 석 |
공민왕은 성균관을 경학 중심의 유교 교육 기관으로 개편하고 신진 사대부를 양성하였다.

> ■ 성리학의 발전 ★중요 사료
> 왕(공민왕)이 명하여 성균관을 다시 짓고 이색을 판개성부사 겸 성균관 대사성으로 임명하였으며, 경술(經術)이 뛰어난 선비들을 택하여 교관으로 삼았다. 이에 이색은 다시 학칙을 정하여 매일 명륜당에 앉아 경(經)을 나누어 수업하고, 강의를 마치면 서로 더불어 토론하게 하였다. 이에 학자들이 많이 모여 함께 눈으로 보고 마음으로 느끼는 가운데 정주(程朱) 성리학이 비로소 흥기하게 되었다.
> — "고려사" —

3) 교육기관

- 서적포설치(숙종),
- 청연각과 보문각 설치(예종),
- 섬학전 설치(충렬왕)

① 교육기관: 국자감 + 향교
② 사학의 융성: 최충의 문헌공도 등 사학 12도 융성 (9재학당)
③ 관학진흥책
  - 예종: '**7재**'라는 과거전문강좌 설치, **양현고**(장학재단)
  - 인종: 경사 6학 정비, 향교 강화
  - 충렬왕: '성균관' 개칭, 문묘(공자사당)설치 충렬왕(1298) 때 성균감, 그후 성균관으로 개칭(1308)

◉ 고려의 교육 기관   입학자격 제한(귀족 자제)

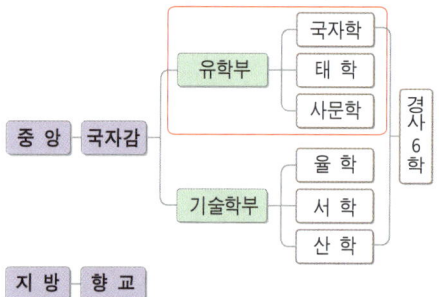

4) 역사서의 편찬 ★ 엄청 중요!

구분		역사서	내용	역사의식
중기		삼국사기	김부식, 기전체, 현존하는 최고(最古)의 역사서	유교적 합리주의 사관, 신라계승의식
후기	무신기	동명왕편	이규보, 동명왕의 업적을 칭송한 영웅 서사시, 고구려 계승의식	민족적 자주의식을 바탕으로 전통문화를 올바르게 이해하려는 경향
		해동고승전	각훈, 삼국시대 승려 30여 명의 전기 수록	
	원간섭기	삼국유사	• 불교적 신이사관 • 단군설화, 각종 설화와 전래 기록 수록	
		제왕운기	우리 역사를 중국사와 대등하게 파악하는 자주성	
말기		사략	이제현, 정통의식과 대의명분을 강조하는 성리학적 유교사관	왕권·국가질서 회복

→ 단군설화 기록
 (고조선 계승의식)

CheckPoint

○ **기전체** 인물中心 역사 서술
사마천의 사기와 같이 역사를 본기, 세가, 지, 열전, 연표 등으로 나누어 편찬하는 형식
「삼국사기」, 「고려사」

○ **이규보**
고려 시대 문인으로 최충헌, 최우 집권 시기에 활동하였다. '동명왕편'은 그의 문집 "동국이상국집"에 실려 있으며, 패관문학 작품으로 "백운소설"을 남겼다.

▎기출지문

12. 거란의 침입으로 왕조실록이 소실되자, 현종의 명을 받아 7대 실록을 편찬하였다.

※ 기타 역사서
　7대 실록(황주량, 덕종)
　본조편년강목(민지, 충숙왕)

※ 역사서

삼국사기	삼국유사
김부식	일연
유교적 합리주의 사관	불교적 신이사관 (기이편, 흥법편)
현존 최고 역사서	단군설화 수록

■ 역사서 서문

○ 삼국사기　　　　　　유교사관(도덕적 교훈을 주기 위해 역사 편찬)
　군후(君侯)의 선악, 신하된 자의 충(忠)과 사(邪), 국가의 안위, 백성의 이난(理亂) 등을 잘 드러내어 뒷사람들에게 경계를 전할 수 없게 되었으니, 마땅히 삼장(三長)의 인재를 얻어 한 나라의 역사를 만세에 남겨 주는 교훈으로 하여 밝은 별과 같이 밝히고 싶다고 하셨습니다.

○ 동명왕편
　계축년 4월에 "구삼국사"를 얻어 동명왕 본기를 보니 그 신이한 사적이 세상에서 이야기되는 것보다 더 자세하였다. 처음에는 이를 믿지 않고 귀(鬼)나 환(幻)으로만 생각하였다. 여러 번 탐미하여 점차 그 근원을 찾아가니 이는 환이 아니고 성(聖)이며, 귀가 아니고 신(神)이었다.

분 석
"삼국사기"는 김부식 등이 인종의 명을 받아 편찬하였다. 삼국사기는 현존하는 우리나라 최고의 역사서로 기전체 방식을 도입하여 본기·연표·지·열전으로 구성되었다.
고려 초에 쓰여진 자주적이고 진취적인 "구삼국사"를 기본으로 하였으나, 유교적 합리주의 사관에 기초하여 서술되었다.

분 석
이규보의 "동국이상국집"에 실려있는 동명왕편은 삼국사기의 신라 계승 의식을 비판하고 고구려 계승 의식을 반영하였다.

12. 불교 사상과 신앙

Ⅲ. 한국 중세사

CheckPoint

분석 |
일연의 "삼국유사"는 불교사를 중심으로 고대의 민간 설화나 전래 기록을 기사본말체로 서술하였고, 단군의 건국 이야기를 기록하여 우리 역사의 출발점을 고조선으로 설정하였다.

분석 |
"제왕운기"는 단군 조선부터 고려까지의 역사를 칠언시와 오언시의 형식으로 기록하였다.

■ 역사서 서문

○ 삼국유사
 옛 성인들은 예(禮)·악(樂)으로 나라를 흥하게 번성하게 하고 인의로 가르쳤으며, 괴상한 힘이나 난잡한 귀신을 말하지 않았다. …(중략)… 그러니 삼국의 시조들이 모두 신기한 일로 태어났음이 어찌 괴이하겠는가. 이것이 신이(神異)로써 다른 편보다 먼저 놓는 까닭이다.
 <u>신이사관</u>

○ 제왕운기
 신이 이 책을 편수하여 바치는 것은 …(중략)… 중국은 반고로부터 금국에 이르기까지, 동국은 단군으로부터 본조에 이르기까지 처음 일어나게 된 근원을 책에서 두루 찾아내어, 같고 다름을 비교하여 요점을 취하고 읊조림에 따라 장을 이루었습니다. …(중략)…
 요동에 또 하나의 천하가 있으니, 중국의 왕조와 뚜렷이 구분되도다.

---

12 | 불교 사상과 신앙

1) 불교 정책

- 태조 — 비보사찰 건립, '훈요 10조'에서 연등회와 팔관회 개최 당부
- 광종 ┬ 승과 제도, 왕사국사 제도   *법안종(혜거)을 중심으로 선종 통합 시도*
       └ 귀법사 창건, 사원에 토지와 노비 지급
- 불교 행사 — 연등회(전국 사찰), 팔관회(개경과 서경) 등

○ 비보사찰
땅기운이 왕성해 그대로 놔두면 다툼이 생길 우려가 있어 절을 지어 땅기운을 다스린다는 개념으로 신라 말 승려 도선에 의해 체계화되었다.

2) 불교 통합운동과 천태종

분열된 화엄종단(북악, 남악) 통합

- 초기 ┬ 균여 : 화엄사상 정비, 성상융회, 보살의 실천행(보현십원가)
       └ 제관 : 천태학을 중국에 전파, "천태사교의" 저술
- 중기 — 화엄종과 법상종의 유행(보수적 경향)
- 의천 ┬ 원효의 화쟁 사상 계승(교관겸수, 내외겸전 제창)
       └ 화엄종 중심으로 교종 통합, 해동 천태종 창시(교종의 입장에서 선종 통합 시도)

○ 성상융회
공(空)을 뜻하는 성(性)과 색(色)을 뜻하는 상(相)을 원만하게 융합시킨다는 이론으로, 화엄 사상 속에 법상종을 융합해 교종 내의 대립을 해소하기 위한 주장이다.

○ 교관겸수
교학과 선을 함께 수행하되, 교학의 수련을 중심으로 선을 포용하려는 통합이론

3) 결사운동과 조계종

- 신앙결사 — 수선사(지눌)와 백련사(요세)
- 지눌 ┬ 수선사 주도 : 송광사, 독경과 선 수행, 노동 중시
       └ 조계종 성립 : 선종 중심의 통합, 정혜쌍수와 돈오점수 강조
- 혜심 — 유불일치설, 심성 도야 강조(성리학 수용의 사상적 토대)
- 요세 — 백련사(만덕사) 주도, 법화신앙(참회 수행)
- 말기 — 보우의 개혁 시도, 임제종 도입

○ 정혜쌍수와 돈오점수
정혜쌍수는 선과 교학을 나란히 수행하되, 선을 중심으로 교학을 포용하자는 이론이며, 돈오점수는 단번에 깨닫고 꾸준히 실천하자는 주장을 일컫는다.

■ 조계종
○ 지눌의 정혜결사문
　하루는 같이 공부하는 사람 10여 인과 약속하였다. 마땅히 명예와 이익을 버리고 산림에 은둔하여 같은 모임을 맺자. ❶ 항상 선을 익히고 지혜를 고르는 데 힘쓰고, 예불하고 경전을 읽으며 힘들여 일하는 것에 이르기까지 각자 맡은 바 임무에 따라 경영한다.

○ 혜심의 유불일치설
　'기세계경'에서 말하였다. "부처님이 말씀하시기를 나는 두 성인을 중국에 보내어 교화를 펴리라 하셨다. 한 사람은 노자로, 그는 가섭보살이요, 또 한 사람은 공자로 그는 유동(儒童)보살이다." 이 말에 의하면 ❷ 유(儒)와 도(道)의 종(宗)은 부처님의 법에서 흘러나온 것이다. 방편은 다르나 진실은 같은 것이다.

CheckPoint

분 석
❶ 지눌은 승려 본연의 자세로 돌아가 독경과 선 수행, 노동에 고루 힘쓰자는 수선사 결사를 제창하였다.
❷ 혜심은 불교의 가르침이 유교나 도교의 원리와 통해 있음을 주장하고, 심성의 도야를 강조하여 성리학을 수용할 수 있는 토대를 마련하였다.

4) 대장경(경·률·논)의 조판
　　　　　　　　　경은 부처가 설법한 근본 교리이고,
　　　　　　　　　율은 교단에서 지켜야 할 윤리 조항과 생활 규범이며,
　　　　　　　　　논은 경과 율에 대한 승려나 학자의 의론과 해석을 일컫는다.

① <mark>초조대장경</mark> : 현종 때 거란격퇴 과정에서 조판, 대구 부인사 → 몽골 침입 때 소실
② <mark>교장(속장경)</mark>
　┌ 의천 주도 : 송, 요의 대장경 주석서를 모아 간행, 신편제종교장총록(불서목록)
　└ 교장도감(흥왕사) 설치 → 몽골 침입 때 소실
③ 재조대장경(<mark>팔만대장경</mark>)
　　　　　　　　　　　　　　　　　　　향약구급방 간행
　┌ 조판 : 고종 때 몽골의 침입을 불력으로 극복하고자 간행, <mark>대장도감</mark> 설치
　└ 보관 : 현재 합천 해인사에 8만 매가 모두 보존(UNESCO 세계기록유산 지정)
　　　　장경판전(조선초에 옮겨짐)

5) 도교와 풍수지리설
　　　　　　　　예종 때 복원궁이 대표적
　┌ 도교 ─┬ <mark>초제</mark> 성행, <mark>도교사원</mark> 창건, 팔관회 개최
　│　　　└ 한계 : 일관된 교리 체계와 교단을 갖추지 못함
　└ 풍수지리설 ┬ 초기 : 개경과 서경 명당설, 북진정책 추진, 서경천도 추진
　　　　　　　├ 중기 : <mark>남경길지설 대두</mark>, 남경 승격(문종), <mark>궁궐 건립(숙종)</mark>
　　　　　　　└ 말기 : 한양 천도 시도(공민왕, 우왕)

| **기출**지문 |

13. 팔관회는 개경과 서경에서 열렸으며, 부처와 천지신명, 공신에게 제사하면서 국가와 왕실의 평안을 기원하였다.

13. 과학 기술의 발달

III. 한국 중세사

CheckPoint

1) 천문학과 의학
- 천문학   사천대(서운관) 설치
- 역법   선명력(전기) → **수시력** 채택(충선왕)
- 의학   **향약구급방**(현존 최고 의서)

2) 인쇄술의 발달

◯ **직지심체요절**
현존하는 가장 오래된 금속활자본으로, 1377년(우왕 5) 청주 흥덕사에서 인쇄되었다. 백운 화상이 석가모니의 뜻을 중요한 대목만 뽑아서 해설한 책이다.

- 목판인쇄술   대장경 판각, 대량 인쇄에 적합
- 금속활자   소량 다종 인쇄에 유리, **상정고금예문**(1234), **직지심체요절**(1377, 현존 최고)
  - 프랑스 국립도서관에 보관 (유네스코 기록유산)
- 종이   중국에 수출(경면지)

3) 농서와 화약 무기
- 농서   원의 **농상집요** 소개(이암)
- 화약 무기   화약 제조법 개발(최무선), **화통도감** 설치 → 진포 대첩에서 왜구 격퇴

| 기출 지문

14. 고려 시대에는 목판 인쇄술의 발달과 청동 주조 기술의 발달, 그리고 인쇄에 적당한 먹과 종이의 제조가 가능했기 때문에 세계 최초로 금속 활자 인쇄술이 개발되었다.

14. 귀족 문화의 발달

III. 한국 중세사

1) 문학의 발달

- 대표적 문인 ┬ 국순전(임춘), 파한집(이인로)
  └ 최씨 정권 시대 : 이규보(동국이상국집), 최자(보한집), 진화 등
- 경기체가   고려후기 신진사대부, 향가 형식 계승, '한림별곡', '관동별곡' 등
- 패관문학   고려후기, **백운소설(이규보)**, **역옹패설(이제현)**
- 고려가요   고려후기, 장가 혹은 속요, '청산별곡', '가시리' 등
              피지배층(민중)

2) 건축

- 주심포식 ┬ 안동 봉정사 극락전   현존하는 가장 오래된 목조 건축물, 맞배지붕
          ├ 영주 부석사 무량수전   배흘림 기둥 양식, 팔작지붕
          └ 예산 수덕사 대웅전   맞배지붕
- 다포식   성불사 응진전(사리원) 원의 영향, 조선시대 건축물에 영향

※ 개성 [만월대]
경사진 곳에 축대를 높이 쌓고 계단식으로 건물을 배치하여 웅장하게 보이도록 하였다.

○ 봉정사 극락전

○ 부석사 무량수전

○ 수덕사 대웅전

3) 불교 예술(석탑, 불상)

다각다층탑
cf) 통일신라(3층탑)

석탑	전기	월정사 8각 9층석탑	송 영향
	후기	**경천사 10층석탑**	원 영향, 조선시대 원각사지 10층탑의 원형
승탑	선종 불교 영향	고달사지 승탑(8각 원당형), 지광국사 현묘탑(특수형태)	
불상	철불	광주 춘궁리 철불	고려 초기
	대형석불	논산 관촉사 석조 미륵보살 입상	지방 문화(호족)
	대표불상	**영주 부석사 소조 여래 좌상**	신라양식 계승

○ 월정사 8각 9층탑

○ 경천사 10층 석탑
현재 용산 국립중앙박물관에 있다.

○ 광주 춘궁리 철불
(하남하사창동 철조 석가여래좌상)

○ 관촉사 석조 미륵보살 입상
비슷한 성격의 불상
→ 파주 용미리 석불, 안동 이천동 석불

○ 부석사 소조 여래좌상

고려도경
1123년(인종 1) 송나라 사신단의 일원으로 고려에 왔던 서긍이 보고 들은 것을 기록한 책이다. 이 책에서 고려의 비색 순청자를 천하의 명품으로 손꼽았다.

4) 청자와 공예

- 자기
  - 중기(11세기) : 비색 순청자
  - 무신집권기(12세기 중엽) : 상감청자 유행
- 공예   은입사 기술, 나전칠기

5) 그림과 음악

- 그림
  - 전기 : 이령(예성강도), 이광필
  - 후기 : 천산대렵도(공민왕), 관음보살도(혜허), 부석사 조사당 벽화
- 서예   구양순체(전기) → 송설체(후기)
- 음악   아악(궁중 음악, 송의 대성악 영향), 향악(속악, 당악의 영향)

○ 상감청자

○ 청동은입사포류수금문정병

○ 부석사 조사당 벽화

○ 수월관음도(혜허)
일본

기출지문

15. 진화는 이규보와 쌍벽을 이루는 문인으로, 고려가 문명의 중심으로 떠오르고 있다는 자부심을 담은 한시를 지었다.

주요 국왕 정리

■ 고려시대 편

왕조	국왕	정치	경제·사회	문화
고려 초기	태조 (918~943)	북진 정책, 훈요 10조 기인 제도, 사심관 제도	역분전 지급, 흑창 설치	
	정종 (945~949)	광군 설치, 서경 천도 계획		
	광종 (949~975)	과거제 실시, 공복 제도, 칭제건원(광덕, 준풍), 송과 수교	노비안검법, 주현공부법, 제위보	왕사·국사 제도 실시, 승과 제도, 균여 활약
	경종 (975~981)		전시과 실시	
	성종 (981~997)	2성 6부제, 12목 설치, 향직 개편, 문신월과법, 거란의 1차 침입(강동 6주)	노비환천법 의창·상평창 설치, 건원중보 제작	국자감 설치, 12목에 경학박사·의학박사 파견
	현종 (1009~1031)	거란의 2~3차 침입, 나성 축조, 경기와 5도 양계 확립	팔관회 부활	초조대장경 조판 시작, 7대 실록 편찬
고려 중기	문종 (1046~1083)	남경 설치	경정 전시과	9재 학당(최충)
	숙종 (1095~1105)	별무반 조직, 남경 개발(궁궐)	은병(활구), 해동통보 주조	서적포 설치
	예종 (1105~1122)	윤관의 동북 9성 설치		관학 진흥책(7재, 양현고), 도교 사원 건립(복원궁)
	인종 (1122~1146)	금의 군신관계 요구 수용, 이자겸의 난(1126), 묘청의 난(1135)		삼국사기 편찬, 경사 6학 정비, 고려도경(서긍)
무신 집권기	명종 (1170~1197)	무신정변(1170) 김보당의 난, 조위총의 난	공주 명학소의 난, 김사미·효심의 난	수선사(지눌), 동명왕편 저술
	고종 (1213~1259)	몽골 침입(강화 천도)		팔만대장경 조판, 향약구급방, 상정고금예문 인쇄
	원종 (1259~1274)	삼별초의 항쟁(1270~73)	녹과전 지급	
원 간섭기	충렬왕 (1274~1308)	일본 원정(1274, 1281), 정동행성 설치		삼국유사, 제왕운기, 성리학 도입 (안향), 섬학전 설치
	충선왕 (1308~1313)	사림원 설치	소금 전매제	수시력 채용
고려 말기	공민왕 (1351~1374)	관제 복구, 정동행성 폐지, 쌍성총관부 탈환, 홍건적의 침입	전민변정도감, 목화 전래	성균관 정비(이색), 사략(이제현)
	우왕 (1374~1388)	왜구 토벌(최영, 이성계), 위화도 회군(1388)		직지심경 간행, 화통도감 설치
	공양왕 (1389~1392)	과전법 개혁(1391)	저화 발행	

분량은 콤팩트,
내용은 임팩트!

Compact History

IV

근세 전기

01. 조선 초기의 정치발전
02. 사림의 대두와 붕당정치
03. 통치 체제의 정비
04. 조선 초기의 대외 관계
05. 임진왜란
06. 호란과 대청관계
07. 조선전기의 경제
08. 수취제도의 변화
09. 조선의 신분제도
10. 사회 정책과 사회 시설
11. 향촌 사회의 조직과 운영
12. 민족 문화의 융성
13. 성리학의 융성
14. 과학 기술의 발달
15. 문화·예술

01. 조선 초기의 정치 발전

IV. 근세 전기

출제의 핵심은 군주(태종, **세종**, 세조, 성종)
→ 정치를 중심으로 외교, 경제, 문화를 결합시켜 출제!

CheckPoint

정도전의 정치 사상
조선 경국전, 경제문감 저술

정도전은 훌륭한 재상을 선택하여 재상에게 정치의 실권을 부여하여 위로는 임금을 받들어 올바르게 인도하고, 아래로는 백관을 통괄하고 만민을 다스리는 중책을 부여하자고 주장하였다.

사가독서제
젊은 문신들에게 휴가를 주어 학문 연구에 전념할 수 있게 한 제도이다.

태종, 세조	세종
6조 직계제 ↔ 의정부 서사제
(왕권 강화)	(왕권과 신권의 조화)

계유정난(1453)
수양대군이 황보인·김종서 등을 죽이고 권력을 장악한 사건

단종 복위 운동
(사육신)

1) 국왕중심의 통치체제 정비

① 건국 : 도평의사사의 추대로 태조(이성계) 즉위, 한양 천도(1394)
② 태조(1392~1398) : **정도전**(왕조의 설계자) 주도
  ├ 민본적 통치규범 마련, **재상중심의 정치**
  └ 불교비판(**불씨잡변**), 성리학적 통치 이념 확립, **요동정벌 계획**
    사병혁파, 의정부 설치
    → 정종 때 이방원 주도
③ 태종(1400~1418) : 왕권강화
  ├ 왕자의 난(1398)으로 정도전 일파 제거
  ├ **육조 직계제** 실시, **사간원 독립**, 신문고 제도
  └ **양전사업**, **호패법 실시**, **사병혁파**(국왕의 군사 지휘권 강화)

2) 유교정치의 실현 노력 (세종) ★

① 모범적 유교 정치 실현
   외교 : 4군 6진 설치, 대마도 정벌
   경제 : 연분 9등법 실시
   문화 : 훈민정음, 과학기술 발전
  ├ **집현전 설치**, 사가독서제
  ├ **의정부 서사제 실시**(왕권과 신권의 조화 중시)
  └ 유교식으로 오례 거행, 주자가례 장려
② 유교적 민본 정치 : 왕도 정치 표방, 청백리 재상 등용

3) 문물제도의 정비

① 세조(1455~1468) : 왕권의 재확립
  ├ **6조 직계제** 부활, "경국대전" 편찬 착수
  └ **집현전 폐지**, 종친 등용, 보법과 진관체제
  이시애의 난을 계기로 유향소 폐지
  → 성종 때 유향소 복립
② 성종(1469~1494) : 통치체제의 완성
  ├ "경국대전" 반포 유교적 법치국가 완성
  └ **홍문관 설치**(집현전 계승), 경연활성화

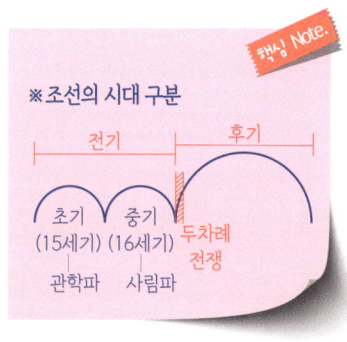

※ 조선의 시대 구분
전기 / 후기
초기(15세기) 중기(16세기) 두차례 전쟁
관학파 사림파

■ 조선 초기의 왕 계보

①태조(1392~98)
②정종 ③태종(1400~18)
④세종(1418~50)
⑤문종 ⑦세조(1455~68)
⑥단종 의경세자 ⑧예종
⑨성종(1469~94)

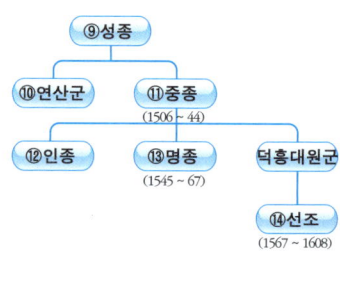

■ 조선 중기의 왕 계보

⑨성종
⑩연산군 ⑪중종(1506~44)
⑫인종 ⑬명종(1545~67) 덕흥대원군
⑭선조(1567~1608)

IV. 근세 전기
02 사림의 대두와 붕당정치

1) 훈구와 사림

→ 계유정난 이후 공신집단 형성 (한명회, 신숙주)
→ 김종직과 그 문하들이 성종 이후 본격 진출

CheckPoint
사림(士林) : 경상도 선비 무리들

구분	훈구파(관학파, 15세기 집권)	사림파(사학파, 16세기 이후 집권)
정치 체제	부국강병을 통한 중앙 집권	왕도 정치에 입각한 향촌 자치
경제 기반	대농장 소유(부재 지주)	중소 지주(재지 지주)
학풍	• 사장(한문학) 중심 • 불교, 도교 등도 포용	• 경학 중심 • 성리학 이외에는 배격, 이단시

① 사림의 대두
- 김종직과 그 문하들이 성종 때 중앙 정계로 진출
- 전랑과 3사의 언관직을 차지하고 훈구 세력을 비판, 견제

② 연산군
- 경연 폐지, 언론 탄압(신언패)
- 두차례 사화 : 무오사화(1498), 갑자사화(1504)
- 중종반정(1506)으로 연산군 폐위

③ 조광조의 개혁정치(중종) 유교 정치를 중흥시킨 군주라는 묘호
- 현량과 실시 : 천거를 통한 사림 등용
- 언론 활성화, 위훈삭제(僞勳削除) 주장, 향약 보급
- 소격서(도교행사기관)폐지, 경연 강화, 방납의 폐단 비판
- 결과 : 훈구파의 반발로 기묘사화(1519) 발생

④ 명종
- 을사사화(1545)이후 척신정치 대두(윤원형, 문정왕후)
- 임꺽정의 활동, 을묘왜변(1555)

```
                    윤임(오빠)   윤원형(오빠)
⑪중종 ─── 윤비 ─── 윤비
(1506~44)  [장경왕후] [문정왕후]
    │         │
  ⑫인종      ⑬명종
```

● 4대사화 → 김종직 부관참시

사화	시기	발단·원인
무오사화	연산군 4년(1498)	조의제문, 사초 문제
갑자사화	연산군 10년(1504)	윤씨 폐출 사사 사건
기묘사화	중종 14년(1519)	조광조의 혁신 정치
을사사화	명종 원년(1545)	왕실 외척 간의 대립

대윤 VS 소윤
(윤임) (윤원형)

2) 붕당의 출현

명종이 후사가 없어 선조 즉위(최초의 방계 혈통 군주)

① 사림 세력간의 갈등 : 16세기 말 선조 때 척신정치의 청산을 둘러싼 갈등
② 붕당의 시작(1575) : 이조전랑을 둘러싸고 김효원과 심의겸의 대립이 계기
- 동인 : 김효원, 신진사림, 영남학파(이황, 조식, 서경덕 계열)
- 서인 : 심의겸, 기성사림, 기호학파(이이, 성혼 계열)
- 학파에 뿌리를 둔 정파 발생
  [붕]   [당]

○ 이조 전랑
정5품인 정랑과 정6품인 좌랑을 말하며, 문관의 인사를 천거하고 전형하는 큰 권한을 가졌다. 특히, 3사의 관원을 임명할 때 동의권을 행사하였다.

주례(周禮)를 참고하여 통치 제도 정비 - 관학파(정도전)
향촌 사회에 향약, 소학, 주자가례 보급 노력 - 사림파(조광조)

기출지문

01. 세종은 사형수에 대한 복심제를 도입하고, 관비의 출산 휴가를 늘려주었으며, 화척을 신백정이라 부르게 하였다.

IV. 근세 전기
03 통치 체제의 정비

1) 중앙 정치 기구 각 관서의 기능·역할 필수 암기!

CheckPoint

○ **상참**
국왕이 매일 편전에서 의정부, 6조, 삼사, 승정원 등의 대신들과 하는 정책 회의
→ 중요 정책 회의

○ **윤대**
국왕이 매일 관청별로 5인이내의 고위 관료와 만나 정책을 논의하는 회의

○ **경연**
왕과 신하가 모여 유교 경전을 공부하는 제도로 홍문관에서 주관하였다. 강의를 마치면 국정의 현안에 대해서 논의하기도 하였다.

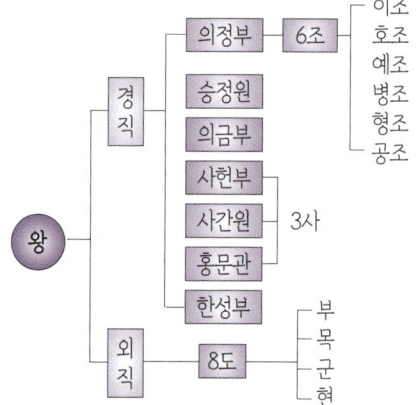

기구	역할	
의정부	국정 총괄	
6조	일반 행정 사무	
승정원	왕명 출납(왕의 비서 기구)	왕권 강화
의금부	왕의 특명에 의해 죄인 심판	
3사 홍문관	학술, 정책 결정 자문, 경연 담당	
3사 사헌부	감찰	(양사 = 대간) 서경권 행사
3사 사간원	간쟁	
춘추관	역사 편찬	
한성부	서울의 행정과 치안 담당	

▷ **특징**
- 왕권과 신권의 조화 중시
- 재상 합의제 발달 의정부
- 언론, 학술 중시 3사

○ **기타 관서**

예문관	교지 작성, 하급관원은 사관 역할
승문원	외교문서 작성
교서관	경적 간행, 향·축문·인신 관장

한림원 ─ 예문관(교지작성)
(고려) ─ 승문원(외교문서 작성)

■ **조선의 관제(9관등, 18품, 30계)**

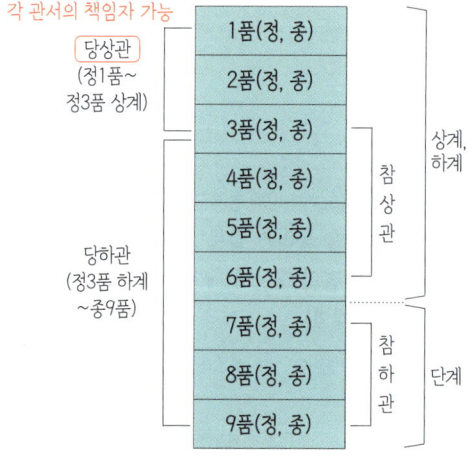

조선 시대의 관료 조직은 문반과 무반의 양반 체제로 형성되었으며 상하의 구분이 엄격하였다. 관료의 등급은 1품에서 9품까지이며, 각 품은 다시 정(正)과 종(從)으로 구분하여 정1품에서 종9품까지 모두 18품으로 나뉘었다. 정1품에서 종6품까지는 다시 상계와 하계로 구분하고, 정7품에서 종9품까지는 상계와 하계의 구분이 없어 조선의 관직 품계는 총 18품 30계로 나뉘었다. 문관 4품 이상은 대부(大夫), 5품 이하는 랑(郎)이라는 관계명이 붙여졌다. 4품 이상은 왕의 교지에 의해 임명되었으며, 5품 이하는 교첩에 의해 발령되었는데, 특별히 5품 이하의 관리를 임명할 때에는 서경을 거쳐야 했다.
조선의 관직 체계는 크게 당상관과 당하관으로 구분하였다. **당상관은 문관은 정3품 상계인 통정대부 이상, 무관은 정3품 상계인 절충장군 이상의 관료**를 말한다. 당상관은 고급 관료로서 인사권·군사권 등 여러 특권을 가지고 중요 국정에 참여하였다. 그리고 당하관은 다시 종6품 이상은 참상관, 정7품 이하는 참하관으로 나누었다. **참상관 이상만이 지방 수령에 임용될 수 있었다.**

| 기출 지문

02. 왕명을 출납하는 승정원은 도승지를 비롯한 6승지가 6조를 분담하였고, 정 7품 주서는 승정원 일기를 작성하였다.

2) 지방 행정 조직

① 중앙집권의 강화
- 향·소·부곡 폐지, **모든 군현에 지방관 파견**(속현 폐지)
- **수령의 권한 강화**(국왕의 대리인으로 지방의 행정, 사법, 군사권 장악)
- **향리를 세습 아전직으로 격하** [6방으로 나누어 실무 담당]
- 면-리-통 정비 : 인구파악과 부역 징발 보조

② 양반중심의 향촌사회 : 향촌자치와 중앙집권의 조화
- **유향소** : 지방 양반으로 구성(**좌수와 별감**) → 수령보좌, 향리규찰, 풍속교정
- **경재소** : 유향소와 정부 사이의 연락기능 담당, 유향소 통제
  - 책임자는 현직 중앙 관리

○ 원악향리처벌법
자신의 지위나 세력을 이용하여 백성을 괴롭히는 토호적 향리를 처벌하는 법을 제정하여 향리를 통제하게 하였다.

암행어사
조선 시대 당하(정3품 하계 이하) 관원을 지방 군현에 비밀리에 파견해 암행하게 한 왕의 특명 사신

○ 조선의 8도

관찰사 파견
┌ 종2품, 임기 1년, 감영 근무
└ 수령 지휘·감독, 병권 장악

수령의 임무(守令七事) 임기 5년
1. 농업의 장려 ┐
2. 향리의 부정 방지 ├ 행정
3. 부역의 균등 │
4. 호구의 확보 ┘
5. 소송의 간결 ─ 사법
6. 학교의 진흥 ─ 교육
7. 군대의 정비 ─ 군사

○ 지방행정 조직 비교

	고려	조선
지방관 파견	지방관이 전국에 파견되지 못함 (주현 < 속현)	중앙집권체제의 완성 (속군, 속현 소멸)
특수 행정구역	향·소·부곡 존재	향·소·부곡 소멸
향리의 역할	지방 행정 실무(조세 징수, 외역전 수급)	수령의 단순 보좌역으로 전락

유수부
(개성, 강화, 수원, 광주)
└ 후기

■ 유향소
국가가 향소(鄕所)를 설치하고 향임(鄕任)을 둔 것은 수령을 중히 생각해서였다. 수령이란 임금의 나랏일에 대한 걱정을 나누어 어떤 지역의 사람을 다스리는 자이다. 그러나 수령은 임기가 정해져 있어 늘 바뀌고 있다. 늘 새 사람이라는 것은 일을 함에 잘못을 저지르기 쉽다. 따라서 각 고을에 명령을 내려, 충성스럽고 부지런하며 일을 잘 처리할 수 있는 사람을 골라 한 고을의 기강을 바르게 하고 일정한 임무를 주어 일을 하도록 한다. 그런 뒤에야 왕은 수령을 눈과 귀로 삼고 백성들의 기둥으로 삼아 의지하게 만든다.

분 석
향촌 사회의 사족들로 구성된 유향소는 수령을 보좌하고 향리를 감찰하며 향촌 사회의 풍속을 바로잡는 역할을 하였다. 유향소의 책임자는 좌수, 별감이라 불렸다.

○ 경저리
지방관청의 아전을 경재소에 파견하여 연락업무, 공납 징수 등을 담당하게 하였다.

기출지문

03. 수령의 임기는 대체로 5년이었고, 상피제의 적용을 받아 출신지에는 임명되지 않았다.

04. 서울에는 경재소를 두고 그 지방 출신의 중앙 고관을 책임자로 하여 유향소와 정부 사이에 연락을 긴밀하게 하였다.

CheckPoint

○ **갑사**
간단한 시험을 거쳐 선발된 일종의 직업군인으로, 근무기간에 따라 품계와 녹봉을 받았다.

○ **진관체제** (세조)
지역 단위의 방위 체제로, 각 도에 한 두 개의 병영을 두어 병사가 관할 지역 군대를 장악하고, 병영 밑에 몇 개의 거진을 설치하여 거진의 수령이 그 지역의 군대를 통제하는 체제였다.

3) 군사제도

① 군역제도 : 양인개병제 + 병농일치
- 16~60세의 양인 남자를 정군(현역군인)이나 보인(봉족, 정군의 비용부담)
- 군역면제 : 현직관료와 학생만 면제, 종친과 외척, 공신, 고급관료의 자제들도 고급 특수군에 편입

② 군사제도
- 중앙군(5위) : 궁궐수비와 수도방어, 정군(번상병) + 갑사 + 특수병(품계와 녹봉)
- 지방군(영진군) : 육군과 수군(영·진에 소속되어 복무), 진관체제
- 잡색군 : 서리, 잡학인, 신량역천인, 노비 등으로 구성된 예비군 [일반 농민 X]

③ 교통과 통신 : 봉수제(군사용 통신 체계), 역원제(관리에게 교통 수단과 숙소 제공) → 국방과 중앙집권 강화

4) 관리등용제도 ★

① 과거제도
- 종류 : 문과, 무과, 잡과
- 시기 : 식년시(3년 단위), 부정기 시험(증광시, 알성시)
- 응시자격 : 원칙적으로 양인 이상이면 응시 가능, 실제로는 교육의 기회가 양반에게 독점

② 기타 관리등용제도 : 취재(하급실무직), 천거(고관 추천, 현직 관리 대상), 음서(고려보다 제한적, 2품이상 고관 자제 대상)

③ 인사관리제도
- 상피제 : 권력의 집중과 부정방지
- 서경제도 : 5품 이하 관리 임용시 대간(사헌부·사간원)의 검증(인사의 공정성 확보)
- 행수제도, 근무성적 평가 제도

○ **과거 응시 자격**
- 문과 : 탐관오리의 아들, 재가한 여자의 아들과 손자, 서얼에게는 응시 제한
- 무과와 잡과 : 제한 없음

품계와 관직이 일치하지 않을 경우
ex) 이조판서는 정2품 벼슬인데, 종1품 숭록대부가 이조판서에 임명되었다면? 숭록대부 행 이조판서

○ **상피제**
같은 관서 또는 서로 연관이 있는 관직에 친인척을 함께 임명하지 않도록 하거나, 지방관을 연고가 있는 지역으로 보내지 못하도록 한 제도

○ 과거제도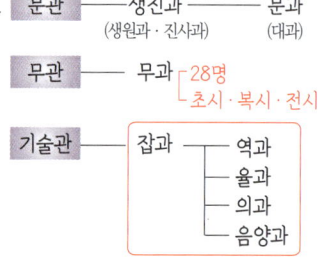
- 각 분야별로 정원 [도합 46명 선발]
- 초시·복시(전시 X)

○ 문과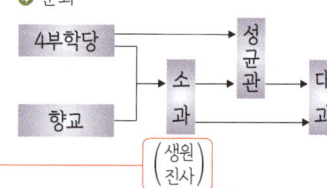

문과는 식년시(정기시험)의 경우 초시에서 각 도의 인구비례로 뽑고, 예조에서 주관한 복시에서 33명을 선발한 다음 국왕이 직접 주관하는 전시에서 순위를 결정하였다.

→ 문과는 예비시험(소과)이 있다.
소과에 합격하면 생원, 진사의 학위를 주었다. 초시와 복시가 있다.

04 조선 초기의 대외 관계

IV. 근세 전기

1) 명과의 관계
- 외교 갈등: 태조 때 요동 정벌 문제로 명과 갈등, 태종 이후 양국 관계 호전 (표전문제)
- 사대 외교: 조공 사절 파견(조공과 회사 형식의 공무역)
  → 자주적 실리외교(왕권 안정과 국제적 지위 확보), 선진문물 수용

2) 여진과의 관계
- 회유책: 귀순 장려, 북평관(한양) 설치, 무역소(경성, 경원) 설치
- 강경책: 여진 정벌, 진(鎭)과 보(堡) 설치 → 세종 때 4군 6진 설치
  - 북방 사민 정책(태종~중종), 토관제도 실시(함경도, 평안도)

3) 일본과의 관계
- 강경책: 대마도 정벌(세종, 이종무)
- 회유책: 제한된 무역 허용, 삼포 개항(부산포, 염포, 제포), 계해약조(1443)
- 16세기: 3포왜란(중종, 1510), 을묘왜변(명종, 1555)
- 류큐와의 교류: 류큐 사절의 내왕(불경, 유교경전, 범종, 부채 등)

■ 대일관계의 변화

15세기	세종 1년(1419)	쓰시마 정벌	이종무
	세종 8년(1426)	3포 개항	부산포, 염포, 제포
	세종 25년(1443)	계해약조	세견선 50척, 세사미두 200석
16세기	중종 5년(1510)	3포왜란	비변사 설치(임시)
	중종 7년(1512)	임신약조	제포만 개항, 세견선 25척, 세사미두 100석
	명종 10년(1555)	을묘왜변	국교 일시 단절, 비변사 상설화
17세기	광해군 1년(1609)	기유약조	부산포만 개항, 세견선 20척, 세사미두 100석

| 기출지문
05. 15세기에 조선은 류큐, 시암, 자바 등 동남아시아의 여러 나라와 교류하였다.

CheckPoint

사대 — 명
교린 — 여진과 일본

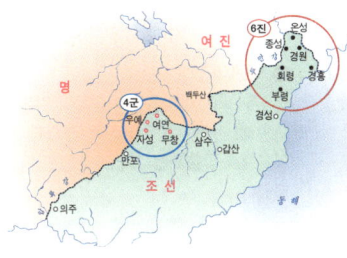
○ 4군 6진

◎ 해동제국기
세종 때 서장관으로 일본을 다녀온 **신숙주**가 성종 때 편찬한 일본에 관한 책이다. 일본과 류큐, 쓰시마 등의 지세를 그리고 조선과의 관계나 문물, 풍습 등을 기록하였다.

| 분 석 |
중종 때 삼포왜란 직후 임신약조를 맺어 부산포와 염포의 왜관을 폐쇄하고, 제포에만 왜관을 두었으며 세견선과 세사미두는 절반으로 줄였다. 임진왜란 이후 맺어진 기유약조는 부산포에만 왜관을 설치하고, 세견선을 20척, 세사미두를 100석으로 제한하였다.

05 임진왜란

IV. 근세 전기

1) 전쟁의 발발

- 정세   도요토미 히데요시의 일본 통일(1590)
- 일본군의 침략 ─ 일본군의 침략(4.13) : 부산진(정발), 동래성(송상현) 함락
  - **충주 전투(신립)** 패배 후 한양 함락, 의주로 피난, 명에 원군 요청
- 수군의 승리 ─ 옥포 해전(첫 승리) 이후 연승, **한산도 대첩**(남해의 제해권 장악)
- 의병 항쟁 ─ 곽재우(경상도), 조헌(충청도), 고경명(전라도), **정문부(함경도)** 등
  - 서산대사, 사명대사 등 승병의 활약

정세파악을 위해 통신사 파견(1591)
- 정사(황윤길) : 대일 경계론
- 부사(김성일) : 대일 안심론

● 북관대첩비
정문부의 의병 활동을 기념하기 위해 숙종 때 건립한 공적비. 러일전쟁 때 일본으로 유출되었다가 2005년 반환되었다.

○ 수군의 승리

○ 관군과 의병의 활동

1592년 4월	충주 전투
1592년 5월	옥포 해전
1592년 7월	한산도 대첩
1592년 10월	제1차 진주성 싸움
1593년 1월	평양성 탈환 전투
1593년 2월	행주 대첩
1593년 6월	제2차 진주성 싸움
1597년 9월	직산 전투
1597년 9월	명량 대첩
1598년 11월	노량 해전

● 임진전쟁의 주요 전투

● 훈련도감
임진왜란 때 일본군의 조총병에 효과적으로 대응하기 위해 군사 편제를 바꾸었다. 훈련도감의 군병은 삼수병(포수, 살수, 사수)으로, 이들은 급료를 받는 직업군인이었다.

● 왜관
왜관은 조선시대 일본인이 거주하던 마을로, 조선과 일본 간에 외교 의례와 무역이 이루어진 공간이다. 1607년 부산 두모포에 있던 왜관은 숙종 때 동래 초량 왜관으로 옮겨졌다.

2) 전란의 극복과 영향

반격	• **평양성 탈환**(1593. 1), **행주 대첩**(1593. 2) • 전열 정비 : 훈련도감 설치, 속오법 실시, 화포 개량·조총 제작
정유재란	직산에서 일본군 격퇴, **명량 대첩**, 노량 대첩
영향	국내	• 정치 : 비변사의 기능 강화, 군영 정비(훈련도감, 속오법) • 경제 : 인구 격감, 양안과 호적 소실로 국가 재정 악화 • 문화 : 문화재 소실(불국사와 경복궁, 사고)
	국제	• 중국 : 명의 쇠퇴, 여진족의 성장 → 후금의 건국(1616) → 명·청 교체 • 일본 : 에도 막부 성립(1603), **도자기공(이삼평)**, 활자공, **성리학자(강항)** 등이 포로로 잡혀감 → 문화적 자극

숭명사상의 강화 (재조지은)

3) 대일국교 재개와 통신사 파견

- 국교 재개 ─ **포로 쇄환** : 유정(사명당 대사)을 파견하여 포로 3500명 쇄환
  - 부산 두모포에 **왜관 설치(1607)** → **기유약조 체결(1609)**
- 통신사 파견   12회 파견, 외교사절이자 문화전파 역할

막부의 최고 권력자인 쇼군의 습직을 축하하는 사절

06. 호란과 대청관계

Ⅳ. 근세 전기

1) 호란의 전개

① **광해군**의 중립외교 북인정권(성리학적 명분론에 구애받지 않음)
- 후금의 건국(1616) → 명의 원군 요청
- **중립외교** : 도원수 강홍립이 명을 지원하기 위해 출정했으나 후금에게 항복하여 중립적인 태도 취함
- 인조반정(1623) : 북인(중립외교) → 서인(친명배금정책)

② 정묘호란(1627) 인조반정 이후 논공행상에 대한 불만으로 이괄의 난 → 일부가 후금으로 도망
- 원인 : 서인정권의 **친명배금정책**, 명의 **모문룡**이 가도에 주둔
- 경과 : 의병(용골산성의 정봉수), 왕실은 강화도로 피난, 형제관계를 맺고 강화

③ 병자호란(1636)
- 원인 : 국호를 '청', '황제'라 칭하면서 군신관계 요구
- 국론 대립 : **척화주전론(김상헌)** ↔ **주화론(최명길)**
- 경과 : 청의 침략으로 한양 함락 → **남한산성에서 항전** → 삼전도에서 항복
- 결과 : 청과 군신관계를 맺고 명과 단절, 두 왕자(소현, 봉림)와 삼학사 등이 인질로 잡혀감 (윤집, 오달제, 홍익한)

○ 두차례의 호란

광교산 전투
→ 김준룡(전라병사)

2) 북벌론의 대두

봉림대군
① 1차 북벌론(**효종**)
- 송시열(서인)과 이완 중용
- **어영청** 확대, 성곽 수리 → 효종 사후 중단

17세기 북벌운동(효종, 숙종) → 18세기 북학론의 대두(일부 노론 학자)

② 2차 북벌론(숙종) : 청의 정세변화(삼번의 난)로 **윤휴** 등이 제기
③ 사상적 기반 : **복수설치론** + **대명의리론**

★**대명의리론**
임진전쟁 때 도와준 명을 숭상하고 청을 배척하는 존왕양이 사상이다. 대명의리론에 입각하여 숙종 때 창덕궁 안에 대보단을 설치하고 충청북도 괴산에 만동묘를 세워 명나라 신종과 의종을 제사지냈다.

3) 대청 관계의 변화

① ★**나선정벌** : 청의 요청으로 총수병 파견(1654, 1658), 나선(러시아) 세력 격퇴
② **백두산 정계비**(1712) : 조·청간의 경계 획정(서쪽으로 압록강, 동쪽으로 토문강)
③ 북학론의 대두
- 배경 : 18세기 이후 청의 중국 지배 안정, 새로운 문물의 도입(천리경·만국지도)
- 일부 노론 학자들이 청 문물을 수용하자는 주장 제기

○ **조천사와 연행사**
조선에서 명의 황제에게 보내는 사절은 조천사, 병자호란 이후 청의 황제에게 보내는 사절은 연행사라 부른다.

| 기출지문 |

06. 병자호란 때 청나라 심양에 볼모로 간 소현세자는 청 황실 인사뿐만 아니라 서양인 선교사 아담 샬과도 교류하였다. 9년 만에 귀국하였으나 두 달 만에 병으로 죽었다.

07 조선전기의 경제

Ⅳ. 근세 전기

CheckPoint

1) 농본주의 경제정책
- 중농정책 : 농경지 확대와 양전 사업, 농업 기술 개발, 조세부담 경감
- 상공업 통제 : 유교적 경제관으로 소비 억제, 화폐 유통·상공업 활동·무역 등은 부진

2) 과전법의 시행과 변화

① **과전법(1391)** — 사후 반납
- 내용 : 전현직 관리들에게 경기도 지방의 토지 수조권을 지급함
- 농민보호 : 수조율 인하(1/10), 병작반수 금지, 농민들의 경작권 보호
- 한계 : 수신전, 휼양전 세습 증가 → 과전 부족 초래

② **직전법(세조, 1466)** — 관리의 유가족에게 지급
- 내용 : 현직관리에게만 수조권 지급, 수신전과 휼양전 폐지
- 결과 : 지배층의 농장(사적 소유)이 증가하는 계기 — 퇴직후 반납

③ **관수관급제(성종, 1470)**
- 배경 : 양반관료가 수조권을 남용하여 과다하게 수취하는 사례 증가
- 내용 : 전주수조방식 → 관수관급방식 (지방 관청에서 전객 농민에게 조를 받은 후 관리에게 지급)
- 결과 : 국가의 토지 지배권 강화

④ **직전법 폐지(명종, 1556)**
- 내용 : 수조권을 지급하는 제도 폐지(전주전객제 소멸)
- 결과 : 양반 지배층의 사유지 확대
  → 관리들은 녹봉만 지급 받게 됨

※ **전주전객제**

국가
↕ 직역 ↕ 수조권
관리 ← 조 ← 농민
[전주]   [전객]

관리(전주)는 직역에 대한 대가로 수조권을 지급받는다. 농민(전객)은 국가에 내야 하는 조세(토지세)를 전주(관리)에게 낸다.

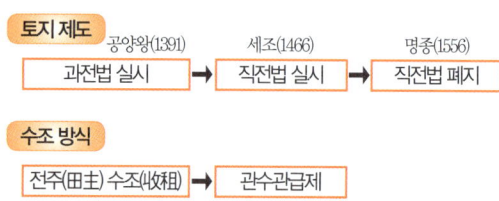

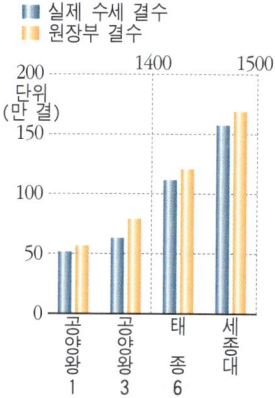

○ 토지 결수의 변화

고려말 이후 전제개혁과 **양전사업**, 지속적인 해안지역 토지 개간의 결과 태종 때 120만결, 세종 때 170만결로 토지결수가 늘어났다.

■ **과전법**

위화도 회군으로 실권을 장악한 이성계 일파는 1390년 종래의 공사전적을 모두 불살라 버렸고, 1391년 과전법을 공포하였다. 과전법에서는 수조권의 귀속 여하에 따라 사전과 공전으로 구분하며, 사전은 경기도에 한하여 전현직 관리의 고하에 따라 제1과 150결에서 제18과 10결까지의 땅을 지급하되, 1대로 한정하였다. 공전은 경기도를 제외한 전국의 토지로서 수조권이 국가에 귀속되었다. 고려의 전시과와 달리 시지를 지급하지 않았으며, 병작반수제를 금지하고 수확의 1/10(1결당 30두)을 징수하였다.

→ 구세력은 군전 5결 지급

공신전, 별사전
공신에게 지급

3) 조선전기의 경제 활동

양반	경제 기반	과전, 녹봉, 사유지와 노비
농민 생활	농업 기술	• 2년 3작이 널리 보급, 남부 지방에 모내기법 실시 • 시비법(밑거름, 덧거름) 발달로 휴경지 소멸 (연작, 상경화 확립) • 농서 간행(농사직설, 금양잡록) 목화 재배의 확대
	농민 생활 안정	• 구황 방법 보급(구황촬요) • 농민 통제 : 호패법, 오가작통법
수공업	관영 수공업	공장안에 장인을 등록시켜 관청 수요품 제작
상업	시전	• 왕실이나 관청에 물품을 공급하는 대신 특정 상품에 대한 독점 판매권 부여 • 경시서(평시서)에서 불법적인 상행위 감독 육의전(시전의 꽃)
	장시	16세기 전국으로 확대, 보부상의 활약 15세기 후반 출현(장문 : 전라도)
	화폐	저화, 조선통보 보급 → 유통 부진
무역	명	사신 왕래 때 공무역과 사무역
	여진, 일본	무역소 설치(여진), 왜관 무역(일본)

● **구황촬요** (명종)
흉년이 들었을 때 대처하는 방법을 기록한 책으로 명종 때 간행되었다.

● **시대별 주요 농서** 필수암기!

고려 후기	농상집요(이암)
조선 초기	농사직설(정초)
	금양잡록(강희맹)
조선 후기	농가집성(신속)
	색경(박세당)
	산림경제(홍만선)
	임원경제지(서유구)

● **시대별 주요 화폐** 필수암기!

고려	성종	건원중보(철전)
	숙종	• 해동통보 • 삼한통보 • 은병(활구)
조선	태종	저화(지폐)
	세종	조선통보
	세조	팔방통보
	숙종	상평통보
근대	고종	• 당백전(1866) • 당오전(1883) • 백동화(1892)

16세기 이후 농민 몰락
→ 농민의 저항, 도적(임꺽정)

| 기출지문

07. 조선 전기에 무명은 화폐대용으로 많이 사용하여 포화라고 불렀다.

■ 조선 전기의 경제

○ ❶ 경인년(1470) 흉년 때 전라도 백성이 서로 모여들어 점포를 열어 장문(場門)이라 칭하고, 사람들이 이에 의지하여 목숨을 유지하였다.
○ ❷ 각 도 감사(관찰사)에게 명하여 여러 마을의 나이 많은 농부에게 농사 경험을 묻게 하고 신하 정초, 변효문에게 중복된 것을 버리고 꼭 필요한 것만 뽑아서 한 편의 책으로 엮게 하셨다.

분 석
❶ 15세기 후반에 남부 지방에서 처음으로 장시가 등장하였다.
❷ 세종 때 편찬된 "농사직설"은 우리나라 기후 풍토에 알맞은 독자적인 농법을 정리한 농서이다.

08 수취제도의 변화

IV. 근세 전기

CheckPoint

1) 전세(토지세)의 변화

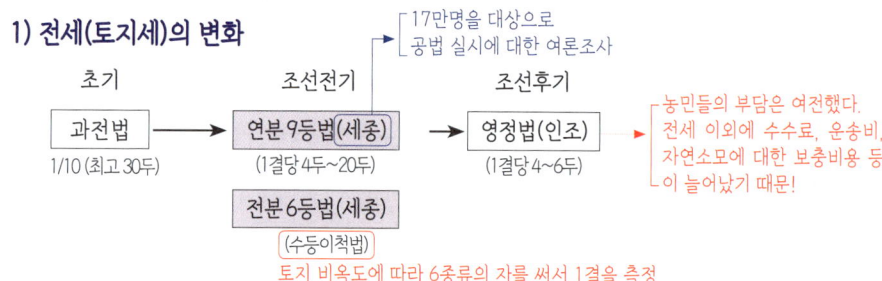

- 17만명을 대상으로 공법 실시에 대한 여론조사

초기	조선전기	조선후기
과전법	연분9등법(세종)	영정법(인조)
1/10 (최고 30두)	(1결당 4두~20두)	(1결당 4~6두)

전분6등법(세종)
(수등이척법)
토지 비옥도에 따라 6종류의 자를 써서 1결을 측정

→ 농민들의 부담은 여전했다. 전세 이외에 수수료, 운송비, 자연소모에 대한 보충비용 등이 늘어났기 때문!

● **양척동일법(효종)**
1등전의 척(尺)으로 통일하여 토지의 등급에 상관없이 토지 면적을 측량하였다.

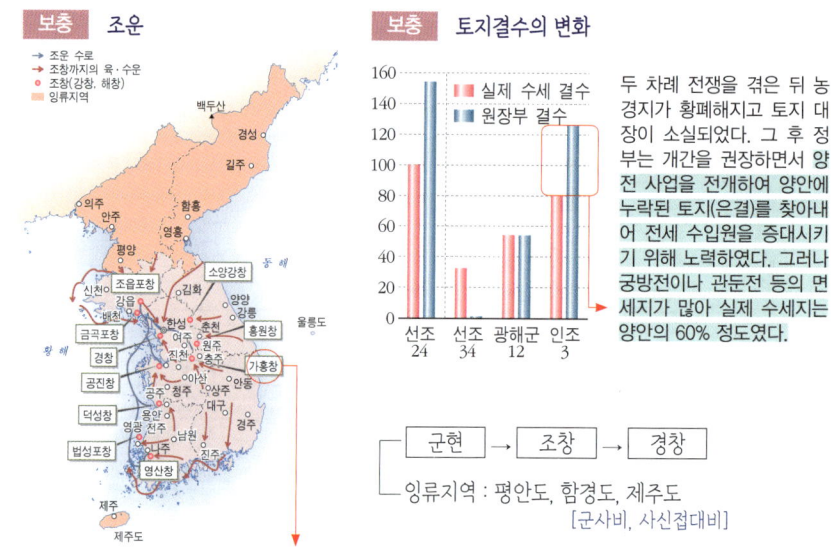

보충 조운

보충 토지결수의 변화

두 차례 전쟁을 겪은 뒤 농경지가 황폐해지고 토지 대장이 소실되었다. 그 후 정부는 개간을 권장하면서 양전 사업을 전개하여 양안에 누락된 토지(은결)를 찾아내어 전세 수입원을 증대시키기 위해 노력하였다. 그러나 궁방전이나 관둔전 등의 면세지가 많아 실제 수세지는 양안의 60% 정도였다.

군현 → 조창 → 경창

잉류지역 : 평안도, 함경도, 제주도
[군사비, 사신접대비]

┌ 경상도의 조세는 해로를 통해 운송하지만
└ 상주, 안동 지역은 육로로 가흥창(충주)에 보내져 남한강 뱃길로 경창에 보내진다.

고교 국사 교과서

토지세의 변화

→ 답험손실법

조세는 과전법의 경우 수확량의 10분의 1을 내는데, 1결의 최대 생산량을 300두로 정하고, 매년 풍흉을 조사하여 그 수확량에 따라 납부액을 조정하였다. 세종 때에 조세 제도를 좀더 체계적으로 운영하기 위하여 토지 비옥도와 풍흉의 정도에 따라 전분6등법, 연분9등법으로 바꾸고, 조세 액수를 1결당 최고 20두에서 최하 4두를 내도록 하였다.

양 난 이후 조선 정부의 가장 큰 어려움은 농경지의 황폐와 전세 제도의 문란이었다. 농민들은 자신들의 고통을 줄여 주는 정책을 기대하였다. 이에 정부는 연분9등법을 따르지 않고 풍년이건 흉년이건 관계 없이 전세를 토지 1결당 미곡 4두로 고정시켰다. 이를 영정법이라고 한다(1635).

이러한 개편으로 전세의 비율이 이전보다 다소 낮아졌다. 그러나 대다수의 농민에게 크게 도움이 되지 못하였고 오히려 부담이 더 늘어났다. 전세를 납부할 때 여러 명목의 수수료, 운송비, 자연 소모에 대한 보충 비용 등이 함께 부과되었기 때문인데, 그 액수가 전세액보다 훨씬 많아 때로는 전세액의 몇 배가 되기도 하였다.

2) 공납의 변화

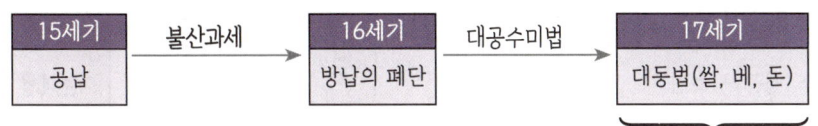

- 배경: **방납의 폐단**으로 농민 부담 증가 → 개혁 주장(이이, 유성룡)
- 과정: 경기도에 시범 실시(광해군) → 전국적 확대(숙종) → 인조 때 강원도, 효종 때 충청·전라도, 숙종 때 경상도·황해도 지역 실시
- 내용: 과세 기준이 가호에서 토지로 변화, 토산물 대신 쌀, 무명, 베, 돈으로 납부
  - 12두
  - 선혜청
  - cf) 한계: 별공과 진상 등의 현물 징수 남아 있음!
- 결과: 공인의 등장, **상품 화폐 경제 발달**
  - 양반 지주, 방납인들의 거센 반발

고교 국사 교과서

공납의 전세화

16세기에 이르러 중앙 관청의 서리들이 공물을 대신 내고 그 대가를 많이 챙기는 방납이라는 폐단이 나타났다. 방납이 증가할수록 농민의 부담도 증가하였다. 공물의 부담을 감당하지 못한 농민이 도망을 하면 그 지역의 이웃이나 친척에게 대신 내게 하였다. 이 때문에 유망 농민이 급증하였다.

농촌 사회를 안정시키기 위하여 공납의 폐단을 개선하려는 시도가 있었다. 어떤 지역에서는 공물을 현물 대신 쌀로 거두는 수령도 나타났고, 이이와 유성룡 등은 공물을 쌀로 거두는 수미법을 주장하기도 하였다. (중략)

임진왜란을 겪으면서 정부의 재정 상태가 더욱 악화되어 가자, 부족한 국가 재정을 보완하고 농민의 부담을 경감시키기 위한 개혁론이 제기되어 결국 대동법이 실시되었다. 대동법은 경기도에 시험적으로 시행되고, 이어서 점차 전국으로 확대되었다. 대동법은 집집마다 부과하여 토산물을 징수하였던 공물 납부 방식을 토지의 결수에 따라 쌀, 삼베나 무명, 동전 등으로 납부하게 하는 제도였다.

농민들은 대체로 토지 1결당 미곡 12두만을 납부하면 되었다. 이 때문에 토지가 없거나 적은 농민에게 과중하게 부과되었던 공물 부담은 없어지거나 어느 정도 경감되었다.

대동법이 실시되면서 공인이라는 어용 상인들이 나타났다. 이들은 관청에서 공가를 미리 받아 필요한 물품을 사서 납부하였다. 공인이 시장에서 많은 물품을 구매하였으므로 상품 수요가 증가하였다. 농민도 대동세를 내기 위하여 토산물을 시장에 내다 팔아 쌀, 베, 돈을 마련하였다. 이와 같이 물품의 수요와 공급이 증가하면서 상품 화폐 경제가 한층 발전하였다.

○ 요역의 변화

초 기	계정법(정남의 수 고려하여 3등호)
성 종	팔결일부제(토지 8결 기준, 6일)

○ 농민의 최대 부담과 해결책

시기	최대 부담	해결책
16세기	방납	대동법
17세기 말 ~18세기 초	군포	균역법
19세기	환곡	사창제

Ⅳ. 근세 전기 81

3) 군역의 변화

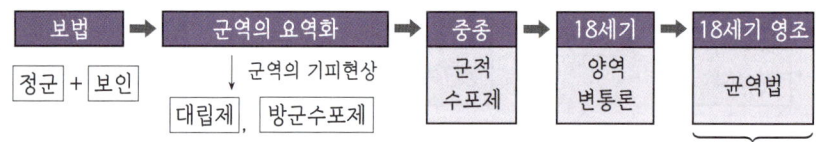

- 배경: 군포 징수의 문란, 군적 부실, 농민들의 군포 부담 증가
- 내용: 1년에 군포 1필만 부과
  - 재정 감소 보완책: **결작**(1결당 2두), **선무군관포**(일부 상류층) 등
- 결과: 농민들의 군포 부담 감소, 결작이 소작농에게 전가되는 문제점 등

CheckPoint

○ **호적**
인구대장인 호적은 3년마다 관청에서 호주의 신고를 받아 작성하였다. 3부를 작성하여 호조, 본도, 본읍에 보관하였다. 호의 소재지, 호주의 직역과 성명, 호주와 처의 나이, 본관과 4조, 같이 사는 자녀, 노비, 머슴의 이름과 나이를 기재하였다.

○ **양역변통론**
양역의 불합리한 운영을 개선하려는 주장으로, 인정(人丁)대신 가호(家戶) 단위로 수취하자는 호포론, 토지를 부과 대상으로 삼자는 결포론 등이 있었다.

고교 국사 교과서 — 군역의 변화

16세 이상의 정남에게는 군역과 요역의 의무가 있었다. 군역에는 일정 기간 군사 복무를 교대로 근무하는 정군과, 정군이 복무하는 데에 드는 비용을 보조하는 보인이 있었다. 양반, 서리, 향리 등은 관청에서 일하기 때문에 군역에 복무하지 않았다.

16세기 이후, 농민 생활이 점차 어려워지고 요역 동원으로 농사에 지장을 가져오자, 농민들이 요역 동원을 기피하였다. 이에 농민 대신에 군인들을 왕릉 축조, 성곽 보수 등 각종 토목 공사에 동원하게 되었다. 그러나 군인들도 이런 힘든 군역을 기피하였다. 장기간 평화가 지속되면서 관청이나 군대에서 군역에 복무해야 할 사람에게 포를 받고 군역을 면제해 주는 방군수포와 다른 사람을 사서 군역을 대신하게 하는 대립이 불법적으로 행해졌다. 이에 군포 징수제가 점차 확산되어 갔다. (중략)

양 난 이후 5군영의 성립으로 모병제가 제도화되자, 군영의 경비를 마련하기 위하여 포를 내는 것으로 군역을 대신하는 수포군이 점차 증가하였다. 그러나 5군영은 물론, 지방의 감영이나 병영까지도 독자적으로 군포를 징수하면서 장정 한 명에게 이중 삼중으로 군포를 부담시키는 경우가 많았다.
(중략)

군역의 부담이 과중해지자, 농민들은 도망가거나 노비나 양반으로 신분을 바꾸어 군역을 피하는 경향이 더욱 심해졌다. 이에 군역의 폐단을 시정하려는 개혁 방안이 논의되고, 마침내 균역법이 시행되었다. 이로부터 농민들은 1년에 군포 1필만 부담하면 되었다.

균역법의 시행으로 감소된 재정은 지주에게 결작이라고 하여 토지 1결당 미곡 2두를 부담시키고, 일부 상류층에게 선무군관이라는 칭호를 주고 군포 1필을 납부하게 하였으며, 어장세, 선박세 등 잡세 수입으로 보충하게 하였다. 그러나 토지에 부과되는 결작의 부담이 소작 농민에게 돌아가고, 군적 문란이 심해지면서 농민의 부담은 다시 가중되었다.

기출지문

08. 과전법 이후 답험손실법이 시행되어 관원과 수조권자가 매년 풍흉에 따른 수확량과 손실량을 조사하여 납부액을 조정하였다.

09. 대동법 실시 이후 상납미가 매년 증가하고 유치미가 감소하여 지방 재정이 악화되었다.

09. 조선의 신분 제도

1) 양천제도와 반상제도
- 양천제도: 양인과 천인으로 구분(법제적) → 갑오개혁 때 폐지
- 반상제도: 16세기 이후 반상의 구별 강화 → 양반, 중인, 상민, 천민으로 고착

2) 양반
- 개념 변화: 문무 관직자 → 신분적 개념으로 발전(사족, 가족이나 가문 포함)
- 지위: 관인층이자 지주층, 생산활동에 종사하지 않고 유학공부, 국역 면제

> ■ **양반의 개념 변화** 이 사료의 핵심 : 양반이 세습 신분으로 고착되고 있다.
>
> 성종 13년 4월 대사헌 채수가 아뢰었다. "어제 전지를 보니 통역관, 의관을 권장하고 장려하고자 능통하고 재주가 있는 자는 동서 양반에 발탁하여 쓰라고 특별히 명령하셨다니 듣고 놀랐습니다. 무릇 벼슬에는 높고 낮은 것이 있고 직책에는 가볍고 무거운 것이 있습니다. 무당, 의관, 약사, 통역관은 사대부의 반열에 낄 수 없습니다. 의관, 역관 무리는 모두 미천한 계급 출신으로서 사족이 아닙니다."

3) 중인 ※ 주의 : 중인(기술관)과 서얼은 구별해야 한다.
- 구성
  - 좁은 의미로는 기술관(역관, 의관 등)
  - 이 밖에 서리와 향리, 서얼 등도 중인 계층으로 분류
- 기술관, 서리, 향리: 직역 세습, 같은 신분 간 통혼, 전문기술·행정실무 담당
- 서얼: 문과 응시 금지, 무과나 잡과를 통해 관직 등용

4) 상민
- 지위: 평민, 법적으로 과거 응시 가능
- 종류: 농민, 상인, 수공업자, 신량역천인

5) 천민
- 노비
  - 공노비(선상노비, 납공노비)와 사노비(솔거노비, 외거노비)
  - 일천즉천, 매매와 상속 가능
- 기타: 백정, 무당, 창기, 광대

| 기출지문 |

10. 서얼은 소과와 문과를 응시할 수 없었고, 잡과를 통해 기술관이 되면 최고 3품까지만 승진할 수 있었다.

CheckPoint

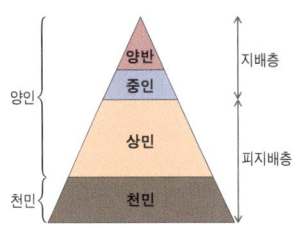

● 조선의 신분 구조

분석
양반 사대부들은 자신들의 기득권을 지키기 위해 역관이나 의관과 같은 중인층의 승진을 제한하였다.

● **신량역천(身良役賤)**
신분상 양인이나 천역에 종사하는 조례(문관청의 사령), 나장(무관청의 사령), 일수(지방 관청의 하인), 조군(조운선의 사공), 수군(해군), 봉수군(봉수대 수직자), 역보(역졸) 등이다.

● **유외잡직**
하급 기술직으로 액정서, 공조, 교서관, 사섬시, 조지서 등의 관청에 소속되어 물품제조, 시설 관리 등의 일을 담당하였다. 공장이나 상인, 공노비 등도 유외잡직을 받을 수 있었다.

IV. 근세 전기
10 사회 정책과 사회 시설

CheckPoint

🔸 **환곡**
춘궁기에 곡식을 빌려준 뒤 추수기에 회수하는 제도이다. 그러나 지방 수령과 향리들은 정한 이자보다 많이 거두어 사적으로 사용하는 폐단이 있었다.

🔸 **사창**
대여곡을 민간에서 운영
문종 때 경상도, 세조 때 전국 보급
→ 성종 때 폐지

1) 사회구호 제도

① 목적 : 농민의 유망(=토지이탈)방지 → 신분질서 유지와 농민생활 안정
② 사회시설
 ┬ 환곡제도 : 의창(15세기)[모곡(이자X)], 상평창(16세기 이후 고리대로 변질)[모곡10%]
 └ 사창제도 : 향촌사회에서 주민 자치적으로 진휼 → 향촌사회 통제, 농민생활 안정
③ 의료시설
 ┬ 동·서대비원 : 태종 때 동서활인서로 개칭, 도성의 환자진료와 유랑자 구휼
 ├ 혜민국 : 의약, 백성 진료, 의녀 교습 담당 ─┐ 혜민서(세조)
 └ 제생원 : 서울과 지방의 빈민 치료 ─────┘

2) 법률제도

┬ 형법 ┬ 대명률 적용, 반역죄와 강상죄를 중범죄로 규정(연좌제 적용, 고을 호칭 격하, 수령 좌천·파면)
│   └ 형벌의 종류 : 태(笞), 장(杖), 도(徒), 유(流), 사(死)
└ 민법 ┬ 지방관(관찰사, 수령)이 관습법에 따라 처리
       └ 노비 소송(초기) → 중기 이후 산송(山訟)

■ **사법기관** (행정기관과 사법기관의 미분화)
┬ 중앙 ┬ 의금부 왕명에 의한 특별 재판소
│   ├ 사헌부 감찰 기관, 관리의 풍기 단속
│   ├ 형조   사법 행정의 감독 기관, 일반 사건에 대한 재심 기관
│   ├ 포도청 상민 범죄 처벌(도적 체포, 순찰)
│   ├ 한성부 수도의 치안과 일반 행정 담당, 토지·가옥에 대한 소송 담당
│   └ 장례원 노비의 관리와 소송
├ 지방   관찰사와 수령이 각각 관할 구역 내의 사법권 행사
└ 항소   재판 불복시 상부 관청에 소송 제기 가능 [항소가능]
        └ 신문고로 임금에게 호소 (태종, 영조)

11. 향촌 사회의 조직과 운영

Ⅳ. 근세 전기

1) 향촌 사회의 모습

▶ 좌수·별감 (책임자)

주체	조직	활동
지방 양반 (사족)	유향소	• 역할 : 수령 보좌, 향리 규찰, 풍속 교정 • 변화 : 향소 또는 향청으로 명칭 변경
	동향	향안 작성과 향규 제정, 향회를 통해 지방민 통제
	★ 향약	• 중종 때 조광조가 처음 보급, 유교적 농민 조직 • 향촌 사회의 질서 유지, 치안 담당, 지방 사림의 지위 강화 (약정, 직월)
농민 공동체	두레	공동 노동의 작업 공동체
	향도	불교 신앙 조직이자 계적 성격의 조직, 상장례 등 어려운 일에 상호 부조
국가의 통제		면리제, 오가작통제

▶ 부작용 : 지방 양반이 농민을 수탈하는 장치로 변질 (향약의 폐단이 도적보다 심하다.)

● **향약의 4대 규약**
좋은 일은 서로 권장한다(德業相勸).
잘못한 일은 서로 꾸짖는다(過失相規).
올바른 예속은 서로 나눈다(禮俗相交).
재난과 어려움은 서로 돕는다(患難相恤).

2) 서원과 족보

★ ① 서원
　　　　　　　　　　(공신, 학자)　　　　　　　　안향을 제사
- 목적 : 선현제사, 성리학 연구, 교육담당
- 최초 : 주세붕이 세운 백운동 서원 → 명종 때 이황의 건의로 소수서원으로 사액됨
- 의의 : 지방사족의 지위강화, 유교 윤리 보급, 향촌사림의 결집

　　　　　　　　　　　　　　　　　　　　　　자기 집안의 유학자 제사
　　　　　　　　17세기 후반 붕당정치가 변질되면서 서원 남설 (사우) (족당) → 영조 때 서원 철폐
② 족보　　　　　　　　　　　　　　　　　　자기 정파의 유학자 제사
- 역할 : 종족의 내부 결속을 강화, 다른 종족이나 하급 신분에 대하여 우월의식 표출
- 영향 : 결혼 상대자를 구하거나 붕당을 구별하는 자료로 활용, 양반문벌제도 강화

※ 최초 : 안동 권씨 "성화보" (최고 : 1476)
　┌ 전기 : 만성보(사위·외손 기재)
　└ 후기 : 부계 혈통 중심의 족보 편찬

기출지문

11. 1603년(선조36) 경재소가 폐지되자 유향소는 향청으로 명칭이 변경되었으며, 수령에 의해 운영이 장악되었다.

12. 안동권씨 성화보는 남녀의 구분 없이 출생순으로 기재하였으며, 본손뿐만 아니라 외손까지 기록하고 있어 만성보의 성격을 지니고 있다.

12 | IV. 근세 전기
민족 문화의 융성

Check Point

1) 한글 창제와 근세 문화

- 근세 문화
  - 15세기 : 관학파 계열의 관료와 학자 주도(민족 문화의 발달)
  - 16세기 : 사림의 등장(주자성리학 중심의 조선 사회 확립)
- 한글 창제   세종 때 한글 창제와 반포, 한글로 불경·농서·윤리서·병서 등을 번역·편찬

2) 교육기관

- 종류   성균관(최고 학부), 중등 교육(4부학당, 향교), 사립 교육 기관(서당, 서원)
- 향교
  - 목적 : 성현 제사, 유생 교육, 지방민 교화
  - 군현마다 하나씩 설립, 중앙에서 **교관(교수, 훈도) 파견**
- 서원
  - 시초 : 백운동 서원(주세붕) → **소수서원**(최초의 사액 서원)
  - 역할 : **향음주례**, 인재 교육, 선현(선비·공신) 제사, 향촌 사회 교화
- 기술 교육   외국어(사역원), 의학(전의감, 혜민서), 천문·지리·점복(관상감), 율학(형조) 등   기술교육은 해당관청에서 담당

○ **향음주례**
향교나 서원에서 학덕과 연륜이 높은 이를 손님으로 모시고 술을 마시며 잔치를 하는 의례로, 끝난 뒤에 편을 갈라서 활쏘기 행사를 하기도 하였다(향사례).

3) 조선왕조실록

- 의의   유네스코 지정 **세계기록유산**
- 편찬
  - 국왕 사후 **춘추관**에 실록청 설치, **편년체**
  - **사초(사관)와 시정기** + 보조자료(승정원일기, 비변사등록)
- 보관
  - 4대 사고(춘추관, 충주, 성주, 전주) → 왜란 때 소실(전주사고만 남음)
  - 5대 사고(춘추관, 태백산, 마니산 → 정족산, 오대산, 묘향산 → 적상산)

국조보감 (국왕의 언행을 뽑아 후대 왕들의 본보기로 삼기 위해 편찬)

※ **시정기**
→ 등록(각 관청의 업무일지)을 모아 춘추관에서 편찬

※ **승정원 일기**
→ 승정원 업무일지, 세계 최대의 역사 기록물(세계 기록 유산 등재)

○ **편년체**
연대순으로 역사를 서술하는 형식.
○○실록, ○○통감

4) 역사서의 편찬

시기	역사서	편찬자	내용
건국 초	고려국사	정도전	조선 건국의 정당성 옹호
15세기 자주적 사관 (관학파)	**고려사**	김종서, 정인지	고려사를 자주적 입장에서 정리한 기전체 사서
	동국통감	서거정	고조선부터 고려 말까지의 역사를 정리한 편년체 통사
16세기	동국사략	박상	화이사관(기자정통론)
	기자실기	이이	

■ 그 밖의 역사서
　　권근 —— 권제
　　　　　아들
　├ 동국사략　　　　권근(태종), 고대사 정리(단군조선~삼국시대)
　├ 동국세년가　　　권제(세종), 단군조선에서 고려까지의 역사를 노래 형식으로 정리
　└ 표제음주동국사략　유희령(중종), 동국통감을 간략하게 줄여 정리한 통사

■ 고려사 서문　본기(황제의 일대기)가 없고, 세가(제후의 일대기)만 있다.

　이 책을 편찬하면서 ① 범례는 사마천의 "사기"에 따랐고, 기본 방향은 직접 왕에게 물어서 결정했습니다. '본기'라고 하지 않고 '세가'라고 한 것은 대의명분의 중요함을 보인 것입니다. ② 신우, 신창을 '세가'에 넣지 않고 '열전'으로 내려놓은 것은 왕위를 도적질한 사실을 엄히 밝히려 한 것입니다. 충신과 간신, 부정한 자와 공정한 자를 다 '열전'을 달리해 서술했습니다. 제도 문물은 종류에 따라 나눠 놓았습니다.

분석
① "고려사"는 고려 시대의 역사를 기전체로 서술하였다.
② 신우와 신창은 우왕과 창왕을 의미하며, 신돈의 자식으로 폄하하고 있다.

■ 동국통감 서문

　일찍이 세조께서 말씀하셨습니다. "우리 동방은 비록 역사책이 있으나 "자치통감"처럼 장편으로 된 통감이 없다." ① 잘하는 관리들에게 편찬을 명하셨지만 제대로 이루어지지 못하였습니다. …… ② 범례는 모두 "자치통감"에 따랐습니다. 강목에서 가려 뽑은 뜻을 따라 번잡한 것을 없애고 중요한 것을 보존하는 데에 힘썼습니다. 삼국이 병립하였을 때는 삼국기라 하고, 신라가 통일한 뒤에는 신라기라 하였습니다. 고려 때는 고려기라 하였고 삼한 이전 시대는 외기라 하였습니다.

분석
① "동국통감"은 세조 때 편찬이 시작되어, 1485년(성종 16)에 완성하여 간행하였다.
② "동국통감"은 단군 조선부터 고려 말까지의 역사를 정리한 편년체 통사이다.

5) 지도와 지리서의 편찬

① 지도
　├ 혼일강리역대국도지도(태종, 이회) : 현존하는 동양 최고의 세계지도
　├ 팔도도(태종, 세종), 동국지도(세조, 양성지)
　└ 조선방역지도(명종) : 현존, 만주와 대마도 표기　군현과 병영·수영 표시, 왜란 때 대마도로 유출 되었다가 반환

② 지리서
　├ 신찬팔도지리지(세종, 맹사성), 팔도지리지(성종)
　├ 동국여지승람(성종, 강희맹) : 군현의 연혁, 지세, 인물, 풍속, 산물, 교통 등을 수록
　└ 신증동국여지승람(중종) : 동국여지승람 보충, 현존

○ 혼일강리도

태종 때 이회 등이 제작한 지도로 모사본이 일본의 류코쿠 대학에 소장되어 있다. 현존하는 동양에서 가장 오래된 세계지도이다.
중국, 일본, 인도, 아프리카, 유럽
[신대륙 제외]

6) 윤리·의례서의 편찬

- 15세기
  - **삼강행실도**: 세종 때 설순이 편찬한 것으로 모범이 될 만한 충신, 효자, 열녀 등의 행적을 그림으로 그리고 설명을 붙인 윤리서
  - **국조오례의**: 성종 때 신숙주 등이 국가의 여러 행사에 필요한 의례를 정비하여 편찬한 의례서(가례, 빈례, 군례, 흉례, 길례)
- 16세기
  - 이륜행실도 (중종): 연장자와 연소자, 친구 사이에서 지켜야 할 윤리를 강조한 책

의궤
조선 초부터 왕실과 국가의 주요 행사가 있을 때마다 "의궤"를 만들어 행사의 주요장면과 주요도구를 그림으로 그리고 행사의 진행과정, 참가자, 행사비용 등을 상세하게 기록하였다. 왜란 이전의 의궤는 소실되어 현재 전하지 않는다.

법전

조선경국전	정도전(태조)	
경제문감	정도전(태조)	
경제육전	조준(태조)	헷갈린다!
경국대전	최항(세조~성종)	
속대전	김재로(영조)	
대전통편	김치인(정조)	
대전회통	조두순(고종)	
육전조례	조두순(고종)	

유교 윤리의 확산
양반은 가묘(사당)를 세우고, 관혼상제와 같은 의례를 실천하였으며, 족보 편찬에도 노력을 기울였다.
일반 백성에게 유교 윤리를 보급하기 위해 삼강행실도를 편찬하였다.
지방에서는 사림이 주도한 향약이 유교 윤리의 보급에 기여 하였다.

분 석
세종 때 설순 등이 편찬한 "삼강행실도"는 충신, 효자, 열녀의 행적을 그림으로 그리고 설명을 붙여 내용을 쉽게 알아볼 수 있게 하였다.

■ 삼강행실도

　인륜의 도는 진실로 삼강 밖에서 나오는 것이 없고, 천성의 참됨은 진실로 만대에 같은 것입니다. (중략) 동방 고금의 서적에 기록되어 있는 것을 모두 보고, 그 중에서 효자, 충신, 열녀로 우뚝 높아서 기록으로 남길 만한 사람을 각각 110명씩 찾아내었습니다. 앞에는 그림으로 그리고 뒤에는 사실을 기록하였으며, 모두 시를 붙였습니다.

분 석
세조 때 "경국대전" 편찬이 시작되어 형전과 호전이 완성되었다. 성종 때 완성되어 반포된 "경국대전"은 조선 법률 체계의 골격을 이루었다.

■ 경국대전

　"이제 손익을 헤아리고 회통할 것을 산정하여 만대의 성법을 만들고자 한다."고 하였다. 책이 완성되자 나누어 6권으로 만들어 바치니, "경국대전"이라 사명하시었다. 형전(刑典)과 호전(戶典)은 이미 반포하여 시행되었으나 나머지 4전은 미처 교정을 못했었는데 갑자기 승하하시니 성상께서 선왕의 뜻을 이어 받들어 마침내 하던 일을 끝마치게 하고 중외에 반포하였다.

기출지문

13. 향교에서는 매년 시험을 치러 우등자는 소과의 초시를 면제해주고, 성적 미달의 낙강생은 군역을 지도록 하였다.

13 Ⅳ. 근세 전기
성리학의 융성

1) 성리학의 정착
- 관학파(15세기)
  - 성리학 이외의 다양한 사상 조류도 포용
  - 중앙집권과 부국강병 추구, "주례"를 국가 통치 이념으로 중시
- 사학파(16세기)
  - 성리학의 의리명분론 중시, 형벌보다는 교화에 의한 통치 강조
  - 사림에 계승, 공신과 외척의 비리와 횡포 비판

※ 성리학 입문 서적
→ 학자지남도(정도전), 입학도설(권근)

2) 성리학 연구의 선구자
- 서경덕: 기(氣)를 중심으로 세계 이해, 불교와 노장 사상에 개방적
- 조식: 노장 사상에 포용적, 학문의 실천성 강조 절의 중시, 의병장 배출
- 이언적: 이(理)를 중심으로 이론 전개, 후대에 큰 영향

3) 주자 성리학의 집대성

구분	이황(주리론)	이이(주기론)
지향	도덕적 원리에 대한 인식과 실천 중시	관념 세계와 현실 세계 동시 존중
저서	주자서절요, 성학십도	동호문답, 성학집요
붕당	동인 → 남인	서인 → 노론
영향	• 일본 성리학의 발전에 영향 • 영남 학파(김성일, 유성룡) 형성	• 현실 문제 개혁(십만 양병설, 수미법 주장) • 기호 학파(조헌, 김장생) 형성

동방의 주자(이황)
구도장원공(이이)

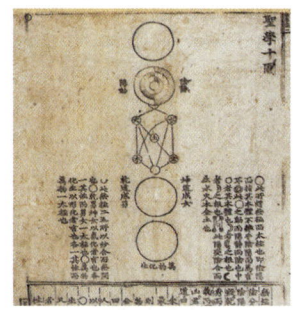
● 성학십도

※ 그 밖의 저술(이이)
만언봉사, 격몽요결, 기자실기

이통기국론(이이)
→ 보편과 특수의 관계

■ 성학십도와 성학집요

인물	저서	주장	계승
이황	성학십도	군주 스스로가 성학을 따라야 한다. 왕권강화론	왕권강화론
이이	성학집요	현명한 신하가 성학을 군주에게 가르쳐 그 기질을 변화시켜야 한다. 현명한 신하의 역할 강조	재상정치론

■ 주리론과 주기론
○ 사단은 이가 발함에 기가 따른 것이고, 칠정은 기가 발함에 이가 탄 것이다.
○ 이는 무위이고, 기는 유위이므로 기는 발(發)하고 이는 승(乘)한다.

분석
이황은 이기호발설을 주장하였으며, 이이는 기발이승일도설을 주장하였다.

4) 학파의 형성과 대립

① 학파와 붕당
- 선조 때 동인과 서인의 붕당 발생
- 동인의 분화 : 남인(이황학파), 북인(서경덕, 조식학파)

② 북인의 활약
- 왜란 이후 전후 복구 사업 주도(대동법 실시, 은광 개발)
- 중립외교(성리학적 명분론에 구애받지 않음)

③ 의리명분론의 강화
- 인조반정으로 서인 집권(주자성리학이 조선 사상계에서 확고한 우위)
- 의리명분론 강화, 반청정책 → 병자호란 초래, 이후 척화론과 의리명분론이 대세

○ 학파와 붕당

영남학파		
조식·서경덕계 이황계	→ 동인	→ 북인 / 남인

기호학파	
이이·성혼계	→ 서인

※ 회퇴변척상소 (광해군때 정인홍)

5) 예학의 발달 (17세기는 '예학의 시대')
— 양난 이후 유교 질서의 회복을 강조

- 배경   양난으로 흐트러진 유교적 질서의 회복 강조
- 예학자 김장생(가례집람), 정구(오선생예설분류)
- 결과   전례논쟁으로 표출(예송)

6) 불교의 정비 — 강력한 억불 정책 (유교 이념 확립, 국가 재정 강화)

- 국가 통제
  - 태조 : **도첩제 실시**
  - 세종 : 선교 양종 통합, 36사만 인정
- 불교의 명맥 유지
  - 세종 : 내불당 건립
  - 세조 : **간경도감** 설치, 한글로 불경 간행, **원각사지 10층 석탑**
  - 명종 : **문정왕후의 지원**(보우 중용, 승과 부활)

석보상절 / 월인천강지곡 [세종] → 월인석보 출간 [세조]

7) 도교, 풍수지리설

- 도교   소격서 설치, **초제**(참성단에서 일월성신에 제사) → 중종 때 조광조의 건의로 소격서 혁파
- 풍수지리설 한양 천도에 반영, 산송(묘지 쟁탈전) 유발

| 기출지문

14. 이황은 도덕적 행위의 근거로서 인간의 심성을 중시하여 근본이며 이상주의적 성격이 강하였다.

15. "성학집요"는 왕이 지켜야 할 왕도정치의 규범을 체계화한 것으로 통설, 수기, 정가, 위정, 성현도통으로 구성되어 있다.

14. 과학 기술의 발달

Ⅳ. 근세 전기

1) 천문, 역법 *시대를 구별해서 암기할 것!*

경복궁에 간의대 (세종)설치

- 과학기구: 혼의·간의(천체 관측), 자격루·앙부일구(시간 측정), 측우기(강우량 측정), 인지의·규형(토지 측량과 지도 제작에 활용)
- 천문: 천상열차분야지도(고구려 천문도 바탕)
- 역법: 칠정산(수시력과 회회력 참고) → 세종, 한양을 기준으로 천체 운동을 계산한 역법서

○ 천상열차분야지도 각석
태조(고구려 천문도 바탕)

2) 활자 인쇄술과 제지술

- 금속활자: 태종 때 주자소 설치, 계미자(태종), 갑인자(세종)
- 인쇄술: 식자판 조립방식(세종)
- 제지술: 조지소(서) 설치

◎ 인쇄 기술의 발전(세종) : 종전보다 2배 정도 인쇄능률 향상
밀랍 방식 ⟶ 식자판 조립 방식

※ 인지의·규형(세조),
천상열차 분야 지도(태조),
계미자(태종), 금양잡록(성종),
진법(성종) 빼고 모두 세종 때!

3) 의학, 농서, 병서

- 의학: ┌ 향약집성방(우리 풍토에 맞는 약재와 치료 방법 정리)
       └ 향약채취월령, 의방유취(의학백과사전)
- 농서: 농사직설(세종, 정초), 양화소록(세조, 강희안), 금양잡록(성종, 강희맹)
- 병서: 총통등록(세종), 동국병감(문종), 진법(성종, 병장도설)
  최해산의 노력으로 화약무기 개발
  최무선 아들

◎ 칠정산, 향약집성방, 농사직설
→ 세종, 우리 실정에 맞는 역법서, 의서, 농서

신기전(세종)
→ 로켓형 병기

15 문화·예술
Ⅳ. 근세 전기

CheckPoint

● 조선 전기 문화 예술 정리 : 시대를 구별하는 것이 핵심!

구분	초기(15세기)	중기(16세기)
문학	동문선(서거정)	사림문학(시조, 한시, 가사)
건축	공공 건축 (궁궐, 관아, 성문, 학교)	서원 건축
도자기	분청사기	순백자
그림	몽유도원도(안견), 고사관수도(강희안)	• 송하보월도(이상좌), 신사임당(풀과 벌레) • 사군자화(선비의 정신 세계 표현)
서예	안평대군(송설체)	한호(석봉체)
음악	• 박연(아악정리), 정간보 창안 • 악학궤범(성현)	당악과 향악을 속악으로 발전

1) 문학

- 초기(15세기)
  - <mark>동문선</mark>(서거정) : 역대 시문 정리(자주적 문화 인식)
  - 설화 문학 : <mark>필원잡기(서거정)</mark>, 용재총화(성현)
  - 한문 소설 : 금오신화(김시습)
- 중기(16세기)
  - 사림 문학 : 시조(황진이, 윤선도), 가사(정철)
  - <mark>어숙권</mark> : 서얼 출신, 패관잡기(문벌제도와 적서 차별 비판)
  - <mark>임제</mark> : 풍자적이고 우의적인 시와 산문으로 사회 모순과 존화 의식 비판

○ **서거정의 자주 의식**
《동문선》 서문에서 서거정은 "우리나라의 글은 송이나 원의 글이 아니고 한이나 당의 글도 아니다. 바로 우리나라의 글일 따름이다."라고 하였다.

2) 도자기

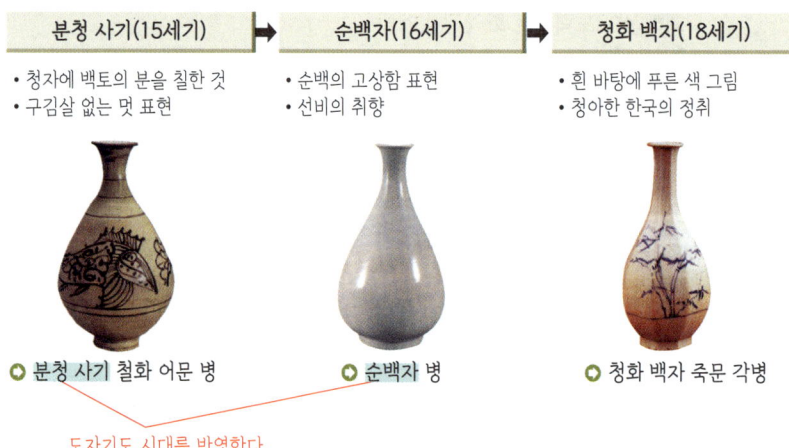

분청 사기(15세기) → 순백자(16세기) → 청화 백자(18세기)

- 청자에 백토의 분을 칠한 것
- 구김살 없는 멋 표현

- 순백의 고상함 표현
- 선비의 취향

- 흰 바탕에 푸른 색 그림
- 청아한 한국의 정취

○ 분청 사기 철화 어문 병   ○ 순백자 병   ○ 청화 백자 죽문 각병

도자기도 시대를 반영한다.

│기출│지문

16. 김시습의 "금오신화"는 평양, 개성, 경주 등 옛 도읍지를 배경으로 남녀 간의 사랑과 불의에 대한 비판 등 민중의 생활 감정과 역사 의식을 담고 있다.

3) 왕실과 양반의 건축

① 15세기
- 특징 : 공공건축물 중심(궁궐, 관아, 성문, 학교), 건물의 규모 제한(유교적 검약정신)
- 대표적 건축 : 경복궁, 창덕궁, 숭례문, 남대문(개성), 보통문(평양) 등
- 불교 건축 : 강진 무위사 극락보전, 합천 해인사 장경판전, 원각사지 10층탑

② 16세기 → 사림의 시대
- 특징 : 서원건축 중심, 가람배치 양식과 주택 양식의 결합(강당, 사당, 재)
- 대표적 서원 : 옥산서원, 도산서원 등

● 풍수지리와 한양

■ 조선의 궁궐(5대궁)과 도성 구조
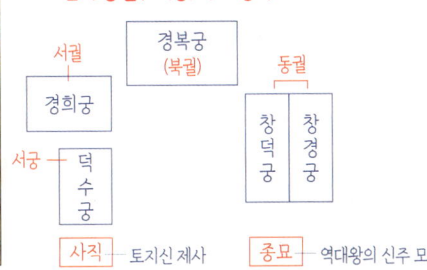
사직 — 토지신 제사
종묘 — 역대왕의 신주 모심

- 경복궁 : 왜란 때 소실, 고종 때 중건
- 창덕궁, 창경궁 : 왜란 때 소실, 선조 ~ 광해군 때 중건

■ 조선의 도성과 궁궐

　조선은 건국 후 수도를 개성에서 한양으로 옮기고 태조 4년(1395)부터 정도전의 주도하에 도성을 건설하였다. 1395년 경복궁을 창건하고 1399년에 그 둘레에 궁성을 쌓은 뒤 동·서·남쪽에 건춘문, 영추문, 광화문을 세웠다. 궁궐 주위에는 한양의 자연 지세를 이용하여 백악·낙산·목멱산·인왕산을 연결하는 길이 약 17km의 도성을 축조하고, 4개의 대문과 4개의 소문을 건설하였다. 4대문의 이름은 흥인지문(동), 돈의문(서), 숭례문(남), 숙정문(북)이라 했다. 이런 명칭은 유교의 5덕인 인(仁), 의(義), 예(禮), 지(智), 신(信)과 오행사상을 반영한 것이다. 경복궁의 정문인 광화문 앞에는 의정부와 중요 관아들을 배치하여 육조거리로 불렸다. 도성에서 10리까지의 공간을 성저십리(城底十里)라고 해서 개인의 무덤을 쓰거나 벌목을 하는 것을 금지하였다.
　조선은 이른바 양궐체제로 궁궐을 운영하여 법궁과 이궁을 두었다. 태조 때 조선 왕조의 법궁으로 경복궁을 창건하고, 화재 같은 사고에 대비해 태종 때 창덕궁, 성종 때 창경궁을 창건하였다. 경복궁은 북궐로 불렸으며, 창덕궁과 창경궁은 경복궁의 동쪽에 있어 동궐로 불렸다. 경복궁은 정전인 근정전, 외국 사신을 접대하는 경회루, 국왕의 집무실인 사정전(편전) 등의 주요 전각으로 이루어져 있다. 한편 임진왜란 이후 선조는 한성으로 돌아와 월산대군(성종의 형)의 개인 저택을 임시 거처로 삼았는데 이곳을 증축하여 경운궁(덕수궁)을 지었고, 광해군 때 경복궁의 서쪽에 경덕궁(경희궁)을 새로 지었다. 임진왜란 이후에는 창덕궁과 창경궁이 법궁으로, 경희궁이 이궁으로 사용되었다.

4) 그림

- 그림
  - 15세기 : 몽유도원도(안견), 고사관수도(강희안)
  - 16세기 : 송하보월도(이상좌), 풀과 벌레(신사임당), 사군자화(황집중, 이정, 어몽룡)
- 글씨   안평대군(송설체), 한호(석봉체)

◎ 몽유도원도 (일본 덴리 대학)   ◎ 고사관수도

◎ 묵죽도   ◎ 풀과 벌레   ◎ 송하보월도

5) 음악

- 초기(15세기)
  - 세종 때 박연의 아악 정리, 정간보 창안
  - 성종 때 악학궤범 편찬(성현)
- 중기(16세기)   당악과 향악이 속악으로 발전

◎ **여민락** 세종
'백성과 더불어 즐기자'라는 뜻의 여민락은 '용비어천가'의 일부를 노래로 부르기 위해 지었다.

| 기출지문

17. 15세기 진취적인 시대 분위기를 반영한 그림은 일본 무로마치 시대의 미술에 많은 영향을 주었다.

18. 성종 때 성현은 음악의 원리와 역사, 악기, 무용, 의상 및 소도구까지 망라하여 "악학궤범"을 편찬하였다.

주요 국왕 정리

■ 조선전기 편

왕조	국왕	정치	경제·사회	문화
초기	태조 (1392~1398)	요동 정벌 추진(정도전), 무인정사(왕자의 난)		도첩제, 불씨잡변(정도전), 천상열차분야지도
	태종 (1400~1418)	6조 직계제, 사간원 독립, 양전 사업, 호패법 실시	신문고 설치, 서얼금고법, 저화, 무역소 설치,	혼일강리역대국도지도, 주자소 설치(계미자)
	세종 (1418~1450)	집현전 설치, 의정부 서사제, 4군 6진 개척, 대마도 정벌	연분 9등법 실시, 전분 6등법 실시, 조선통보 발행	훈민정음 창제, 삼강행실도, 농사직설, 향약집성방, 의방유취, 칠정산, 측우기, 총통등록, 갑인자 주조, 아악 정리, 정간보 창안
	문종 (1450~1452)			고려사·고려사절요 편찬, 동국병감
	세조 (1455~1468)	6조 직계제, 집현전 폐지, 진관 체제, 보법 실시	직전법 실시, 유향소 폐지	규형·인지의, 간경도감 설치, 원각사(탑) 건립
	성종 (1469~1494)	홍문관 설치, 유향소 복설, 경국대전 완성	관수관급제 실시, 과부재가 금지법, 오가작통법 실시	도첩제 폐지, 동국여지승람, 국조오례의, 동국통감, 동문선, 악학궤범, 금양잡록, 진법(병장도설)
중기	중종 (1506~1544)	3포왜란, 임신약조, 비변사 설치, 조광조의 개혁(기묘사화)	향약 보급(조광조), 군적수포제	백운동 서원 건립, 소격서 폐지, 이륜행실도
	명종 (1545~1567)	을사사화, 을묘왜변, 제승방략체제	임꺽정, 직전법 폐지	호불 정책(승과, 보우 활약), 구황촬요, 조선방역지도
	선조 (1567~1608)	임진왜란(훈련도감, 속오군 설치)	경재소 혁파, 이몽학의 난	기자실기(이이)

분량은 콤팩트,
내용은 임팩트!

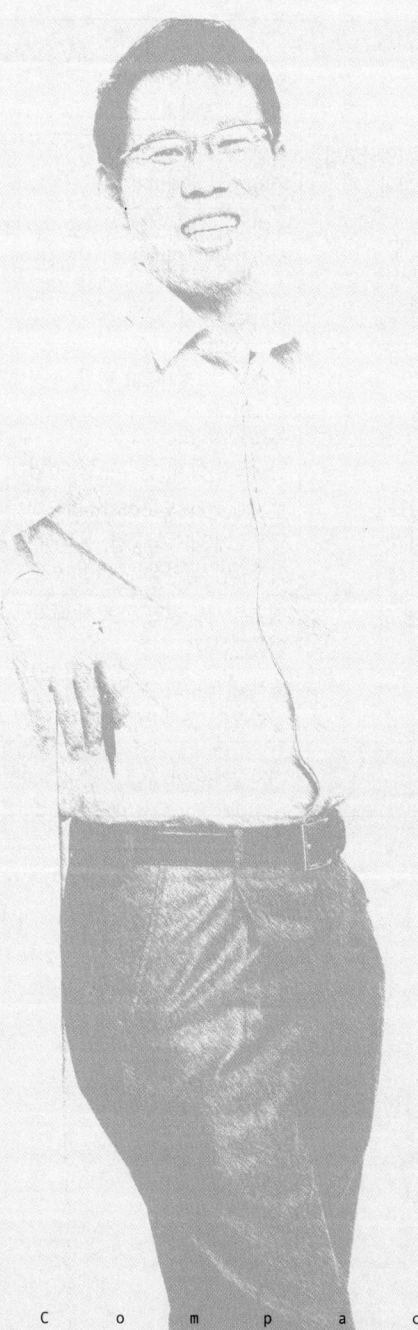

Compact History

V

근세 후기

01. 통치 체제의 변화
02. 붕당 정치와 탕평 정치
03. 경제 활동의 변화
04. 사회 구조의 변동
05. 사회 변혁의 움직임
06. 성리학의 변화
07. 실학의 발달
08. 국학 연구의 확대
09. 과학 기술의 발달
10. 문화의 새 경향

01. 통치 체제의 변화

V. 근세 후기

CheckPoint

비변사의 구성원
전현직 정승을 비롯하여 **공조를 제외한 5조의 판서**와 참판, 각 군영 대장, 대제학, 강화유수 등 국가의 중요한 관원들이 참여하였다.

1) 정치구조의 변화

① 비변사의 기능 강화
- 16세기 여진과 왜구 문제를 대처하는 임시기구였으나 을묘왜변 이후 상설기구화
- 왜란 이후 국가 최고 합의 기구로 발전하여 국방, 외교 뿐만아니라 내정까지 총괄
- 결과 : **왕권약화, 의정부와 6조 체계의 유명무실화** ▶ 흥선대원군 집권 이후 혁파

② 3사의 언론 기능 변질 (각 붕당의 이해관계 대변)

③ 이조·병조 전랑
- 중하급 관원들에 대한 인사권과 후임자 추천권(자천권) 행사
- 자기세력 확대, 상대세력 축출에 앞장 [변질] → 영·정조의 탕평정치 과정에서 기능 축소

2) 군사제도의 변화

① 중앙군 : 5위 → 5군영 체제 { ① 급료병 中心 ② 서인의 군사적 기반 }

훈련도감	임진왜란 중(선조)		삼수병(포수, 살수, 사수), 용병제 [직업군인]
어영청	인조	이괄의 난 후	북벌 핵심 군영
총융청			북한산성 수비
수어청		정묘호란 후	광주 일대(남한산성)
금위영	숙종		수도 방어

제승방략 체제
유사시에 필요한 방어처에 각 지역의 병력을 동원하여 중앙에서 파견되는 장수가 지휘하게 하는 방어 체제이다. 중앙 지휘관이 현지 실정에 어둡고, 병사들과 손발이 맞지 않으며, 1차 방어선이 무너지면 그 뒤에 방어선을 구축하기 어려운 단점이 있었다.

② 지방군(**속오군**)
- 양천 혼성군(양반-농민-노비) → 양반의 회피로 상민과 노비 부담 가중
- 평시에 생업종사, 유사시에 전투 동원

③ 방위체제의 변화

진관체제	→	제승방략체제	→	속오군체제
15세기 (세조)		16세기 (명종)		왜란 중 진관복구, 속오군 체제로 정비

■ 17세기 왕 계보

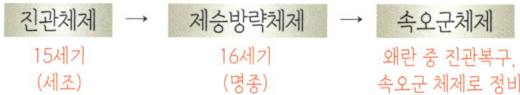

⑭선조 (1567~1608)
⑮광해군 (1608~23)
원종(정원군)
⑯인조 (1623~49)
소현세자
⑰효종 (1649~59)
⑱현종 (1659~74)
⑲숙종 (1674~1720)

■ 18세기 왕 계보

⑲숙종
⑳경종
㉑영조 (1724~76)
사도세자
㉒정조 (1776~1800)
㉓순조 (1800~34)

V. 근세 후기
02 붕당 정치와 탕평 정치

1) 붕당정치의 시작

① 선조
- 초기 : 동인 우세
- 동인의 분열 : 정여립 모반사건(1589)으로 남인(온건파)과 북인(급진파)으로 분열
  - 동인 중에서 조식·서경덕계 피해 多, 정철(서인)이 옥사 주도
  - → 2년 뒤 정철이 세자 책봉을 건의하다 실각
  - 조식·서경덕계 (정철에 대한 강경 처벌 주장)
  - 이황계
- 남인이 주도하였으나 왜란 이후 북인이 정국 주도

② 광해군
- 북인 주도, 중립외교, 전후 복구 노력(양전·사고정비, 대동법 실시)
- 폐모살제(廢母殺弟), 무리한 토목공사 → 인조반정으로 몰락
  - 영창대군 살해, 인목대비 폐위
  - 서인주도(김류, 이귀, 이괄)

동인(영남학파) ─ 기축옥사 ─ 북인(서경덕·조식계)
                              남인(이황계)
(서경덕·조식계, 이황계)

2) 붕당정치의 전개

- 인조
  - 서인 주도, 남인 참여 → 당파 연립(상호 비판적인 공존 관계 유지)
  - 서원을 중심으로 여론 형성, 산림의 여론 주재
  - 이괄의 난, 후금(청)과 항쟁 과정에서 여러 군영 설치
- 효종
  - 충청 지역 산림 중용, 당파 연립
  - 대동법 확대, 북벌 추진(어영청 확대), 나선정벌
- 현종
  - 서인(송시열)과 남인(허목, 윤휴) 사이에 두 차례 예송논쟁

■ 예송논쟁

둘째 아들로 왕위 계승
효종 사망 →
효종비 사망 →

→ 왕도 사대부로 보는 관점
→ 왕을 사대부 보다 초월적인 존재로 봄

구분	서인	남인
기해예송(1659)	기년복 주장(채택)	삼년복 주장
갑인예송(1674)	대공복(9개월복) 주장	기년복 주장(채택)
특징	재상정치론 [주자가례]	왕권강화론 [국조오례의]

◆ 나선 정벌
효종은 1654년과 1658년에 청의 요청으로 총수병을 파견하여 흑룡강 방면으로 남하하는 나선(러시아) 세력을 정벌하였다.

◆ 송시열
효종~숙종 대 서인(노론)의 지도자(산림)로 활약하였다. 효종 즉위 직후 명에 대한 의리를 내세운 기축봉사를 올려 북벌의 당위성을 주장하였다. 예송논쟁에서 서인의 논리를 대변하였으며, 기사환국 때 사사(賜死)되었다.

송시열의 체이부정(體而不正) 주장
→ 효종은 인조의 아들이 맞지만 적장자가 아니라는 논리

◆ 서인과 남인의 차이
서인은 재상 중심의 권력 구조를 지향하고, 재정 확충과 국방력 강화를 위해 노비속량과 서얼허통에 적극적이었다. 이에 반해 남인은 왕권 강화와 삼사의 정책 비판 기능을 중시하였으며, 농촌의 안정을 중시하여 수취 제도의 완화와 중소 지주 및 자영농의 안정을 강조하였다.

기출지문

01. 광해군은 대동법 시행, 양전 사업 실시 등 전후 복구에 노력하였다. 또 창덕궁·경희궁 등의 궁궐을 짓고, 무주 적상산에 사고를 설치하였다.

CheckPoint

● 노론과 소론
노론은 송시열을 중심으로 결집하여 대의명분을 존중하고, 민생 안정을 강조하는 경향을 보였다. 반면에 소론은 윤증을 중심으로 결집하여 실리를 중시하고, 적극적인 북방 개척을 주장하는 경향을 보였다.

● 신임사화(1721~22)
노론이 연잉군(훗날 영조)의 대리청정을 주장하다 소론의 반대로 철회되었다. 그 후 노론 일파가 왕의 시해를 모의했다는 목호룡의 고변으로 많은 노론 인사들이 처벌받았다. 이 옥사로 노론은 큰 타격을 받았고, 소론이 권력을 장악하게 되었다.

3) 붕당정치의 변질(숙종 시대)

① 과정
- 경신환국(1680)에 의해 남인 실각, 서인정권 수립
  → 특정 붕당의 일당전제화 대두
- 노론과 소론의 분화

② 결과
- 왕실 외척과 종실의 정치적 비중 증대
- 3사와 이조전랑의 정치적 비중 축소(공론 무시, 당파이익 대변)

③ 탕평론 대두 : 인사관리를 통한 세력 균형 유지 → 편당적 인사관리 [명목상의 탕평론]

④ 대외관계
- 초기 윤휴 등이 북벌론(2차) 제기, 백두산 정계비 건립(1712)
- 안용복의 활동(1696)

환국기(서인과 남인의 격렬한 대립)

1680	1689	1694
경신환국 →	기사환국 →	갑술환국
남인 실각, 서인 집권	서인 → 남인	남인 실각, 서인 집권

| 기출 지문

02. 숙종 때 이순신 사우에 '현충'이라는 현판을 내려주었으며, 의주에 강감찬 사당을 건립하였다. 또 창덕궁에 대보단을 세워 임진왜란 때 군대를 보내준 명나라 신종황제를 제사지냈으며, 괴산에 만동묘 서원이 건립되었다.

4) 영조의 탕평정치(1724~1776)

① 탕평정치 온건노론
- 탕평파 중심의 정국 운영(완론탕평), 산림 존재 부정, 서원정리 — 탕평비 건립(성균관)
- 이조전랑의 권한 축소(후임자 천거·3사 선발 관행 폐지) — 정조 때 완전 혁파

② 개혁정책
- 균역법 실시(1750), 도성 방위 체제 정비(수성윤음) — 영조 최대 업적
- 가혹한 형벌 폐지·사형수 삼심제 시행, 노비종모법(법제화)
- 신문고 제도 부활, 청계천 준설, 속대전 편찬, 동국문헌비고 편찬

③ 한계 : 강력한 왕권에 의한 일시적 탕평 → 소론 약화, 노론의 정국 주도
임오화변 이후 탕평파 대신, 척신·환관 득세 (사도세자 사건)

● 이인좌의 난(1728)
소론 강경파와 일부 남인이 경종의 죽음에 영조와 노론이 관계되었다고 하면서 청주에서 반란을 일으켰다. 북상하던 반란군은 안성과 죽산에서 관군에게 격파되었다.
→ 탕평책 실시 명분을 강화

● 탕평비
두루 원만하고 편향되지 않음이 군자의 마음이고, 편향되고 원만하지 못함이 소인의 사사로운 마음이다.

분석
❶ 숙종 이후 붕당 정치가 변질되면서 상대당을 역적(역당)으로 공격하고 권력을 특정 붕당이 독점하는 경향이 나타났다.
❷ 영조는 탕평 정책에 동의하는 온건하고 타협적인 인물을 적극적으로 등용해 정국을 운영하였다.

■ 영조의 탕평 교서

❶ 조신들이 서로 공격하니 공론이 막히고 역당으로 지목하게 되니 선악을 분별할 수가 없다. …… 유배된 사람들은 금오(金吾 : 의금부)로 하여금 그 경중을 헤아려 대신과 함께 등대(登對 : 임금을 직접 대함) 소석(疏釋 : 죄인을 관대히 처결하여 석방함)하도록 하고, ❷ 전조(銓曹 : 이조)는 탕평의 정신으로 수용토록 하라. …… 너희 여러 신하들은 성인께서 잘못한 자를 바로잡는 뜻을 따라 당습을 버리고 공평하기에 힘쓰라.
— "영조실록" —

① 계지술사(탕평정신 계승)
② 나는 사도세자의 아들이다.

5) 정조의 탕평정치(1776~1800)

① 적극적인 탕평정치(**준론탕평**)
- 영조 때의 척신·환관 제거, **시파 중용(소론, 남인계열)**
- **장용영과 규장각** 설치, **문신초계제** 실시   채제공   **만천명월주인옹** [초월적 군주]
- **화성건설**(정치적·군사적 기능 부여, 상공인 유치)

② 개혁 정책
- 수령의 권한 강화(**향약의 수령 주관**) → 지방 사족의 향촌 지배력 억제, 국가의 백성 통치력 강화
- 서류허통절목, 노비추쇄 금지   시전상인의 금난전권 혁파
- 민생 안정 : 서얼과 노비에 대한 차별 완화, **신해통공(1791)**
- 문화 부흥 : **고금도서집성** 수입, **대전통편 편찬**, 동문 휘고·탁지지·추관지·**무예도보통지** 편찬   청에서 5000권

● 화성 건설과 능행   현륭원   정약용(거중기, 녹로)
정조는 수원으로 사도 세자의 묘를 옮기고, 팔달산 아래에 화성을 건설하여 자신의 정치적 이상을 실현하는 상징적 도시로 육성하고자 하였다. 최신의 과학적 공법으로 축성된 화성에 정조는 행궁을 두고 장용영의 외영을 설치하였으며, 국영 농장인 대유둔전을 설치하여 화성 경비에 충당하고 만석거와 만년제 등 수리 시설을 개선하였다. 정조는 화성 능행 시 일반 백성들과 직접 접촉하는 기회를 확대하여 이들의 의견을 정치에 반영하였다.

6) 세도 정치

① 정순왕후의 수렴청정
- 순조 즉위 직후, 노론 벽파의 정국 주도
- 신유박해, 장용영 혁파

② 세도 정치기의 전개   안동 김씨, 풍양 조씨
- 정치 참여 기반의 축소 : 소수의 유력한 가문이 권력과 이권을 독점
- 권력 구조의 변화 : 정2품 이상의 고위직만 정치 참여, 하위 관리들은 행정 실무만 담당 → 의정부와 6조의 유명무실화, 비변사로 권력 집중   3사의 언론 활동 실종

③ 세도 정치의 폐단
- 사회 통합에 실패 : 남인, 소론, 지방 선비들을 권력에서 배제
- 지방 정치 폐단 : 상인·부농을 수탈의 대상으로만 인식, 수령직을 상품화 → 수령의 부정으로 인한 조세 부담의 증가로 농촌 사회의 불만 고조, 민란 발생
  삼정의 문란   임술농민봉기(1862~3)

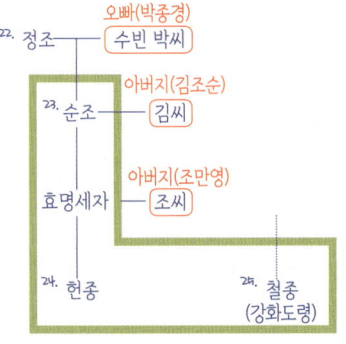

세도정치(3대 60년)
서울 노론 양반의 연합 정권

순조 (1800~34)	• 신유박해(1801), 중앙관서의 공노비 해방(1801) • 홍경래의 난(1811), 효명세자의 대리청정
헌종 (1834~49)	• 기해박해(1839) • 병오박해(1846)
철종 (1849~63)	• 중인의 소청운동(1851), 동학 창시(1860) • 임술농민봉기(1862)

CheckPoint

● **규장각**
규장각은 본래 역대 왕의 글과 책을 수집 보관하기 위한 왕실 도서관의 기능을 갖는 기구로 설치되었다. 그러나 정조는 여기에 비서실의 기능과 문한 기능을 통합적으로 부여하고, 과거 시험의 주관과 문신 교육의 임무까지 부여하였다.

● **문체반정**
(순정고문으로 돌아가야 한다.)

● **일성록**   유네스코 세계 기록 유산
(국왕의 동정과 국정 운영을 매일 기록)

● **신유박해** (1801년)
노론 벽파 세력이 남인등 정치적 반대 세력을 숙청하는 과정에서 대규모의 천주교 탄압이 가해졌다. 이승훈, 이가환, 권철신 등 300여 명이 처형되고 정약용 등은 유배형에 처해졌다.
강진으로 유배

● **삼정의 문란**
조선 후기의 대표적인 수취 제도 문란으로 전정(전세 수취 제도), 군정(군포 징수 제도), 환곡(구휼 제도)의 문란을 말한다.

03 V. 근세 후기 경제 활동의 변화

CheckPoint

○ 총액제
조선 후기 부세 수취의 어려움을 해결하기 위해 군현 단위로 총액제를 실시하였다. 지역별로 부세 액수가 고정되어 그 지역 구성원들의 공동납의 형태로 운영되었다.

1) 경제 구조의 변화

- 수리시설 정비 ─ 제언사 부활, 제언절목 반포(정조)
- 수취제도 개편 ─ 영정법, 대동법, 균역법 실시
  └ 부역제의 변화 : 부역 노동 → 고립제
- 총액제 ─ 비총제(전세), 군총제(군역), 이환제(환곡)
  → 수령권 강화, 사족의 지위 약화, 농민 부담의 가중

2) 양반 지주의 경영 변화

- 지주제의 확대 ─ 농지 개간, 농토 매입 → 18세기 이후 지주전호제 일반화
- 지주제의 변화 ─ 소작권(도지권) 인정, 소작료의 정액화(도조법)
- 양반의 생활 ─ 소작료로 받은 미곡 판매, 농지매입, 고리대를 통한 부 축적

○ 조선후기 외래작물
담배, 고추, 고구마, 감자, 옥수수 등 — 구황작물
신대륙 발견 이후 동아시아 전래
[조선은 왜란 이후]

3) 농민 경제의 변화 ★

① 농업기술의 발전
  ┌ 모내기법 확대(2모작으로 생산력 증대, 김매기 노동력 절감, 직파법에 비해 소출 증대), 견종법의 보급
  └ 상품작물의 재배 — 그루갈이(벼-보리)
       시장에 판매 목적으로 재배

② 농업 경영의 변화

  노동력 절감 → 광작 → 농민층의 분화 → 부농, 임노동자

③ 상품작물의 재배 : 쌀(대표적 작물), 목화, 채소, 담배, 약초 등
④ 소작료의 변화 : 소작권 인정(도지권), 소작료의 정액화(도조법), 소작료의 금납화 ─ 상평통보로 지대 납부
⑤ 농서편찬 : 농가집성(신속), 색경(박세당), 산림경제(홍만선), 과농소초(박지원), 해동농서(서호수), 임원경제지(서유구)

○ 타조법과 도조법
타조법은 소작농이 지주에게 해마다 수확량의 일정한 비율(보통 절반)을 납부하는 방식이고, 도조법은 수확량에 관계없이 해마다 일정한 액수의 소작료를 내는 정액 지대이다.

4) 수공업의 변화

전 기		후 기
관영 수공업	국가통제 약화 부역제 해이 상업 발달	• 민영수공업 • 선대제, 독립수공업자

① **민영수공업**의 발달
  ┌ 민간수공업자 : 장인세 납부, 자유로운 생산 활동
  납포장
  └ 공장안 폐지(정조) : 장인등록제 폐지, 관영수공업에도 사장(私匠) 고용
                                                      관영수공업 쇠퇴
② 수공업형태의 변화
  ┌ 선대제 수공업 : 공인이나 상인으로부터 자금과 원료를 미리 받아 제품 생산
  └ 독립수공업자 출현 [철점, 사기점 등]
       → 상인(물주)이 수공업자를 지배하는 형태

5) 광산 경영의 변화
배경 : 정묘호란 이후 국경무역(개시) → 은 수요 증가

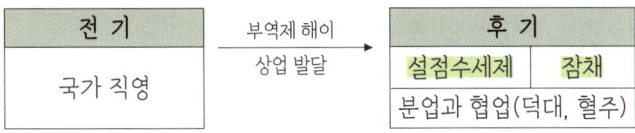

① 광산 경영의 변화
- 17세기 : 설점수세제를 시행하여 사실상 사채 허용
- 18세기 : 금광 개발이 활기를 띠며 잠채(潛採) 성행
  - 황해·평안지역 70여곳의 광산 활기

② 광산 경영 방식
- 광산 경영자인 덕대가 상인 물주로부터 자본을 조달받아 채굴업자인 혈주와 채굴 노동자, 제련노동자 등을 고용하여 생산
  - 광산 시설과 자금 투자
  - 광산 경영 전담
- 분업에 토대를 둔 협업

○ 설점 수세제
효종(1651년) 때 제정하여 민간인들이 금광이나 은광을 경영하는 것을 허가하고 세금을 거두었는데, 국가 재정을 보충하고 중국과의 무역을 활성화하는 데 그 목적이 있었다.

○ 덕대
광산의 주인과 계약을 맺고 광물을 채굴하여 광산을 경영하는 사람

6) 상업활동의 변화

특징 1. 상업활동의 규모 大
2. 사상이 주도, 다양한 형태의 상업 발달

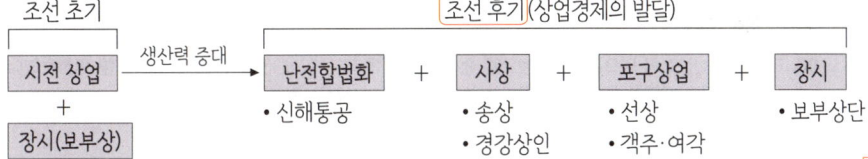

① 조선후기 상업 활동의 주역 : 공인과 사상
　　　　　　　　　　　　대동법 실시 이후 관수품 조달(어용상인)
② 신해통공(1791)
- 17세기 후반 종루, 이현, 칠패에 난전 형성 → 시전상인은 금난전권을 이용해 억압
- 정조 때 신해통공(육의전을 제외한 시전의 금난전권 철폐)으로 난전 합법화

③ 지방의 사상
- 송상 : 개성상인, 인삼 재배와 판매, 송방(지점), 대외무역 주도
- 경강상인 : 한강과 서남해안 일대에서 미곡, 소금, 어물 등의 운송업으로 부 축적
  - 대표적 선상, 후에 선박 건조 분야에 진출

④ 장시
- 15세기 말 남부지방에서 등장 → 18세기 중엽 1천여 개소 개설
- 인근 장시와 연결하여 지역 시장권 형성, 일부 장시는 상설시장화
  - 보부상단[조합]형성

⑤ 포구에서의 상업 활동
- 세곡과 소작료의 운송기지(15세기) → 상업의 중심지(18세기)
- 선상의 활약(경강상인이 대표적)
- 객주와 여각 : 상품매매, 운송, 숙박, 보관, 금융

○ 도고
조선 후기 상품의 매점매석을 통하여 이윤의 극대화를 노리던 상행위 또는 그러한 상행위를 하던 상인이나 상인 조직

사례

○ 쌀폭동
1833년에 한성에서 일어난 쌀 소동은 서울의 미전 상인과 여객 주인 및 경강 상인이 연합하여 쌀값을 올리려고 매점 매석을 하여 발생하였다.

Check Point

❍ 조선 후기의 상업과 무역 활동

● **팔포무역**
연경으로 가는 사행의 수행원에게 사적인 교역을 위해 80근의 인삼을 휴대할 수 있도록 하였다. 사행원들은 이 기회를 활용하여 상당한 부를 축적하기도 하였다.

● **후시(後市)**
조선 후기 사상(私商)들이 전개한 밀무역으로 중강에서 이루어진 **중강 후시**, 의주 맞은편의 책문(柵門)에서 이루어진 **책문 후시**가 대표적이다.

7) 무역활동의 변화

- 대청 무역 ─ **개시**(경원, 회령, 중강), **후시**(중강, 책문)
  └ 만상의 활약, 종이·무명·인삼 수출, 비단·약재·문방구 수입
- 대일 무역 ─ 왜관을 통한 무역, 내상의 활약
  └ 인삼·쌀·무명 수출, 구리·황·후추 수입
- 중계 무역   만상(의주) ⇌ 송상(개성) ⇌ 내상(동래)

8) 화폐 유통

<정확하게는 팔분체 조선통보>

- 동전의 유통 ┬ 인조 때 **동전** 주조(개성지방 유통), 효종 때 널리 유통
             └ **숙종** 때 상평통보 주조, 전국적 유통
- 신용화폐의 보급 : 환, 어음
- 전황 : 지주와 대상인이 동전을 고리대나 재산 축적에 이용하면서 시중에 제대로 유통되지 않아 동전 부족 현상 발생 → 폐전론 주장(이익)
                                                        cf) 박지원(용전론)

| 기출지문 |

03. 서호수는 정조의 명으로 우리 농학을 중심에 두고 중국 농학을 선별하여 "해동농서"를 편찬하였다. 그의 아들 서유구는 "임원경제지"라는 농촌 생활 백과사전을 편찬하였다.

| 분 석 |

❶ 인조 때 (팔분체)조선통보를 새로 주조하여 개성지방을 중심으로 그 쓰임새를 살펴보았다.

❷ 지주나 대상인들은 화폐를 고리대나 재산 축적의 수단으로 활용하여 더 큰 이익을 도모하였다. 이 때문에 동전을 많이 주조해도 유통되지 않아 동전이 부족한 전황이 발생하였다.

■ **화폐 유통**

○ 호조가 아뢰기를, "신들이 만력통보와 조선통보를 가져다 살펴보니, 만력통보는 무게가 한 돈 너 푼인데 조선통보는 그 부피가 너무 작습니다. 그러니 만력통보의 모양새를 따라 ❶ 조선통보를 만들되 팔분체의 글자로 바꾸어서 새 돈과 헌 돈을 구분하게 하소서."
― "인조실록" ―

○ 정조 6년 11월 종전에 허다하게 동전을 주조하여도 돌지 않고 작년과 금년에 ❷ 전황이 몹시 심한 것은 부상대고(富商大賈)들이 돈을 감추고 그것이 귀해지기를 기다려 폭리를 바라기 때문이다.
― "비변사등록" ―

04 사회 구조의 변동

V. 근세 후기

신분과 부의 불일치(몰락양반, 부농)

1) 신분제 동요

- 신분 변동
  - 모칭유학, 환부역조
  - 납속과 **공명첩**, 족보 매입, 향직 매매 등으로 양반 신분 획득
  - 특징 : 양반 수 증가, 상민과 노비 수 감소
- 양반의 분화 — 벌열 양반, 향반(토반), 잔반(몰락 양반)

○ 공명첩
나라의 재정을 보충하기 위하여 부유층으로부터 돈이나 곡식을 받고 팔았던 명예직 임명장

2) 중간 계층의 동향

유득공, 이덕무, 박제가

- 서얼
  - **서얼허통 상소**, 정조 때 일부 서얼 출신이 규장각 검서관으로 등용
  - 신해허통(1851)으로 서얼의 청요직 진출 허용
- 중인
  - 재력과 실무 능력을 바탕으로 신분 상승 추구, **철종 때 대규모 소청운동**(실패)
  - 역관 : 외래문화 수용에 선구적 역할, 서민문화(시사 활동)

3) 노비의 해방

- 신분 상승
  - 군공과 납속, 도망 등으로 신분 상승 도모
  - 납공노비로 전환, **노비종모법** 실시
- 노비의 해방 — **중앙 관서의 공노비 해방**(1801), 공사 노비제 폐지(1894)

○ 노비종모법
아버지가 노비라도 어머니가 양인이면 자녀를 양인으로 삼는 법이다. 현종 때 양인 증가책의 일환으로 실시되었다. 그뒤 폐지되었다가 영조 때 정착되었다.

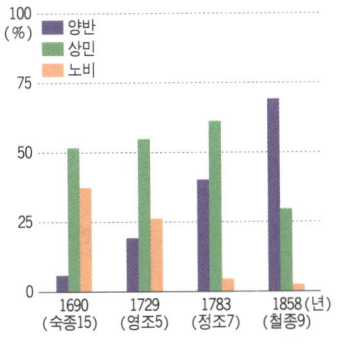

○ 양반 문별제도의 모순
청요직(승문원, 홍문관)은 주로 서울 양반(경화사족)이 임용되고, 서북사람은 성균관, 중인은 승진이 어려운 교서관에 임용되는 것이 관례였다.

○ 신분별 인구 구성비(대구 호적)

■ 중인의 신분 상승 운동

중인, 서얼을 가로막는 것은 우리 나라의 편벽된 일로 이제 몇 백년이 되었다. ❶ 서얼은 다행히 조정의 큰 성덕을 입어 문관은 승문원, 무관은 선전관에 임용되고 있다. 그런데도 ❷ 우리 중인은 홀로 이 은혜를 입지 못하니 어찌 탄식조차 없겠는가? 이제 바야흐로 의논을 모아 글을 써서 원통함을 호소하고자 먼저 통문을 띄운다.
– "상원과방"–

분 석
❶ 철종 때 신해허통(1851)으로 서얼의 청요직 진출이 가능해졌다.
❷ 기술직 중인들은 철종 때 대규모 소청 운동을 벌여 청요직 진출을 요구하였으나 받아들여지지 않았다.

4) 가족 제도의 변화와 혼인 풍속

- 부계 중심의 가족 제도 ─ 재산 상속에서 장자 우대, 적장자의 제사 봉행
  └ 양자 입양의 보편화, 부계 위주의 족보 편찬, 동성마을
- 가족 윤리와 혼인 ─ 효와 정절 강조(재가 금지, 효자와 열녀 표창)
  └ 친영제도 확산, 서얼에 대한 차별

5) 향촌 질서의 변화

① 양반의 기득권 유지 노력 : **동약실시**(촌락 단위), 족적결합 강화(**동족마을, 문중 중심으로 서원과 사우** 건립)

② 향촌 지배권의 변화(향전) — 구향
- 신향 **부농층**의 향권 도전 : **기존 사족층**과 향회의 주도권을 놓고 대립, 관권과 결탁
- 결과 : **관권(수령) 강화, 향리의 역할 증대**
- 향회의 변화 : 사족의 이익 대변기구 → **부세자문기구**로 변질 (위상 약화)

부농(신향)은 경제력을 바탕으로 관권(수령, 향리)과 결탁하여 사족(구향)에 맞섰다.

③ 농민층의 분화
- **서민지주(부농, 요호부민)** 등장 → 납속, 공명첩, 족보매입으로 신분 상승
- 다수 농민은 토지에서 밀려나 임노동자 생활

서원, 향교의 유생명부
■ 향안, **청금록**
→ 지방 사회에서 양반 신분을 확인시켜주는 증거 서류

분 석
❶ 기존 향촌 사회에서 소외되었던 부유한 상민, 서얼, 중인층이 포함된 새로운 세력인 신향은 기존의 재지사족인 구향과 향촌의 운영을 둘러싸고 대립하였다.
❷ 향회는 지방 양반의 이익을 대변하던 자치 기구에서 수령의 부세 자문 기구로 성격이 변하였다.

■ 향촌 질서의 변화
- 영덕의 구향(舊鄕)은 사족이며, 소위 신향(新鄕)은 모두 향리와 서리의 자식이다. ❶ 근래 신향들이 향교를 주관하면서 구향들과 서로 마찰을 빚고 있다.
  - "승정원일기", 영조 23년 -
- 요사이 수령들은 한 고을을 제멋대로 다스려 다른 사람이 그 잘못을 고칠 수가 없습니다. ❷ 수령이 옳다고 하면 좌수 이하 모두 그렇다고 합니다.
  - "비변사 등록", 영조 36년 -

◆ 향촌 질서의 변화

16세기(중기)	18세기(후기)
사족 중심의 향촌 질서 (유향소, 향약)	관 주도의 향촌 질서 강화 (관권의 강화, 부농계층의 성장)

05 V. 근세 후기
사회 변혁의 움직임

1) 사회불안의 심화
- 사회의 동요 : 신분제의 동요, 지배층의 수탈(삼정의 문란), 각종 재난과 질병 (1820, 콜레라)
- 사회의 불안 : 비기·도참설 유행, 이양선 출몰, 도적의 창궐(화적, 수적)
- 예언사상의 대두
  - 예언사상 : 현실부정적, 혁명적 → 비기(정감록)와 도참사상
    - 조선후기의 대표적 예언서
  - 무격신앙 : 개인적, 구복적 성격(굿)
  - 미륵신앙 : 미륵을 자처하며 민중을 현혹하는 무리 등장

2) 천주교의 전파
- 수용
  - 17세기초 서학으로 소개(학문적 호기심에서 자발적으로 수용)
    - 천주실의 (마테오리치) 소개
  - 18세기 후반 남인 계열 실학자들이 신앙적으로 수용
    - 1784년 이승훈(최초 세례)
- 박해
  - 전례문제 : 유교적 제사 의식 거부 → 사교로 규정, 탄압(신해박해)
    - 윤지충 신주소각 사건(1791)
  - 신유박해(1801) : 시파 세력 위축, 실학 쇠퇴
  - 인간평등, 내세신앙 → 일부 백성들에게 공감·확산
- 교세 확장 : 안동 김씨 세도정치기 충청 해안 지방에서 확산, 조선교구 설치, 프랑스 선교사들의 포교 활동 → 기해박해, 병오박해
  - 프랑스 선교사 순교
  - 김대건 신부 순교

> ■ 천주교
> 죽은 사람 앞에 술과 음식을 차려 놓는 것은 천주교에서 금하는 바입니다. 살아 있을 동안에도 영혼은 술과 밥을 받아먹을 수 없거늘, 하물며 죽은 뒤에 영혼이 어떻게 하겠습니까? 먹고 마시는 것은 육신의 입에 공급하는 것이요, 도리와 덕행은 영혼의 양식입니다. - "상재상서" -

3) 동학의 발생
- 발생 : 1860년 경주의 몰락양반 최제우 창시
- 성격 (인간평등, 인간존중사상)
  - 교리 : 유·불·선의 주요 내용, 주문과 부적 등 민간신앙 결합
  - 시천주(侍天主)와 인내천(人乃天)사상, 사인여천(事人如天)강조
  - 후천개벽(조선왕조의 운명 부정), 보국안민(일본, 서양국가의 침략 배격)
- 탄압
  - 혹세무민의 죄로 최제우 사형(1864)
  - 최시형의 교리 정리(용담유사, 동경대전)
    - 포교가사집   경전

CheckPoint

◎ 이익의 제자들 중에서 안정복은 천학문답을 저술하여 천주교 교리를 비판하였으나, 권철신, 이벽, 이가환, 정약종 등은 신앙활동을 하였다.

● 황사영 백서 사건
황사영이 신유박해의 실태를 전하고 서양 함대의 파견을 요청하는 글을 베이징에 있던 선교사에게 보내려고 하였으나 사전에 발각되었다.

분 석
천주교는 조상에 대한 유교의 제사 의식을 거부하였으므로, 정조는 천주교를 사교로 규정하였다. 비교적 관대한 처리

● 천주교 박해
① 신해박해(1791, 정조)
② 신유박해(1801, 순조)
③ 기해박해(1839, 헌종)
④ 병오박해(1846, 헌종)
⑤ 병인박해(1866, 고종)

● 이필제의 난
1871년 동학교도 이필제가 최시형과 함께 영해에서 봉기하였다. 이 사건은 동학 최초의 교조신원운동으로 평가된다.

4) 농민의 항거 (19세기 = 민란의 시대)

- 배경 —— 세도정치의 부정부패와 탐학, 삼정의 문란
- 농민의 소극적 항거 —— 소청, 벽서, 괘서 등
- 홍경래의 난 ┬ 원인 —— 서북민에 대한 차별대우 [지방 차별 타파]
  (1811) │
              ├ 전개 —— 몰락양반인 홍경래 주도, 영세농민, 중소상인, 광산노동자 합
              │   세 → 청천강 이북 점령   가산에서 봉기 → 정주성 점령
              └ 의의 —— 19세기 농민항쟁의 선구적 역할
                                                경상우병사(백낙신)의 탐학, 유계춘 주도
- 임술농민봉기 ┬ 원인 —— 진주민란이 계기, 토호와 탐관오리의 탐학
  (1862)   ├ 의의 —— 농민의식 각성, 세도정치 붕괴
               └ 대응 —— 선무사와 안핵사 파견, 삼정이정청 설치
   전국 80여 곳으로   실효를 거두지 못함
   민란 확산

○ 19세기의 농민 봉기

분 석
❶ 평안도에 대한 지역 차별이 난의 원인이었다. 홍경래, 우군칙 등은 가산 다복동에서 봉기하여 청천강 이북의 9읍을 점령하였다.

■ 서북인의 대한 차별
서북인들은 문과 합격자 비율이 8도 중 가장 높았지만, 벼슬을 얻는 취직율은 매우 낮았으며, 청요직 벼슬은 거의 받기가 어려웠다.

■ 홍경래의 격문
  평서대원수는 급히 격문을 띄우노니 관서의 부로(父老)와 자제와 공·사천민들은 모두 이 격문을 들으라. 무릇 관서는 성인 기자의 옛 터요 단군 시조의 옛 근거지로서 의관(衣冠 : 유교 문화를 생활화하는 사람)이 뚜렷하고 문물이 아울러 발달한 곳이다. ……
  그러나 ❶ 조정에서는 관서를 버림이 분토(糞土)와 다름없다. 심지어 권세 있는 집의 노비들도 서토의 사람을 보면 반드시 '평안도놈'이라고 말한다. 어찌 억울하고 원통하지 않은 자 있겠는가. ……

■ 삼정의 문란
  조선 후기의 대표적인 수취 제도 문란으로 전정(전세 수취 제도), 군정(군포 징수 제도), 환곡(구휼 제도)의 문란을 말한다.
  전정의 문란 중 대표적인 경우가 도결인데, 원래는 전세와 대동세와 기타 잡세를 통틀어 논밭 결수 단위로 세를 부과하는 것이었다. 그러나 수령과 아전이 횡령한 관곡을 민의 토지에 부세로 부과하는 수단이 되었다.
  군포는 한 장정마다 1필에 지나지 않았지만 총액을 채우기 위해 젖먹이 아이, 죽은 사람, 노인, 이웃, 친척으로부터도 군포를 받아냈다.
  환곡은 본래 빈민구제책으로 춘궁기에 국가가 곡식을 대여했다가 추수 후에 10%의 이자(모곡)를 덧붙여 받았다. 그러나 지방 관아의 재정이 궁핍해지자 필요 이상의 곡식을 강제로 빌려주기도 하고(늑대), 창고에 없는 곡식을 있는 것처럼 꾸미고(허류), 겨를 섞어서 빌려주기도 하였다(분석). 삼정 중에서도 환곡의 문란이 가장 극심하였다.

06 성리학의 변화

V. 근세 후기

1) 성리학의 절대화 경향

■ 노론의 학통
이이 - 김장생 - 김집 - 송시열 - 권상하

 CheckPoint

- 서인
  - 의리명분론 강화 (인조반정 이후 이이·이황의 학문이 주류, 조식·서경덕의 학풍 배척)
  - 주자 중심의 성리학 절대화(송시열)
- 성리학의 상대화
  - 윤휴 : 유교경전에 대한 독자적 해석(원시6경 중시)
  - 박세당(소론) : 양명학과 노장사상의 영향을 받아 주자의 학설 비판, [사변록] 저술
  - 사문난적(斯文亂賊)으로 몰림

◎ 윤휴
남인의 대표적 인물로 1차 예송논쟁에서 윤선도, 허목 등과 함께 송시열의 예론을 반박하였다. 숙종 즉위 후 북벌을 위해 도체찰사부의 설치를 주장하였으나 받아들여지지 않았다.

2) 호락논쟁

노론내부 논쟁[권상하 제자들]

구분	호론(湖論) 충청지역	낙론(洛論) 낙산(서울)
중심인물	한원진	이간·홍대용
주장	인물성이론(人物性異論) → 인간과 사물의 본성이 다르다는 주장	인물성동론(人物性同論) → 인간과 사물의 본성이 같다는 주장
지역	충청도	서울·경기도
계승	위정척사론에 영향	북학사상

華=明 ← → 夷=淸

■ 인물성동론

❶ 실옹은 고개를 들어 껄껄 웃더니 이렇게 말했다. "너는 정말 인간이로구나! 오륜(五倫)이 인간의 예의라면, 무리를 지어 다니면서 함께 먹이를 먹는 것은 금수의 예의이고, 군락을 지어 가지를 뻗는 것은 초목의 예의이다. 인간의 입장에서 만물을 보면 인간은 귀하고 만물은 천하지만, 만물의 입장에서 인간을 보면 만물은 귀하고 인간은 천하다. 그러나 ❷ 하늘의 입장에서 보면 인간과 만물은 균등하다."
– 홍대용, "의산문답" –

분석
❶ 홍대용은 "의산문답"에서 실옹과 허자의 문답 형식을 빌려 고정관념을 비판하였다.
❷ 인물성동론은 사물의 관점에서 세상을 바라보는 객관적·상대적 관점을 주장하였다.

CheckPoint

○ 양명학
양명학은 인간의 마음이 곧 이(理)라는 심즉리설을 바탕으로, 상하 존비의 차별 없이 인간이 본래 타고난 천리인 양지(良知)를 실현하여 사물을 바로잡을 수 있다는 치양지설을 주장하였다. 또한, 지행합일설로 실천성을 강조하였다.

○ 강화 학파의 계보

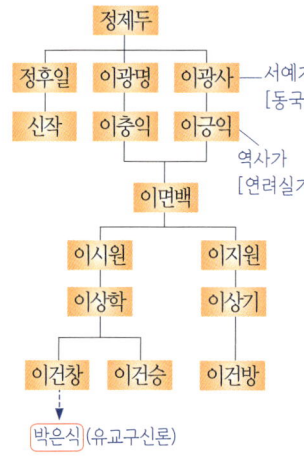

3) 양명학의 수용

① 수용 — 이황의 비판 (전습록변)
  - 절충적 성격의 성혼사상 계승, 양명학과 노장사상 수용(성리학 이해에 탄력성)
  - 중종 때 명에서 전래
  - 서경덕 학파와 왕실 종친에 확산 → 17세기 후반 소론계열 학자들에 의해 본격적으로 수용

② 사상체계
  - 심즉리(心卽理)설 + 지행합일설(知行合一說) + 치양지(致良知)설
  - 성리학의 교조화와 형식화를 비판하며 실천성 강조

③ 정제두의 활동 — 윤증(소론)의 제자
  - 일반민을 도덕실천의 주체로 상정 → 양반 신분제의 폐지를 주장
  - 강화학파를 형성 가학의 형태(불우한 종친, 소론 계열)

④ 계승 : 역사학, 국어학 등에서 새로운 경지 개척, 실학자들과 교류

| 기출 지문

04. 정제두는 "존언", "만물일체설" 등의 저술에서 일반민을 도덕 실천의 주체로 인정하였으며, 이를 바탕으로 양반 신분제를 폐지하자고 주장하였다.

07 V. 근세 후기
실학의 발달

1) 실학의 등장 ⊙ 핵심은 실학자 이다.

① 배경
- 성리학의 현실 문제 해결 능력 상실
- 고증학과 서학의 영향

② 초기 실학자
- 선구자 : 이수광(지봉유설), 한백겸(동국지리지)
- 기타 : 허균(유재론), 김육(대동법 확대와 동전 사용 건의)

③ 실학의 발전 : 18세기 전후 중농학파, 중상학파, 국학연구로 확산

구분	중농 학파(경세 치용 학파)	중상 학파(이용 후생 학파)
출신	남인(南人), 농촌 선비	서인(노론), 도시인
주장	• 토지 개혁을 통한 자영농 육성 • 화폐 사용 부정적(이익)	• 기술혁신, 상공업 진흥, 청문물 수용 • 화폐 사용 긍정적(박지원)
지향	유교적 이상 사회	근대적 상공업 사회

⊙ **허목** (중농실학의 선구자)
"기언"이라는 저서에서 중농정책의 강화, 난전금지, 부세의 완화, 호포제 실시 반대 등을 주장하였다.

2) 중농실학

① 유형원(1622~1673)   반계수록
- 균전론(均田論) : 신분에 따라 차등있게 토지를 재분배
- 병농일치의 군사조직과 사농일치의 교육 제도 확립을 주장

② 이익(1681~1763)   성호사설
- 한전론(限田論) 제시 : 영업전은 매매 금지, 나머지 토지는 매매 허용
- 좀론   노비제, 과거제, 양반문벌, 사치와 미신, 승려, 게으름

③ 정약용(1762~1836)   여유당전서
- 목민심서   목민관(牧民官) 근무 지침서, 지방 행정 개혁 주장
- 전론   여전론(閭田論) 주장(공동 농장 제도) 30가구(여) = 마을
- 탕론   통치권 강화 주장, 권력 구조 변혁론 제시
- 기예론   과학기술(거중기·한강주교 설계)과 상공업 발달에도 관심

➡ 3부작(목민심서, 경세유표, 흠흠신서), 3논설(탕론, 원목, 전론)

■ **이익**
① 한전론, ② 좀론(육두론),
③ 폐전론, ④ 붕당론,
⑤ 역사인식(시세)

⊙ **정전제**
정약용은 경세유표에서 정전제란 토지를 정(井)자로 구획하여 분배하는 것이 아니라, 토지 면적을 계산하여 사전과 공전의 비율을 9:1로 하거나 세율상 1/9만을 납부하는 제도라고 밝히고 있다.

■ **정약용의 저술**

○ ❶1여(閭)마다 여장을 두며, 무릇 1여의 인민이 공동으로 경작하도록 한다. …(중략)… 국가에 바칠 세와 여장의 봉급을 제하며, 그 나머지를 가지고 노동 일수에 따라 여민에게 분배한다.
— "여유당전서" —

○ 백성을 위해서 목(牧 : 지방관)이 존재하는가? 백성이 목을 위해 태어났는가?
— '원목' —

○ 대저 천자란 어찌하여 존재하게 되었는가? …(중략)… 여러 현장의 공동 추대를 받은 사람이 제후가 되고 제후들이 공동으로 추대한 사람이 곧 천자(天子)이다. 그러므로 ❷천자는 군중의 추대에 의하여 생겨난 것이다.
— '탕론' —

분석
❶ 정약용은 마을 단위의 공동 농장 제도인 여전제를 제시하였다.
❷ 백성들이 제후나 천자를 추대하였으며, 이들이 제구실을 하지 못할 경우 방벌(放伐 : 쫓아냄)할 수 있다고 주장하였다.

3) 중상실학

① 유수원(1694~1755)   우서
- 상공업 진흥, 기술의 혁신 강조   상인간의 합자를 통한 경영
- 사농공상의 직업적 평등화와 전문화 주장   규모의 확대

② 홍대용(1731~1783)   임하경륜, 의산문답
- 균전제 주장 [성인 남자에게 2결의 토지 지급, 선비들도 생업에 종사할 것]
- 기술문화 장려, 문벌제도 철폐, 성리학 극복이 부국강병의 근본
- 지전설 주장(성리학 중심의 세계관 비판)

③ 박지원(1737~1805)   과농소초, 열하일기
- 한전제(상한선) 주장
- 수레와 선박 이용, 화폐 유통의 필요성 주장
- 양반 문벌제도의 비생산성 비판(양반전, 호질, 허생전)

④ 박제가(1750~1815)   북학의
- 서얼 출신
- 청과의 통상강화, 절검보다는 소비 권장, 수레·선박·벽돌 이용 강조

■ 북학의 계승
- 서유구 "임원경제지" 저술, 둔전제(국가 시범 농장)
- 이규경 "오주연문장전산고" 저술(백과사전)
- 최한기 서양 과학과 기술 소개, "지구전요", "명남루총서" 저술

| 기출지문 |

05. 이익의 "성호사설"은 천지, 만물, 인사, 경사, 시문 등 5개 부분으로 나누어 우리나라와 중국의 문화를 백과사전식으로 소개하였다.

06. 이익은 붕당론에서 양반들의 이권다툼으로 붕당이 생겼다고 보고, 그 극복방안으로 과거 시험의 주기를 5년으로 늘려 합격자를 줄일 것, 천거제도를 병행하여 재야 인사들 등용할 것 등을 주장하였다.

■ 유형원의 균전론
기존에 결부법 대신 경무법(면적단위) 실시 주장

농부 한 사람이 토지 1경(頃)을 받아 법에 따라 조세를 낸다. 4경마다 군인 1인을 낸다. 사대부로서 처음 학교에 입학한 자는 2경을 받는다. 내사에 들어간 사람은 4경을 받고 병역 의무를 면제한다. 현직 관료는 9품부터 7품까지 6경을 받는다. 모두 병역 의무는 면하여 현직에 근무할 때는 별도로 녹을 받는다. 퇴직하였을 때는 받은 토지로 생계를 유지한다. …(중략)… 토지를 받은 자가 죽으면 국가에 반납한다.

— "반계수록" —

분석
유형원은 균전제를 실시하여 관리·선비·농민 등 신분에 따라 차등 있게 토지를 재분배하고 조세와 병역도 조정하자고 주장하였다.

■ 이익의 한전론

국가는 마땅히 한 집의 생활에 맞추어 재산을 계산해서 토지 몇 부(負)를 한 집의 영업전으로 하여 당나라의 제도처럼 한다. 땅이 많은 자는 빼앗아 줄이지 않고 모자라는 자도 더 주지 않는다. 돈이 있어 사고자 하는 자는 비록 1000결이라도 허락해준다. …(중략)… 오직 영업전 몇 부 안에서 사고 파는 것만을 철저히 살핀다.

매매금지 — "곽우록" —

분석
이익은 자영농 육성을 위한 토지 개혁론으로 영업전은 법으로 매매를 금지하고, 나머지 토지만 매매를 허용하자는 한전론을 주장하였다.

■ 박지원의 한전론

한전법을 만들어 모년 모일 이후 이 법보다 많은 자는 더 이상 사들이지 못하게 하고 법령 공포 이전에 사들인 것은 비록 산천을 경계로 할 정도로 넓어도 불문에 붙입니다. 그들의 자손이 있으면 분배해 주는 것을 허락합니다. 그 중에 혹은 숨기고 실제로는 법을 지키지 않는다든지 법령 공포 후에 법의 제한을 넘어서 땅을 더 점유하는 자는 백성들이 적발하면 백성에게 주고, 관에서 적발하면 몰수합니다. 이렇게 하면 수십 년이 못되어 나라의 토지는 균등하게 될 것입니다.

— '한민명전의' —

분석
박지원은 토지 소유의 상한선을 정하고 그 이상의 소유를 허락하지 않으면 수십 년 후 매매와 상속을 통해 토지가 균등해질 것이라고 보았다.

■ 홍대용의 천하관

중국은 서양과 180도 정도 차이가 난다. 중국인은 중국을 중심으로 삼고 서양을 변두리로 삼으며, 서양인은 서양을 중심으로 삼고 중국을 변두리로 삼는다. 그러나 실제에 있어서는 하늘을 이고 땅을 밟는 사람은 땅에 따라서 모두 그러하니 중심도 변두리도 없이 모두가 중심인 것이다.

— "의산문답" —

분석
홍대용은 전통적인 중화 사상인 중국 중심의 성리학적 세계관을 비판하였다.

■ 박제가의 소비관

비유하건대, 재물은 대체로 샘과 같다. 퍼내면 차고, 버려 두면 말라 버린다. 그러므로 비단옷을 입지 않아서 나라에 비단 짜는 사람이 없게 되면 여공(女紅 : 길쌈질)이 쇠퇴하고, 쭈그러진 그릇을 싫어하지 않고 기교를 숭상하지 않아서 공장(工匠 : 수공업자)이 도야(陶冶 : 기술을 익힘)하는 일이 없게 되면 기예가 망하게 되며, 농사가 황폐해져서 그 법을 잃게 되므로, 사농공상의 사민이 모두 곤궁하여 서로 구제할 수 없게 된다.

— "북학의" —

분석
박제가는 소비와 생산의 관계를 샘물에 비유하여 절약보다는 소비를 강조하였다.

08 국학 연구의 확대

V. 근세 후기

CheckPoint

● 이익의 역사관
이익은 역사를 움직이는 기본 동력을 시세(時勢)-행불행(幸不幸)-시비(是非)의 순서로 파악하였다.

■ 마한정통론
3조선설(단군 → 기자 → 위만) 비판, 위만왕조를 찬탈왕조로 규정, 마한을 정통왕조로 인식

● 기사본말체
역사를 사건의 시말(始末)로 기록하는 역사 편찬 방식이다. 이긍익의 연려실기술이 대표적이다.

열조통기(안정복)
→ 태조 ~ 영조(편년체)

1) 역사학 (후대에 많은 영향)

- 이익 : 실증적, 비판적 역사 서술 제시, 중국 중심의 역사관 탈피
- 안정복(동사강목) : 마한정통론(독자적 정통론), 고증 사학의 토대 마련
- 한치윤(해동역사) : 다양한 외국 자료 인용, 기전체
- 이긍익(연려실기술) : 실증적, 객관적인 조선의 정치사회사, 기사본말체
- 유득공(발해고), 이종휘(동사) : 고대사 연구 시야를 만주와 연해주로 확대
  → 한반도 중심의 역사 인식 극복

■ 17세기 역사서

① 허목
 기전체 사서 "동사(東事)"를 편찬하여 서인 주도의 북벌 운동과 붕당 정치를 비판하였다.
② 홍여하
 "동국통감제강"에서 우리나라가 기자로부터 도덕과 평화를 사랑하는 유교 국가였음을 강조하고, 그 전통이 마한을 거쳐 신라로 이어져 왔다고 보아 기자-마한-신라를 정통국가로 내세웠다.
③ 홍만종
 "동국역대총목"에서 단군을 정통국가의 시발로 하여 기자-마한-통일신라로 이어진다고 보고, 삼국은 정통이 없는 시대로 간주하였다.

● 택리지
이중환의 택리지는 각 지역의 자연환경과 물산, 풍속, 인심 등을 분석하고 어느 지역이 살기 좋은 곳인가를 논한 인문 지리서이다.

★ 동국지도와 대동여지도
정상기의 동국지도는 축척법(백리척)을 최초로 사용하였으며, 김정호의 대동여지도는 산맥, 하천, 포구, 도로망의 표시가 정밀하였고 거리를 알 수 있도록 10리마다 눈금을 표시하였다. 대동여지도는 목판으로 대량 인쇄되어 보급되었다.

2) 금석학, 지도와 지리서, 음운 연구

- 지리 연구
  - 지리서 : 동국지리지(한백겸), 아방강역고(정약용), **택리지(이중환)**
  - 지도 : **동국지도(정상기)**, **대동여지도**(1861, 김정호)
- 언어 연구 : **훈민정음운해**(신경준), 언문지(유희), 고금석림(이의봉) 방언과 해외 언어 정리
- 금석학 : **금석과안록**(김정희) 북한산비 판독
- 백과사전류
  - 효시 : 지봉유설(이수광)
  - 성호사설(이익), **청장관전서**(이덕무), 임원경제지(서유구) 농촌생활 종합 기술
  - 오주연문장전산고(이규경), 동국문헌비고(한국학백과사전)
   이덕무 손자

동국지도 (세조, 양성지)
동국지도 (영조, 정상기)
백리척(축척)

■ 그 밖의 지도 지리서
강계고(신경준, 역사지리서),
동국여지도(영조, 신경준)

09 과학 기술의 발달
V. 근세 후기

1) 서양 문물의 수용
- 서양문물의 소개
  - 선조 때 이광정이 '곤여만국전도' 소개
  - 인조 때 정두원이 화포, 천리경, 자명종 등 도입
- 서양인의 표류
  - 벨테브레이(박연) : 훈련도감에서 대포 제조와 조작법 가르침
  - 하멜 : 효종 때 제주도에 표착, "하멜표류기"

2) 천문학과 역법
- 천문학 지전설(김석문, 홍대용), 무한우주론(홍대용) → 근대적 우주관에 접근
- 역법   시헌력 도입(김육의 노력)
- 수학   주해수용(홍대용)

역학도해(김석문, 지전설)
지구전요(최한기, 코페르니쿠스 소개)

3) 의학과 과학기술
- 의학
  - 17세기 : 동의보감(허준), 침구경험방(허임)
  - 18세기 : 마과회통(정약용), 종두법 연구(정약용, 박제가)
  - 19세기 : 동의수세보원(이제마, 사상 의학 확립)
- 정약용   "기예론"(과학 기술의 중요성 강조), 과학기구(거중기, 녹로) 제작
- 해양 생물 자산어보(정약전)

● 동의보감
광해군 때 허준이 지은 의서로, 전통 한의학을 체계적으로 정리했다. 2009년 유네스코 세계기록유산으로 등재되었다.

■ **정약용의 과학 기술 사상**

하늘이 날짐승과 길짐승에게 발톱을 주고, 뿔을 주고 단단한 발굽과 예리한 이빨을 주고, 여러 가지 독도 주어서 각각 저 하고 싶은 것을 얻게 하고, 사람으로 인해 염려되는 것을 막을 수도 있게 하였다. 사람에게는 벌거숭이로 유약하게 제 생명도 구하지 못할 듯이 하였다. 어찌하여 하늘은 천한 금수한테는 후하게 하고, 귀하게 해야 할 인간에게는 야박하게 하였는가. 그것은 인간에게는 지혜로운 생각과 교묘한 궁리가 있으므로 기예를 익혀서 제 힘으로 살아가도록 한 것이다.
— "기예론" —

기계제작(거중기, 녹로, 유형거), 한강주교(배다리) 설계
공사기간 단축, 비용절감   정조의 화성능행

분석
정약용은 인간이 다른 동물보다 뛰어난 것은 기술 때문이라고 보았다. 또한, 기술은 인간의 노력에 의해 발달되고, 기술의 발달이 인간 생활을 풍요롭게 한다고 확신하였다.

■ **홍대용의 지전설**

천체가 운행하는 것이나 지구가 자전하는 것은 그 세가 동일하니, 분리해서 설명할 필요가 없다. 다만, 9만 리의 둘레를 한 바퀴 도는 데 이처럼 빠르며, 저 별들과 지구와의 거리는 겨우 반경(半徑)밖에 되지 않는데도 몇천만억의 별들이 있는지 알 수 없다. 하물며 천체들이 서로 의존하고 상호 작용하면서 이루고 있는 우주 공간의 세계 밖에도 또 다른 별들이 있다. — "담헌집" —

분석
홍대용은 지구가 하루에 한 번씩 자전하여 낮과 밤이 생긴다는 지전설을 주장하고, 무한한 우주 속에는 지구와 같은 천체들이 더 있을 수 있다고 하였다. 이런 주장은 중국과 조선 또는 서양까지 상대화하여 중국 중심의 화이론(華夷論)을 부정하였다.

10. 문화의 새 경향

V. 근세 후기

CheckPoint

◉ 시사(時社) — 중인층 주도
중인층 시인들이 서울 주변 지역에서 시사를 조직하여 문학 활동을 전개함으로서 자신들의 사회적 지위를 높였고, 역대 시인의 시를 모아 시집을 간행하기도 하였다.

◉ 어우야담
조선 후기에는 야담, 잡기류 서적의 편찬이 성행하였는데, 그 효시는 유몽인의 "어우야담"이다.

1) 서민 문화의 발달
(양반사대부가 아닌 계층(중인, 상공인, 부농))

- 배경 : 서민의 경제력 상승, 서당교육의 보급
- 주도 : 중인층(역관, 서리), 상공인 계층, 부농층, 상민이나 광대 등
- 성격 : 양반들의 위선적인 모습 비판, 사회의 부정과 비리 풍자
- 주요 장르 : 한글소설, 사설시조, 판소리와 탈춤, 민화 등

2) 판소리와 탈놀이

- 판소리 : 신재효의 정리(여섯 마당)
- 가면극 : 탈춤과 산대놀이(봉산탈춤, 하회탈춤, 별산대놀이, 북청 사자춤 등)

3) 문학의 새경향

- 한글소설 : 홍길동전(허균) 등 많은 작품이 서민들의 인기를 얻음
- 사설시조 : 형식에 구애받지 않고 서민들의 감정을 솔직하게 표현
- 한문학의 변화 : 박지원의 한문소설(양반전, 허생전 등), 정약용의 한시(애절양) — 패관소품제(문체혁신)
- 중인 문학
  - 중인들의 시사 결성, 시집 발간
  - 중인 관련 저서 : 규사(서얼 역사 정리), 연조귀감(향리 역사)

4) 그림과 글씨, 공예, 음악

- 그림
  - 진경산수화 : 정선(인왕제색도, 금강전도)
  - 풍속화 : 김홍도, 신윤복, 김득신 등
  - 민화 : 민중의 미적 감각과 소박한 정서 표현
  - 기타 : 강세황(서양화 기법), 김정희(복고적 화풍), 장승업 등
- 서예 : 이광사(동국진체), 김정희(추사체)
- 공예 : 다양한 백자(청화·철화·진사)
- 음악 : 민요(서민), 산조와 잡가(광대나 기생)

◉ 인왕제색도

◉ 까치와 호랑이

5) 건축의 변화

- 17세기 — 금산사 미륵전, 화엄사 각황전, 법주사 팔상전 (다층 구조의 불교 건축물)
  → 불교의 사회적 지위 향상과 양반 지주층의 경제적 성장 반영
- 18세기 — 사원 : 논산 쌍계사, 부안 개암사, 안성 석남사 → 부농과 상인의 지원
  — 수원 화성 : 방어와 공격을 겸한 성곽시설, 종합적인 도시계획 아래 건설
- 19세기 — 경복궁의 근정전과 경회루

○ 법주사의 팔상전 5층 목조탑
(내부가 하나로 통하는 구조)

○ 수원 화성 (세계 문화 유산)

| 기출 지문

07. 진경산수화는 종래의 실경 산수화 전통에 중국의 남종과 북종 화법을 고루 수용하여 우리 산천의 형상에 어울리는 필법으로 소화한 것이다.

08. 김홍도는 기록화와 신선도에 뛰어난 작품을 남겼으며, 서민들의 생활 정경과 일상적인 모습을 소탈하고 익살스러운 필치로 묘사하여 풍속화의 새 경지를 열었다.

주요 국왕 정리

■ 조선후기 편

시대		국왕	정치	사회·경제	문화
조선 후기	17세기	광해군 (1608~1623)	기유약조, 중립 외교	대동법 실시	동의보감, 5대 사고 정비
		인조(1623~1649)	이괄의 난, 호란(병자·정묘)	영정법 실시	벨테브레이 표류
		효종(1649~1659)	북벌 운동, 나선 정벌	대동법 확대(전라), 설점수세제	농가집성 편찬, 시헌력 도입, 하멜의 표류
		현종(1659~1674)	예송 논쟁		
		숙종(1674~1720)	환국(경신, 기사, 갑술), 금위영 설치, 안용복의 활동, 백두산 정계비	대동법 전국 실시, 상평통보 보급	만동묘와 대보단 설치
	18세기	영조(1724~1776)	이인좌의 난, 탕평책(완론탕평), 사법 제도 개혁, 이조 전랑의 권한 축소, 서원 철폐	균역법 실시, 신문고 부활, 노비종모법	동국문헌비고, 속대전 편찬, 동국지도(정상기), 택리지(이중환)
		정조(1776~1800)	탕평책(준론탕평), 문신초계제, 규장각·장용영 설치, 화성 건설	신해통공, 신해박해(윤지충)	대전통편, 무예도보통지, 일성록, 고금도서집성 수입
	19세기	순조(1800~1834)	안동 김씨 세도 정치, 홍경래의 난(1811)	신유박해, 공노비 해방(1801)	
		헌종(1834~1849)	풍양 조씨 세도 정치	기해박해, 병오박해(김대건 순교)	
		철종(1849~1863)	안동 김씨 세도 정치, 임술 농민 봉기(삼정이정청 설치)	동학 창시, 중인의 소청 운동	대동여지도(김정호)

■ 유네스코 등재 문화유산 (2025년 7월 현재)

문화유산	석굴암과 불국사	종묘	창덕궁
	수원 화성	경주 역사 유적 지구	고창·화순·강화 고인돌 유적
	조선 왕릉	해인사 장경판전	하회마을, 양동마을
	남한산성	백제 역사 유적 지구	한국의 산사(2018)
	한국의 서원(2019)	가야고분군(2023)	
기록유산	훈민정음	조선왕조실록	직지심체요절
	승정원일기	조선왕실의궤	해인사 대장경판 및 제경판
	난중일기	동의보감	일성록
	5·18 민주화 운동 기록물	새마을운동 기록물	한국의 유교책판(2015)
	KBS 특별생방송 '이산가족을 찾습니다' 기록물(2015)		
	국채보상운동 기록물(2017)	조선통신사에 관한 기록(2017)	
	조선왕실 어보와 어책(2017)	4·19혁명 기록물(2023)	
	동학농민혁명 기록물(2023) 제주4·3기록물(2025) 산림녹화 기록물(2025)		

■ 백제 역사 유적 지구
① 공주 : 공산성, 송산리 고분군
② 부여 : 관북리 유적, 부소산성, 능산리 고분군, 정림사지, 나성
③ 익산 : 왕궁리 유적, 미륵사지

■ 한국의 산사
① 양산 통도사   ② 영주 부석사
③ 안동 봉정사   ④ 보은 법주사
⑤ 공주 마곡사   ⑥ 순천 선암사
⑦ 해남 대흥사

■ 한국의 서원
① 돈암서원(논산)   ② 소수서원(영주)
③ 도산서원(안동)   ④ 병산서원(안동)
⑤ 옥산서원(경주)   ⑥ 도동서원(달성)
⑦ 남계서원(함양)   ⑧ 필암서원(장성)
⑨ 무성서원(정읍)

■ 경주 역사 유적 지구
① 남산 지구 : 용장사곡 석불좌상, 칠불암 마애석불, 불곡 석불좌상, 탑곡 마애조상군, 용장사곡 삼층 석탑, 천룡사지 삼층 석탑, 남산리 삼층 석탑 등 37개
② 월성 지구 : 계림, 경주 월성, 임해전지, 첨성대, 내물왕릉 등
③ 대릉원 지구 : 미추왕릉, 황남리 고분군, 노동리 고분군, 노서리 고분군, 오릉, 동부사적지대, 재매정 등
④ 황룡사 지구 : 황룡사지, 분황사 석탑
⑤ 산성 지구 : 명활산성

■ 가야 고분군
① 김해 대성동 고분군   ② 함안 말이산 고분군
③ 합천 옥전 고분군   ④ 고령 지산동 고분군
⑤ 고성 송학동 고분군   ⑥ 창녕 교동과 송현동 고분군
⑦ 남원 유곡리와 두락리 고분군

한국 근현대사 주요 사건(근대)

시기		정치	경제·사회	문화
1870년대	1873년	대원군 하야(고종 친정 선포)		
	1875년	운요호 사건		
	1876년	**강화도 조약**	부산 개항	
1880년대	1880년	2차 수신사(김홍집) 파견, 〈조선책략〉 도입 통리기무아문 설치	원산 개항	
	1881년	군제개혁(무위영과 장어영, 별기군 설치) 신사유람단 파견, 영선사 파견 영남만인소(이만손)		
	1882년	**조·미 수호통상조약** **임오군란**, 제물포 조약	조·일 수호조규 속약 조·청 상민수륙무역장정	
	1883년	보빙사 파견	인천 개항, 조일통상장정(개정) 대동상회 설립	박문국 설치(한성순보 발간) 기기창 설치, **원산학사** 설립 전환국 설치(당오전 주조)
	1884년	조·러 수호통상조약 **갑신정변**		
	1885년	한성조약, 톈진조약 **거문도 사건**		광혜원(제중원) 설립
	1886년	조·불 수호통상조약	노비세습제 폐지	한성주보 발간 **육영공원** 설립
	1889년		함경도 방곡령 선포	
	1892년	교조신원운동(삼례집회, 복합상소)		
	1893년	보은집회		
	1894년	**동학농민운동** 경복궁 점령 사건, **갑오개혁**	은본위제 실시, 조세금납제 실시 노비제 폐지, 과거제 폐지	
	1895년	을미사변, **을미개혁** 친위대·진위대 창설	단발령	〈서유견문〉 간행 **교육입국조서**, 소학교령 반포
	1896년	을미의병(유인석, 이소응) 아관파천, **독립협회 창립**		〈독립신문〉창간
	1897년	경운궁 환궁, **대한제국** 성립		
	1898년	만민공동회 개최, **관민공동회**(헌의 6조 채택) 독립협회 해산	양전지계사업 황국중앙총상회 조직	명동성당 준공
	1899년	대한제국 국제 반포	한·청 통상조약 체결	서대문~청량리 전차 개통 경인선 철도 개통
1900년대	1902년	1차 영·일동맹		
	1903년	용암포사건	간도관리사(이범윤) 파견	
	1904년	**러일전쟁**(1904. 2-1905. 9) 한일의정서, 1차 한일협약	보안회 조직, 농광회사 설립	대한매일신보 창간
	1905년	가쓰라-태프트 밀약, 2차 영일동맹, 포츠머스 강화조약 **을사조약**	**화폐 정리 사업**, 경부선 철도 개통	시일야방성대곡 발표, 천도교 창시(손병희)
	1906년	을사의병(최익현, 신돌석)	대한자강회 조직, 경의선 철도 개통	만세보 창간, 서전서숙 설립
	1907년	헤이그 밀사 사건, 고종 퇴위, 군대 해산 **한일신협약**, 정미의병(13도 창의군)	**국채보상운동** **신민회** 조직	신문지법·보안법 제정 국문연구소 설립
	1908년	서울진공작전(허위)	동양척식주식회사 설립	독사신론 연재 사립학교령, 원각사 개관
	1909년	남한대토벌, **안중근 의거** 한일합방청원(일진회), 기유각서	간도협약	**대종교** 창시(나철)

한국 근현대사 주요 사건(일제)

시기		정치	경제·사회	문화
1910년대	1910년	한일합병조약 삼원보(경학사, 신흥강습소)	회사령 공포	조선광문회 조직
	1911년	안악사건 · 105인 사건	어업령, 삼림령 공포	1차 조선교육령 공포
	1912년	독립의군부 조직, 동제사(상해)		
	1914년	조선국민군단 조직, 대한광복군 정부 수립	호남선 · 경원선 완공	
	1915년	**대한광복회** 조직	광업령 공포	〈**한국통사**〉 간행
	1916년			원불교 창시
	1918년	한인사회당 조직, **신한청년당** 조직	임야조사령	서당규칙 제정
	1919년	2·8독립선언, 3·1독립운동, 대한민국 임시정부 수립 의열단 조직		
1920년대	1920년	봉오동전투 · **청산리 전투** 간도참변	회사령 폐지 조선물산장려회(평양) 창립 산미증식계획 시작	조선 · 동아일보 창간
	1921년	자유시 참변		조선어연구회 창립
	1922년		어린이날 제정	2차 조선교육령
	1923년	국민대표회의 개최 김상옥 의거(종로경찰서 투탄)	형평사 창립, **암태도 소작쟁의** 관동대지진	토월회 조직
	1924년		민족적 경륜(이광수) 발표	경성제국대학 개교
	1925년	이승만 탄핵, 임시정부 2차 개헌(국무령 체제) **치안유지법** 공포, 조선공산당 창립		
	1926년	6·10만세운동 조선민흥회 창립, **정우회 선언** 나석주 의거(동척 투탄)		〈아리랑〉개봉
	1927년	**신간회** · 근우회 창립	조선농민총동맹, 조선노동총동맹 조직	
	1928년	혁신의회 조직		가갸날(한글날) 제정
	1929년	국민부 결성 **광주학생항일운동**	**원산노동자 총파업**	문자보급운동
1930년대	1931년	신간회 해체 **만주사변** 발발, 한중연합군 편성 한인애국단 조직	만보산 사건	**조선어학회** 창립 **브나로드 운동**
	1932년	**이봉창 · 윤봉길 의거** 영릉가 전투, 쌍성보 전투	농촌진흥운동 시작	
	1933년	흥경성 전투, 대전자령 전투		한글맞춤법통일안 제정
	1934년		남면북양 정책 발표	진단학회 창립
	1935년	민족혁명당 조직		
	1936년		일장기 말소사건	
	1937년	**중일전쟁** 발발, 황국신민서사 제정 보천보 전투	중앙아시아 강제 이주(까레이스키)	
	1938년	**국가총동원법** 시행 **조선의용대** 창설		3차 조선교육령 〈조선사〉간행(조선사 편수회)
	1939년		국민징용령 실시	

시기		정치		
1940년대	1940년	한국광복군 창설		조선·동아일보 폐간
	1941년	태평양전쟁 발발 충칭 임시정부(건국강령 발표, 대일선전포고)		국민학교 명칭
	1942년	조선의용대의 한국광복군 합류 조선독립동맹 조직		**조선어학회 사건**
	1943년	카이로 회담	학병제 실시	
	1944년	조선건국동맹 조직(여운형)	징병제 시행	
	1945년	얄타회담(1945. 2), 포츠담회담(1945. 7)		

한국 근현대사 주요 사건(현대)

시기		정치	경제·사회	문화
1945-1949	1945년	조선건국준비위원회 조직 **모스크바 3상회의**		
	1946년	제1차 미소공동위원회 개최 **좌우합작위원회** 조직	신한공사 설치, 토지개혁(북한)	
	1947년	여운형 암살, 유엔총회(남북 자유총선거) 결의		
	1948년	**남북협상**, 4·3사건, 5·10 **총선거**, 대한민국 수립 반민족행위처벌법 공포 여수순천 10·19 사건	미군정의 귀속농지 불하 국가보안법 공포	
	1949년	김구 암살 반민특위 습격사건, 국회프락치 사건	**농지개혁** 공포 귀속재산처리법 제정	
1950년대	1950년	애치슨 선언 **6·25 전쟁** 발발		
	1951년		국민방위군 사건	
	1952년	1차 개헌(발췌개헌)		
	1953년	반공포로 석방, 휴전협정 체결 **한·미 상호방위조약**		
	1954년	2차 개헌(사사오입개헌)		
	1958년	**진보당 사건**(조봉암 사형), 보안법 파동		
	1959년	경향신문 폐간		
	1960년	3·15부정선거, **4·19혁명**, 장면정부 출범		
1960년대	1961년	**5·16군사쿠데타**		
	1962년	5차 개헌(대통령 중심제, 단원제)	제1차 경제개발 5개년계획(1962-66)	
	1963년	박정희 5대 대통령 취임		
	1964년	6·3항쟁(한일회담 반대시위) 베트남파병(1964~73)		
	1965년	**한일기본조약** 체결		
	1968년	1·21사태(청와대 습격사건)		국민교육헌장 공포
	1969년	6차 개헌(**3선 개헌**)		

1970년대	1970년		전태일 분신 경부고속도로 개통	새마을운동 시작
	1972년	7·4남북공동성명 10월 유신, 7차 개헌(유신헌법)		
	1973년	김대중 납치사건, 6·23선언	1차 석유파동	
	1974년	긴급조치 1호 선포 민청학련 사건, 인혁당재건위 사건		언론자유수호운동(동아사태)
	1976년	3·1민주구국선언		
	1979년	부마항쟁, 박정희 피살 12·12 사태	YH 무역 사건 2차 석유파동	
1980년대	1980년	서울의 봄, 5·18 광주 민주화운동 국보위 설치, 8차 개헌(7년 단임제, 간선제)		언론기본법 제정
	1985년		남북 이산가족 고향방문단 교류	
	1987년	박종철 고문치사 사건, 6월 민주항쟁 9차 개헌(5년 단임제, 직선제)		
	1989년	북방외교(헝가리·폴란드 등과 수교), 한민족공동체 통일방안 발표		
1990년대	1991년	남북한 유엔 동시 가입, 남북기본합의서 채택	ILO(국제노동기구)가입	
	1993년		금융실명제 실시	
	1994년	북미 제네바 합의		
	1995년	지방자치 단체장 선거 부활	세계무역기구(WTO) 설립 민주노총 설립	
	1997년	김대중 당선(최초의 여야 정권교체)	외환위기(IMF에 긴급구제금융 요청)	
	1998년		노사정위원회 설립	
	2000년	남북정상회담 개최, 6·15 공동선언		

분량은 콤팩트,
내용은 임팩트!

C o m p a c t   H i s t o r y

VI

한국 근대사

01. 흥선 대원군의 개혁
02. 개항과 불평등 조약 체제
03. 개화정책의 추진과 반발
04. 개화당의 근대화 운동
05. 동학농민운동
06. 갑오·을미 개혁
07. 독립협회와 대한제국
08. 국권의 피탈
09. 항일 의병 운동
10. 애국 계몽 운동
11. 경제적 구국 운동
12. 사회구조와 의식의 변화
13. 근대 문화의 수용

01. 흥선 대원군의 개혁

VI. 한국 근대사

1) 대원군의 개혁 정치(1863~1873) <근대의 여명>

구분	내용	결과
정치개혁 [왕권강화]	• 세도정치 폐단 제거 • 비변사 폐지(의정부, 삼군부 부활) • 법전 정비 : [대전회통], [육전조례] • 경복궁 중건(원납전, 당백전 발행)	전통적 통치 체제의 확립, 경복궁 중건으로 백성의 고통 가중
민생안정 [시정 삼정의 문란]	• 전정 : 은결색출 • 군정 : 호포법(양반에게도 군포징수) • 환곡 : 사창제 실시 • 서원철폐	삼정의 문란 시정, 양반들의 반발(호포제, 서원철폐)

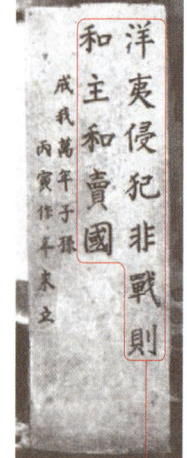

○ 척화비
'서양 오랑캐가 쳐들어 왔는데 싸우지 않는 것은 화친하는 것이나 다름없고, 화친을 주장하는 것은 나라를 파는 것이다.'

2) 병인양요(1866)

- 배경: 조선 정부의 통상 수교 거부 정책, 천주교 탄압(병인박해)
- 전개: 프랑스 함대의 강화도 침공(강화읍성 점령)
  - 문수산성(한성근), 정족산성(양헌수)에서 조선군의 저항
- 결과: 행궁 소실, 외규장각 도서 약탈 [의궤] → 영구임대 형식으로 반환(146년만에)

3) 신미양요(1871)

- 배경: 제너럴 셔먼호 사건(1866), 오페르트 도굴 사건(1868)
- 전개: 미국 함대의 강화도 침공(초지진, 덕진진 함락)
  - 광성보 전투에서 조선군(어재연)의 저항 후 미군 철수
- 결과: 척화비 건립

○ 프랑스와 미국의 침공로

1866. 5	병인박해
1866. 7	제너럴셔먼호 사건
1866. 10	병인양요
1868. 5	오페르트 도굴 사건
1871. 6	신미양요

○ 서양세력과의 전투(사건 연표)
[순서, 전개과정 파악!]

02 개항과 불평등 조약 체제

1) 통상개화론의 대두

- 국내 ─ 대원군의 실각, 민씨 척족 정권의 등장
  └ 초기 개화파의 등장(박규수, 오경석, 유홍기)
- 일본 ─ 메이지 유신(1868)
  └ 서계사건 → 정한론 대두

CheckPoint
계유상소(최익현)
→ 대원군 실각

운요호 사건(1875)
조선측의 경고사격 → 운요호의 영종진 공격

2) 일본과의 조약 체결

조약명	내용	결과 및 의의
강화도 조약 (1876. 2)	• 조선을 자주국으로 규정 → 청의 종주권 배제 • 부산외에 2개 항구 개항(원산, 인천) • 연해 자유 측량권, 치외법권 허용	최초의 근대적 조약, 불평등 조약
조·일 무역 규칙 (1876. 7)	• 양곡의 무제한 유출 허용 • 일본 수출입 상품에 대한 무관세	일본의 경제적 침략 발판 구축
조·일 수호 조규 부록(1876. 7)	• 개항장에서의 일본인 거주지(조계) 설정 • 개항장에서의 일본 화폐의 유통 허용	

◉ **조일통상장정**
강화도 조약 직후 조일 무역 규칙이 체결되었으나 1883년에 개정되었다. 개정된 조일통상장정은 관세 자주권을 일부 회복하였으나, 일본에게 최혜국 대우를 인정하였다. 한편, 개정된 조일통상장정의 37조에는 방곡령 선포 시 상대국에 1개월 전에 서면 통고해야 한다는 규정이 추가되었다.

3) 서구 열강과의 조약 체결

- 조·미 수호 통상 조약 (1882)
  ├ 배경 : 황쭌셴의 조선책략(친중, 결일, 연미 ↔ 방러)
  ├ 청의 알선(러·일 견제, 조선에 대한 청의 종주권 확인)
  └ 주요 내용 : 치외법권, 최혜국 대우, 협정 관세, 거중 조정
- 기타 열강과의 조약 체결
  ├ 청의 알선으로 영국(1883), 독일(1883) 등과 수교
  ├ 러시아와는 단독 수교(1884)
  └ 프랑스와의 수교로 천주교 선교의 자유 인정(1886)

영향 : ① 미국과 수교, ② 영남만인소

◉ **조계(거류지)**
개항장에서 외국인의 거주와 무역권을 인정한 지역이다. 이곳은 치외법권 지역으로 열강의 경제적·정치적·문화적 침략의 거점이 되었다.

◉ **최혜국 대우**
조선이 다른 나라에 유리한 조치를 취할 경우 미국에게도 자동으로 그 권리를 부여하는 것이다.

■ 황쭌셴의 "조선책략"(1880)
따라서 러시아가 강토를 공략하려 한다면 반드시 조선이 첫 번째 대상이 될 것이다. …… 러시아를 막을 수 있는 조선의 책략은 무엇인가? 오직 중국과 친하고[親中] 일본과 맺고[結日] 미국과 연합[聯美]함으로써 자강을 도모하는 길 뿐이다.

분 석
2차 수신사 김홍집이 들여온 『조선책략』에는 러시아의 남하를 경계하기 위해 연미국·결일본·친중국의 태도를 취해야 한다는 주장이 담겨 있다.

03. 개화정책의 추진과 반발

VI. 한국 근대사

CheckPoint

해국도지, 영환지략
→ 개화사상 형성에 기여

1) 개화사상의 형성과 분화

- 형성 ┬ 북학파 실학 사상의 영향, 메이지 유신(일본), 양무 운동(청)의 영향
       └ 초기 개화 사상가 : 박규수, 오경석, 유홍기
- 분화 ┬ 온건 개화파(동도서기론) : 김홍집, 김윤식, 어윤중 등
       └ 급진 개화파 : 김옥균, 박영효, 서광범 등

■ **동도서기론**

군신, 부자, 부부, 붕우, 장유의 윤리는 인간의 본성에 부여된 것으로서 천지를 통하는 만고 불변의 이치이고, 위에 존재하는 것으로서 도(道)가 됩니다. 이에 대해 배, 수레, 군사·농사·기계의 편민이국(便民利國)하는 것은 외형적인 것으로서, 기(器)가 됩니다. 신이 변혁을 꾀하고자 하는 것은 **기(器)이지 도(道)가 아닙니다**.
― 윤선학의 상소 ―

2) 초기 개화정책 — 동도서기론

- 사절단 파견 ┬ 일본 : 수신사(1876, 1880), 신사유람단(1881) — *4개월 동안 일본 곳곳을 견학, 개화정책에 큰 영향*
              ├ 청 : 영선사(1881, 김윤식) *학생과 기술자 톈진 기기국에 파견*
              └ 미국 : **보빙사**(1883, 민영익)
- 기구 설치 ┬ **통리기무아문** 설치(1880), 12사를 두어 근대적 개혁과 외교 담당
            └ 5군영을 2영으로 통합(무위영, 장어영), **별기군** 설치(1881)
- 근대 시설 설치 ┬ 기기창(1883) : 근대적 무기 제조
                └ 박문국(1883) : 한성순보 발간

● 별기군
통리기무아문의 군무사 아래에 교련별대라는 신식 군대를 조직하였다. 양반 자제 중에 선발된 별기군은 신식 무기로 무장하고 일본인 교관에게 근대식 군사 훈련을 받았다.

3) 위정척사운동 (성리학 ↔ 천주교)

내수외양(안으로 나라를 굳건히 하고, 밖으로 외적을 물리친다)

① 성격 : 보수적인 유생 주도의 **반외세, 반침략 민족운동**
② 전개

	시기	중심 인물	배경	내용
1	1866	이항로	병인양요	**척화 주전론**(통상 반대 운동)
2	1876	최익현	강화도 조약	**왜양 일체론**(개항 불가론)
3	1881	이만손	「조선책략」의 유포	**영남 만인소**(개화 반대론)
4	1895	유인석	을미사변, 단발령	**을미의병**

분석
❶ 1860년대 이항로, 기정진 등은 '척화주전론'을 주장하며 대원군의 통상수교 거부 정책을 지지하였다.

■ **척화주전론**

"양이의 화가 금일에 이르러 홍수나 맹수의 해로움보다도 더 심합니다. 전하께서는 부지런히 힘쓰시고 외물(外物)에 견제당하거나 흔들림을 경계하시어 ❶ 안으로 관리들로 하여금 사학의 무리를 잡아 베게 하시고 밖으로 장병들로 하여금 바다를 건너오는 적을 정벌하게 하소서."
― 이항로 ―

■ **왜양일체론** [최익현의 5불가소 ; 지부복궐척화의소]
"일단 강화를 맺고 나면 저들은 물화를 교역하는 데 욕심을 낼 것입니다. 저들의 물화는 모두 지나치게 사치스럽고 기이한 노리개로, 손으로 만든 것이어서 그 양이 무궁합니다. 우리의 물화는 모두가 백성들의 생명이 달린 것이고 땅에서 나는 것이므로 한정이 있습니다. …… ❶ <u>저들이 비록 왜인이라고 하나 실은 양적입니다.</u>"
– 최익현 –

분 석
❶ 강화도 조약 체결에 즈음하여 최익현은 일본이 서양 오랑캐와 같다는 '왜양일체론'을 내세워 개항에 반대하였다.

■ **영남만인소**
↙ 조선책략의 논리를 비판하고 있다!
"❶ <u>러시아·미국·일본은 같은 오랑캐입니다.</u> 그들 사이에 누구는 후하게 대하고 누구는 박하게 대하기 어려운 일입니다. …… 더욱이 세계에는 미국·일본 같은 나라가 헤아릴 수 없이 많습니다. 만일 저마다 불쾌해 하며, 이익을 추구하여 땅이나 물품으로 요구하기를 마치 일본과 같이 한다면, 전하께서는 어떻게 이를 막아내시겠습니까?"
– 이만손 –

분 석
❶ 1881년 이만손 등 영남 지방의 유생들은 서양 열강과의 수교에 반대하고 "조선책략"을 도입한 김홍집의 처벌을 요구하였다.

4) 임오군란(1882)

- 성격: 정부의 개화 정책과 외세 침략에 대한 구식 군인과 보수파(대원군)의 반발
- 전개: 군인 폭동 → 민씨 고관 살해, 일본 공사관 습격 → 대원군 재집권(개화 정책 중단)
  - 민겸호 일본인 교관(호리모토) 피살 충주로 피신한 왕비는 청에 개입 요청
- 결과:
  - 청군이 출병하여 군란 진압, 민씨 정권의 재집권
  - 청의 내정 간섭 본격화(마젠창, 묄렌도르프, 위안 스카이)
  - <u>조·청 상민 수륙 무역 장정</u> 체결(청의 종주권·통상 특권 인정)
  - <u>제물포 조약</u>(일본 공사관 경비 병력 주둔 인정)

○ **제물포 조약**
군란의 주모자 처벌, 조선 정부의 사과와 배상금 50만원 지급, 일본 공사관 경비 병력의 주둔을 규정하였다.
↘ 부가협정으로 '조일수호조규속약' 체결

■ **조·청 상민수륙무역장정(1882)**
제1조 청의 상무 위원을 서울에 파견하고 조선 대관을 톈진에 파견한다. 청의 북양대신(이홍장)과 조선 국왕은 대등한 지위를 가진다.
제4조 북경과 한성의 양화진에서의 객잔(외래 상인이 상품을 보관, 유숙하는 곳) 무역을 허락하되 양국 상민의 내지 판매를 금하고, 다만 필요한 경우 지방관의 허가서를 받아야 한다. <u>청상인의 내지통상권 사실상 허용</u>

분 석
조·청 상민수륙무역장정은 영사재판권(치외법권)은 물론 **청나라 상인의 내지 통상권과 연안 어업권 등의 특권을 보장**하여 조선의 자주권이 크게 침해되었다.

│ 기출 지문

01. 민영익을 단장으로 하고 홍영식, 유길준, 서광범 등이 수행한 보빙사 일행은 미국의 여러 도시를 견학하였다. 유길준은 미국에 남아서 유학하였는데, 이때의 경험을 쓴 책이 "서유견문"이다.

Ⅵ. 한국 근대사
04 개화당의 근대화 운동

CheckPoint

김옥균의 꿈 : 입헌정치도입, 근대적 자주독립국가, 청으로부터의 독립

1) 개화파의 두 흐름

— 민씨 세력과 협조
— 임오군란 이후 수구세력으로 변질
  민씨 정권 타도, 개화당 신정부 수립

구분		온건 개화파(사대당)	급진 개화파(개화당)
1	인물	김홍집, 어윤중, 김윤식	김옥균, 박영효, 홍영식
2	성향	친청	반청 친일
3	개혁 방법	청의 양무 운동 모방 → 동도 서기론, 단계적, 점진적 개혁	일본의 메이지 유신이 모델 → 입헌 군주제 지향
4	영향	갑오개혁	갑신정변

군주권 제한, 내각의 권한 강화
입헌정치제도의 도입

◎ 개혁추진에 필요한 자금 확보 문제

묄렌도르프   vs   김옥균
[당오전 주조]   [일본에서 차관 도입]
                                실패

2) 갑신정변(1884)

● 한성조약(조선·일본)
배상금 지불과 공사관 신축비용 부담

- 배경 — 청프전쟁으로 청군 일부 베트남 이동, 일본의 지원 약속
- 전개 — 우정국 개국 축하연에서 정변 단행 → 개화당 신정부 수립
- 결과 ┬ 청군의 개입으로 실패, 개화당은 일본으로 망명
        └ 청의 내정간섭 심화, 한성조약·텐진조약 체결
- 성격 ┬ 근대화 운동의 선구자(최초의 근대적 정치 개혁 시도)
        └ 청에 대한 사대 폐지, 문벌폐지·인민평등권, 지조법 개혁, 내각의 권한 강화 주장
- 한계 — 위로부터의 개혁, 외세 의존적(일본 세력을 끌어들임)

분석
❶ 개화당은 청에 대한 사대 관계 청산을 전면에 내세웠다.
❷ 양반 중심의 낡은 신분 질서를 혁파하고 평등한 사회를 추구하였다.
❸ 토지에 부과하는 세금을 생산량 기준이 아니라 토지 가격에 따라 부과하려 하였다.
❹ 보부상의 특권을 보호하던 혜상공국을 없애 자유로운 상업의 발전을 꾀하였다.
❺ 우리나라 최초로 입헌 군주제에 입각한 근대 국민 국가 건설을 시도하였다.

★ ■ 갑신정변 14개조 정강
1. 청에 잡혀간 흥선대원군을 곧 돌아오게 하며, 종래 ❶ 청에 대한 조공의 허례를 폐지한다.
2. ❷ 문벌을 폐지하고 인민 평등의 권리를 세워 능력에 따라 관리를 임명한다.
3. ❸ 지조법을 개혁하여 관리의 부정을 막고 백성을 보호하며 국가 재정을 넉넉히 한다.
9. ❹ 혜상공국을 혁파한다.   ※ 기타 : 내시부와 규장각 폐지,
12. 모든 재정은 호조에서 관할한다.   순사제도 도입, 환상(환곡) 폐지
13. ❺ 대신과 참찬은 의정부에 모여 정령을 논의·결정하고 반포한다.
14. 의정부와 6조 이외에 불필요한 관청을 폐지한다. 내각의 권한 강화, 왕권제한
                                                      — 김옥균, "갑신일록" —

분석
❶ 청과 일본은 조선에 주둔했던 군대를 철수시켰다.
❷ 일본은 청과 동등한 파병권을 가지게 되었다.

■ 텐진조약(1885. 3)
1. ❶ 청은 조선에 주둔시키고 있는 군대를 철수하고, 일본은 공사관 호위를 위해 조선에 주둔시킨 군대를 철수한다.
3. 장래 조선에 변란이나 중대한 사건이 있어 ❷ 청·일본의 두 나라 또는 한 나라가 파병하고자 할 때에는 사전에 상호 문서를 보내 알게 할 것이요, 그 사건이 진정되면 즉시 철병하여 다시 주둔하지 않는다.

→ 청일전쟁의 빌미 제공

3) 갑신정변 이후의 정세 (청의 내정간섭 심화 ; 고종의 외교 노력)
미국에 공사관 개설 시도

- 러시아와 비밀 교섭 시도 : 영흥만 조차, 군사 교관 파견 → 실패
- 거문도 사건(1885) : 러시아 남하를 저지하기 위해 영국이 거문도 점령
- 한반도 중립화론 대두 : 독일 부영사 부들러, 유길준

포트 해밀턴
(영국 동양 함대의 전진기지)

■ 유길준의 '중립화론'
우리나라가 아시아의 중립국이 된다면 러시아를 방어하는 큰 기틀이 될 것이고, 또한 아시아의 여러 대국들이 서로 보전하려는 정략도 될 것이다. 오직 중립만이 우리나라를 지키는 방책인데, 우리 스스로가 제창할 수도 없으니 중국에 청하여 처리해야 할 것이다.

분 석
유길준은 여러 강대국들이 인정하는 가운데 조선이 중립국이 된다면, 조선의 주권을 지킴과 동시에 아시아의 평화를 보장할 수 있다고 보았다.

4) 개화정책의 확산

- 교육 분야 ─ 원산학사(1883), 동문학(1883), 육영공원(1886)
  └ 기독교 계통의 사립학교 설립(배재학당, 이화학당)
- 언론 분야 ─ 한성주보(1886~1888)
- 기술 분야 ─ 광혜원(1885, 제중원), 전신 가설(1885년 인천 – 서울 – 의주)
  └ 전등 가설(1887, 경복궁 향원정)

○ **헐버트**
1886년 육영공원 교사로 초빙되어 외국어를 가르쳤고, "사민필지"라는 세계지리 교과서를 한글로 펴냈다. 1905년 고종의 친서를 갖고 미국 대통령과 면담을 시도했다. 그 후 "한국평론"을 발행하였으며, 헤이그 특사를 지원하는 활동을 벌였다. "한국사" 등의 저서를 남겼다.

| 기출 지문 |

02. 1887년 조선 정부는 박정양을 전권 공사로 삼아 주미 공사관 개설을 시도하였지만 청의 방해로 실패하였다.

05. 동학농민운동

VI. 한국 근대사

갑오개혁, 청일전쟁과 유기적으로 파악하라.
◎ 출제의 핵심은 전개과정이다.

CheckPoint

1) 배경

- 배경
  - 일본의 경제적 침투(미면 교환 무역)
    - ▶ 농촌수공업 붕괴
    - 개항 이후 일본상인은 영국산 면직물을 들여와 팔고, 조선에서 쌀을 대량으로 매입하였다.
  - 지배층의 수탈(탐관오리의 부정과 학정)
- 교조 신원 운동 삼례집회, 복합상소 → 보은 집회(정치 사회 운동으로 발전)

2) 전개과정

- 고부 민란   조병갑의 탐학(만석보)에 저항한 민란 박원명(군수)과 이용태(안핵사) 파견
- 제1차 농민봉기   고부 백산 봉기 → 황토현 전투, 황룡촌 전투 → 전주성 점령
- 전주화약   청일군의 개입 → 전주화약을 맺고 해산(집강소 설치, 폐정개혁안)
- 일본의 간섭   경복궁 점령 사건 후 청일 전쟁 발발, 일본의 내정 간섭
- 제2차 농민봉기   제2차 봉기(9월, 삼례) → 논산에서 남북접 합세 → 우금치 전투

3) 의의

- 성격   반봉건, 반외세 민중운동
- 영향   갑오개혁에 영향, 일부 농민군은 항일 의병에 가담

★ 농민 봉기 비교

	1차 봉기	2차 봉기
성격	반봉건	반일
교단	남접 주도	남북접 연합
전투	황토현 전투	우금치 전투

◎ 집강소

전주화약 이후 농민군이 내정을 개혁할 목적으로 전라도 53개 군에 설치한 민정기관이다. 집강소는 군량과 무기 관리는 물론 재판까지 맡아보는 실질적 자치 기구였다.

◎ 민보군

동학 농민 운동 당시 농민군을 진압하기 위해 보수적 유생들이 조직한 자위 조직이다.

◎ 동학농민운동과 청일전쟁

※ 청일전쟁 주요 전투[음력]

① 풍도 해전(1894. 6. 23)
② 성환 전투(1894. 6. 27)
③ 평양 전투(1894. 8)
④ 해양도 해전(1894. 8)

◎ 폐정 개혁안 12개조 [농민군의 국정 개혁 요구]

4. 불량한 유림과 양반을 징벌할 것.
5. 노비 문서는 소각한다.
6. 천인의 대우를 개선하고, 백정이 쓰는 평량갓을 없애라.
7. 청상 과부의 개가를 허용한다.
8. 무명 잡세는 일체 폐지한다.
9. 관리채용에는 지벌을 타파하고 인재를 등용할 것.
10. 왜적과 통하는 자는 엄징한다.
11. 공사채를 막론하고 기왕의 것을 모두 무효로 할 것.
12. 토지는 평균하여 분작한다.

■ 동학 농민 운동 전개 일지(음력)

고부민란(1894년 1월 18일) → 고부 백산 봉기(3월 23일) → 황토현 전투(4월 7일) → 황룡촌 전투(4월 23일) → 전주성 점령(4월 27일) → 청일군의 개입(5월 4일, 6일) → 전주화약(5월 7일) → 교정청 설치(6월 11일) → 경복궁 점령 사건(6월 21일) → 청일전쟁 발발(6월 23일) → 군국기무처 설치(6월 25일) → 제2차 봉기(9월 18일) → 우금치 전투(11월 8일)

■ 전봉준의 고부 백산봉기 격문 3월 봉기(제1차 농민 봉기)

우리가 의(義)를 들어 이에 이르렀음은 그 뜻이 결코 다른 데 있지 않다. 백성을 도탄에서 건지고 국가를 반석 위에 두고자 함이라. 안으로는 탐학한 관리의 머리를 베고 밖으로는 횡포한 강적의 무리를 구축하고자 함이라. 양반과 부호 앞에 고통을 받는 민중들과 수령과 방백 밑에 굴욕을 받는 아전들은 우리와 같이 원한이 깊은 자이라. 조금도 주저치 말고 이 시각으로 일어서라.

— 오지영, "동학사" —

분 석
농민군은 1894년 3월 고부 백산에서 보국안민, 제폭구민, 척왜양창의 등을 구호로 내세우고 제1차 농민 봉기를 일으켰다.

■ 농민군 4대 강령

1. 사람을 죽이지 말고 가축을 잡아먹지 말라.
2. 충효를 다하여 세상을 구하고 백성을 평안하게 하라.
3. 일본 오랑캐를 몰아내고 나라의 정치를 깨끗이 하라.
4. 군대를 몰고 서울로 들어가 권세가와 귀족을 모두 없애라.

— 정교, "대한계년사" —

분 석
전봉준은 보국안민, 척왜양창의, 계급타파 등의 내용을 담은 농민군 4대 강령을 내세워 동학 농민 운동을 이끌었다.

■ 전봉준 공초 (개국 504년 2월 초 9일)

문 : 작년 3월 고부 등지에서 민중을 크게 모았다고 하니 무슨 사연으로 그리하였는가?
공 : ❶ 고부 군수가 정액 외에 가렴이 수만 냥인 고로 민심이 억울하고 원통하여 이 의거가 있었다. …(중략)…
문 : 고부에서 기포할 때에 동학이 많았느냐, 원민이 많았느냐?
공 : 동학은 적고 원민이 많았다.
문 : 다시 난을 일으킨 것은 무슨 이유인가?
공 : 일본이 개화라 칭하고 처음부터 민간에게 일언반구의 말도 공포함이 없이 ❷ 군대를 거느리고 우리 서울에 들어와 밤중에 왕궁을 공격하여 임금을 놀라게 하였다 하기로, 초야의 사민(士民)들이 충군 애국의 마음으로 분개함을 이기지 못하여 의병을 규합하여 일본인과 접전하여 이 사실을 1차 묻고자 함이었다.

— '규장각 문서' —

9월 봉기(2차 봉기)는 경복궁 점령사건과 일본의 내정간섭 때문에 일어났다.

분 석
❶ 고부 민란과 제1차 농민 봉기의 직접적인 원인은 고부 군수 조병갑의 탐학이었다.
❷ 1894년 6월 일본군이 경복궁을 침입하고 곧이어 청일 전쟁을 일으키자, 농민군은 이를 응징하기 위해 1894년 9월 삼례에서 2차 봉기하였다.

06 갑오·을미 개혁

Ⅵ. 한국 근대사

CheckPoint

● **군국기무처** [김홍집(총재), 박정양(부총재)등 17인]
초정부적 심의 기구로, 이곳에서 심의·통과시킨 의안을 국왕이 재가하면 국법으로 시행되었다.

● 중앙 행정 조직표

● **삼국간섭**
한반도와 만주에 관심을 가지고 있던 러시아가 프랑스와 독일을 끌어들여 일본이 청·일 전쟁에서 승리하여 얻은 요동 반도를 포기하도록 만든 사건

1) 제1차 갑오개혁(1894년 7월)

교정청 → 경복궁 쿠데타 → 군국기무처

- 배경 — 경복궁 점령 사건 이후 제1차 김홍집 정권 수립
  └ 군국기무처 주도, 흥선대원군 섭정
- 정치 ┬ 왕실 사무(궁내부)와 정부 사무(의정부와 8아문) 분리
  └ 과거제 폐지, 개국기년 사용, 경무청 설치
- 경제 ┬ 재정일원화(탁지아문), 조세의 금납화
  └ 은 본위 제도(신식화폐발행장정)
- 사회 — 공사 노비제 폐지, 각종 봉건적 악습 폐지

2) 제2차 갑오개혁(1894년 12월)

- 배경 ┬ 제2차 김홍집 정권 수립(김홍집·박영효 연립 내각)
  └ 독립서고문, 홍범 14조 반포
- 정치 ┬ 정치 기구 개편(내각과 7부로 개편)
  └ 지방을 23부로 개편, 훈련대 설치
- 사회 ┬ 사법권과 행정권의 분리(근대적 재판소 설치)
  └ 교육입국조서 반포, 한성 사범학교 설립

3) 을미사변

- 삼국간섭 — 청일전쟁에서 일본 승리, 시모노세키 조약(랴오둥 반도, 타이완 할양)
  └→ 러시아 주도의 삼국간섭에 일본 굴복
- 을미사변 — 박영효 내란 음모 사건 이후 제3차 김홍집 정권 수립
  └→ 반일 정책 추진(훈련대 해산 시도) → 을미사변(왕비 살해)

4) 을미개혁(1895년 10월)

- 배경 — 을미사변 직후 제4차 김홍집 정권 수립(친일내각)
- 정치 — 건양 연호, 친위대-진위대 설치, 우체사 설치
- 사회 — 태양력 사용, 단발령, 종두법 실시
- 중단 — 아관파천으로 개혁 중단(친일관료 처단, 단발령 취소)

분석
1894년 12월(음) 고종은 주한일본공사 이노우에와 내부대신 박영효의 권고로 세자, 종친, 신료를 이끌고 종묘에 나가 독립서고문과 홍범14조를 선포하였다.

■ **독립서고문**
우리 황조가 우리 왕조를 세우고 우리 후손들에게 물려준 지도 503년이 되는데 짐의 대에 와서 시운이 크게 변하고 문화가 개화하였으며 우방이 진심으로 도와주고 조정의 의견이 일치되어 오직 자주독립을 해야 우리나라를 튼튼히 할 수 있는 것입니다. (중략) 짐은 이에 14개 조목의 큰 규범을 하늘에 있는 우리 조종의 신령 앞에 고하면서 조종이 남긴 업적을 우러러 능히 공적을 이룩하고 감히 어기지 않을 것이니 밝은 신령은 굽어 살피시기 바랍니다.

07. 독립협회와 대한제국

VI. 한국 근대사

■ 홍범 14조 (1894. 12)
1. 청에 의존하는 생각을 버리고 자주 독립의 기초를 세운다.
4. 왕실 사무와 국정 사무를 나누어 서로 혼동하지 않는다.
5. 의정부 및 각 아문의 직무와 권한을 명백히 한다.
6. 납세는 법으로 정하고 함부로 세금을 징수하지 않는다.
7. 조세의 징수와 경비 지출은 모두 탁지아문의 관할에 속한다.
12. 장교를 교육하고 징병을 실시하여 군제의 근본을 확립한다.
13. 민법, 형법을 제정하여 국민의 생명과 재산을 보전한다.
14. 문벌을 가리지 않고 인재 등용의 길을 넓힌다.

분석 | 홍범 14조는 제2차 갑오개혁의 방향을 제시한 문서로 청으로부터의 자주독립, 근대적인 정부 운영, 조세법정주의, 인재 등용 확대 등을 내용으로 하고 있다.

■ 시모노세키 조약 (1895. 4)
제1조 청은 조선이 완전무결한 독립 자주국임을 확인한다. 따라서 독립 자주성을 훼손하는, 청에 대한 조선의 공헌 전례(조공, 책봉) 등은 폐지한다.
제2조 청은 랴오둥 반도, 타이완, 펑후 제도를 일본에 할양한다.

분석 | 청·일 전쟁에서 승리한 일본은 시모노세키 조약을 통해 랴오둥(요동) 반도, 타이완, 펑후 제도의 할양을 약속받았다.

기출지문
03. 1895년 11월 이범진, 이완용 등 정동파 관료들은 고종의 거처를 궁 밖으로 옮기려고 하였으나 실패하였다(춘생문 사건).

---

07. 독립협회와 대한제국

1) 독립협회의 창립 (1896. 7)
- **배경**: 아관파천 이후 러시아의 내정간섭, 열강의 이권 침탈 심화
- **창립**: 서재필 귀국(중추원 고문 임명) → **독립신문** 발간 (1896.4)
  - 독립협회 창립 (진보적 지식인, 개혁파 관료)
- **활동**: 평양, 대구 등 지회 설립, 강연회와 토론회 개최

서재필이 미국에서 귀국하자 중추원고문에 임명, 4300원 하사
↓
독립신문 발간
↓
독립문 건립을 위한 모금 협회 발족 (1896년 7월)

2) 환궁과 대한제국의 수립
- **배경**: 러시아와 일본 사이의 세력 균형, 환궁 요구 여론
- **환궁**: 경운궁으로 환궁(1897.2) → **광무 연호**, 환구단에서 황제 즉위식 → 대한제국 선포

○ 베베르 · 고무라 각서
아관파천 직후인 1896년 5월 러·일은 조선에서 러시아의 영향력을 인정하고, 러·일군이 주둔할 수 있도록 하는 각서를 체결하였다.

○ 원구단과 황궁우
원구단(환구단)은 황제가 하늘에 제사를 지내는 시설이고, 황궁우는 천지신명과 태조의 위패를 모신 곳이다. 1897년 가을 이곳에서 황제 즉위식을 거행하고 대한제국을 선포하였다.

CheckPoint

○ 중추원 신관제
중추원은 관선 25명, 민선 25명의 의원으로 구성되며, 법률 및 칙령의 개정 및 폐지, 의정부가 국왕에게 건의하는 사항, 국민의 헌의 사항 등을 심사·결정하는 권한을 가졌다.

○ 황국협회
1898년 독립협회에 대항하기 위해 홍종우 등이 보부상을 규합하여 만든 단체이다. 황국협회는 황실과 정부의 정책을 지지하였으며, 독립협회를 탄압하는데 이용되었다.

○ 박정양
1887년 초대 주미 공사로 파견되었다가 청의 압력으로 귀국하였다. 갑오개혁에 참여하였으며 1898년 참정 대신으로 관민공동회에 참석하여 시정 개혁을 약속하였다.

분 석
1898년 독립 협회가 주도한 관민 공동회에서 헌의 6조를 결의하였고, 고종이 이를 재가하였다.

3) 독립협회의 활동

- 이권수호운동 ─ 러시아의 절영도 조차 요구 반대 활동, 한러은행 설립 반대 등
  └ 만민공동회 개최(1898)
- 자유민권운동 ─ 신체의 자유, 재산권 보호 등 국민 기본권 보장 요구
  ├ 언론·출판·집회·결사의 자유 보장 요구 등
  └ 관민 공동회 개최(헌의 6조), 의회설립운동(중추원 → 상원형태)
- 해산 ─ 보수파의 탄압(익명서 사건) → 독립협회 해산과 간부 체포
  └ 만민공동회 개최 → 황국협회를 동원하여 강제 해산
- 의의 ─ 근대적인 민중 운동(자주국권운동 + 자유민권운동 + 자강개혁운동)

<독립협회의 이중성>

● **독립협회의 주요활동** 주로 반러투쟁, 미국·일본의 이권침탈에 침묵

- 1898. 2. 러시아의 절영도 조차 요구 저지, 구국 운동 상소문
- 1898. 3. 만민 공동회를 열어 러시아의 군사 교련단과 재정 고문단을 철수시킴
- 1898. 5. 러시아의 목포·진남포 해역 토지 매도 저지, 프랑스·독일의 광산 채굴권 요구 저지
- 1898. 10. 관민 공동회를 개최하여 헌의 6조 채택
- 1898. 11. 관선 25명, 민선 25명으로 구성된 중추원 관제를 반포

■ **헌의 6조**
1. 외국인에게 의존하지 않고 관민이 합심하여 전제 황권을 견고하게 할 것
2. 외국과의 이권에 관한 계약과 조약은 각부 대신과 중추원 의장이 합동으로 서명하여 시행할 것
3. 국가 재정은 모두 탁지부에서 관장하며, 예산·결산을 국민에게 공표할 것
4. 중대 범죄인은 반드시 재판을 통하여 판결할 것
5. 칙임관을 임명할 때 의정부에 자문하여 과반수를 얻은 자를 임명할 것
6. 장정을 반드시 지킬 것

독립협회는 근대적인 입헌정치(입헌군주제)를 지향!
[황제 + 내각 + 의회]

↓
의회 설립운동 전개
의회는 필요하지만 하원 설치는 시기상조라고 봄
그래서 중추원을 상원형태로 개편하자고 주장
황제가 25명 칙임,
독립협회에서 25명 민선

4) 광무개혁
고종황제와 측근세력이 개혁을 주도!!
[이용익]

- 시정 방침 — **구본신참**(점진적 개혁 추구), **대한국 국제** 제정(1899)
- 정치 개혁 ┬ 황제권 강화, **원수부** 설치, 군사력 증강(친위대·진위대 확충),
            │ 내장원 확대 황실 재정 강화
            └ **간도 관리사** 파견, 한·청 통상 조약(1899)
- 경제 개혁 — **양전 사업과 지계 발급**, 식산흥업 정책(근대적 회사 설립)
- 교육 및 시설 확충 — **기술 학교** 설립, 유학생 파견, 각종 근대 시설 도입(전차, 철도)

◎ 기타
- 금본위제 시도
- 서북 철도국(경의선 부설 시도)
- 상무사(특권 상인 단체)
- 만국 우편연합 가입(1900)

■ **대한국 국제** 교정소(특별입법기구)
제1조 대한국은 세계 만국이 공인한 자주독립 제국이다.
제2조 대한국의 정치는 만세 불변의 전제 정치이다.
제3조 대한국 대황제는 무한한 군권을 누린다.
제9조 대한국 대황제는 각 조약의 체결 국가에 사신을 파견하고, 선전, 강화 및 제반 조약을 체결한다.

CheckPoint

● **지계(地契)**
대한제국 정부가 조세 수입을 늘리고 근대적 토지 소유권을 확립하기 위해 발급한 토지 소유권 증명서
외국인의 토지소유제한,
러일전쟁 이후 중단

● **연호**

제1차 갑오개혁	개국기년
을미개혁	건양
대한제국 선포	광무
순종 즉위	융희

● **분 석**
대한 제국의 헌법 역할을 한 대한국 국제(1899)는 황제에게 모든 권한이 집중된 전제 군주 국가임을 표방하였다.
의회설치나 민권에 대한 규정이 없다.

CheckPoint

● 간도

분쟁의 시작	두 차례 국경회담(1885, 1887)에서 토문강의 해석을 둘러싸고 귀속 분쟁 발생(토문감계사 이중하)
대한제국	간도 관리사(이범윤)를 파견하여 교민 보호
을사늑약 이후	• 통감부 간도 출장소 설치(1907) • 간도협약(1909) : 안봉선 철도 부설권을 대가로 청의 영토로 인정

청을 건국한 만주족은 간도를 봉금 지역으로 지정하여 이주와 정착을 금지하였다. 그러나 조선인이 산삼·인삼 채취와 사냥 등을 위해 두만강을 건너 간도에 출입하여 분쟁이 생겼다. 조선과 청은 양국의 경계를 확정하기 위해 1712년(숙종 38)에 백두산 정계비를 세웠다. 19세기 후반에 조선인들의 간도 이주가 증가하여, 19세기 말 경에는 농토의 80% 이상을 조선인들이 개척했다.

1882년 청은 간도 봉금을 해제하고 조선 정부에 우리 민족의 철수를 요구하였다. 조선에서는 1883년에 어윤중을 서북 경략사로 임명하여 청의 군사 행동에 대비하게 하였으며, 토문 감계사 이중하는 청과의 두 차례(1885, 1887) 회담에서 정계비의 토문강이 송화강 상류이므로 간도가 우리 영토라고 주장하였다.

대한제국에서는 1902년 이범윤을 간도로 파견하여 우리 교민을 보호하였다. 1903년에는 이범윤을 북간도관리사로 임명하고 간도를 함경도의 행정 구역에 포함시킨 후 한국 주재 청국 공사를 통해 청에 통보하였다.

대한제국을 보호국화한 일본은 간도를 한국의 영토로 인식하였다. 일본은 한일신협약(1907)을 체결하여 대한제국의 내정을 완전히 장악한 뒤, 간도에 통감부 출장소(간도 파출소)를 설치하여 군대·헌병·경찰관을 파견하였다. 일본은 한국인의 재산과 생명을 보호한다는 명분을 내세웠으나 실제로는 독립운동을 억압하기 위한 수단이었다. 그러나 일제는 1909년에 청과 간도협약을 체결하여 남만주의 안봉선(안동-봉천) 철도 부설권과 무순 탄광 개발권을 일본이 가지는 대신 간도를 청의 영토로 인정하였다.

독도

조선후기	숙종 때 안용복의 활동
대한제국	대한제국 칙령 41호(1900)
일본의 침탈	러일전쟁 중 시마네현 고시(1905)를 통해 일본 영토로 편입

독도는 울릉도에 딸린 섬으로서, 삼국 시대 이래로 우리나라의 영토였다. "세종실록 지리지", "동국여지승람", "동국문헌비고", "만기요람" 등의 지리서와 한국의 고지도들이 이를 뒷받침하고 있다. "세종실록지리지" 강원도 울진현조에는 무릉도(울릉도)와 우산도(독도)를 별개의 섬으로 기록하고 있다. "신증동국여지승람"에 수록된 팔도총도 역시 울릉도와 독도를 별개의 섬으로 그려놓았다.

조선 숙종 때에는 안용복이 일본에 건너가 백기주(伯耆州) 태수와 담판하여 울릉도·독도가 조선 영토임을 인정받고 돌아온 일도 있었다. 조선과 일본 막부도 정부간 교섭(울릉도 쟁계)을 통해 울릉도와 독도가 조선 영토임을 확인하였다.

은주시청합기(1667), 삼국접양지도(1785), 조선국교제시말내탐서(1870) 등의 일본측 문서나 지도에도 울릉도와 독도를 조선 영토로 간주하거나 일본 영토 범위 밖으로 표기하고 있다. 1877년 일본 메이지 시대 최고 행정 기관인 태정관은 '독도는 일본과 관계없다는 사실을 명심할 것'이라고 지시하기도 하였다(태정관 문서).

조선은 태종 이래 왜구 약탈로 인한 피해를 막기 위해 공도(空島)정책을 펼쳐왔다. 1882년 조선 정부는 공도정책 대신 울릉도 개척령을 발표하고 김옥균을 동남제도 개척사로 임명하였다. 일본 어민들의 울릉도 부근 불법 어업이 계속되자, 대한제국은 '칙령 제41호'(1900)를 반포하여 울릉도를 울도군으로 승격시켜 주민의 이주를 장려하고, 울릉군수의 관할 구역으로 울릉도 본섬과 독도(석도)를 함께 규정하였다.

일본은 러·일 전쟁 중인 1905년 2월에 '시마네현 고시 제40호'를 통해 일방적으로 독도를 다케시마라 이름 짓고 시마네현에 편입시켰다. 이에 맞서 의정부 참정대신 박제순은 독도가 대한제국 영토임을 지령 제3호로 분명히 밝혔다.

제2차 세계 대전의 종전과 더불어 독도는 한국의 영토로 회복되었다. 하지만 일본 정부는 샌프란시스코 강화 조약(1951) 이후 지속적으로 독도의 영유권 주장을 해오고 있다. 1952년 이승만 대통령은 '인접해양의 주권에 관한 대통령 선언(평화선 선언)'을 발표하여 독도를 한국의 영토로 규정하였다. 일본 정부는 강력하게 반발하였으며, 순시선을 보내 독도에 대한 침탈 시도를 하였다. 이때 홍순칠 등 울릉도 주민들이 독도 의용 수비대를 조직하여 독도를 수호하는 활동을 벌였다.

08. 국권의 피탈

VI. 한국 근대사

CheckPoint

● **용암포 사건(1903)**
러시아가 용암포 및 압록강 하구 일대를 불법으로 점령하고 조선 정부에 조차를 요구한 사건으로 일본과 영국 등의 항의와 간섭으로 성공하지 못했다. 러일전쟁의 발단이 된 사건이다.

● **일진회**
송병준과 이용구가 만든 가장 대표적인 친일 매국 단체이다. 1905년 일본의 뜻에 따라 일본에 외교권을 넘길 것을 주장하였고, 1909년 12월에는 한·일 합병 청원서를 발표하는 등 매국적 행위를 일삼았다.

1) 러일전쟁과 국권의 침탈

- 전쟁의 발발
  - 전야 : 제1차 영일동맹(1902), 용암포 사건(1903), 국외중립 선언
  - 발발 : 일본의 뤼순 공격 → 선전포고
- 한일의정서 — 내정에 대한 충고권, 군사 시설 사용권
- 제1차 한일협약 — 스티븐스(외교 고문), 메가타(재정고문)
  1908년 샌프란시스코에서 장인환, 전명운에게 저격

2) 전쟁의 종결과 을사늑약

- 열강의 묵인 — 가쓰라·태프트 밀약(1905. 7), 제2차 영일동맹(1905. 8), 포츠머스 강화 조약(1905. 9)
- 을사늑약 — 외교권 박탈, 통감부 설치(이토 히로부미)
- 한일신협약
  - 배경 : 헤이그 특사 사건 이후 고종 강제 퇴위(순종 즉위)
  - 내용 : 통감의 권한 확대, 차관 정치, 군대 해산
- 기유각서 — 사법권 박탈, 감옥 사무 이관
- 한일 강제 병합 — 주권 박탈, 총독부 설치, 무단통치(헌병경찰통치)

분 석
일제는 대한 제국의 국외 중립 선언을 무시하고 강제로 한·일 의정서를 체결하였다(1904. 2). 이를 통해 일제는 군사 전략상 필요한 지점을 마음대로 사용할 수 있게 되었다.

■ **한일의정서(1904. 2)**
제4조 제3국의 침해 또는 내란으로 인하여 대한제국 황실의 안녕과 영토의 보전에 위험이 있을 경우에는 대일본 제국 정부는 곧 필요한 조치를 취할 것이며, 대한제국 정부는 대일본 제국 정부의 행동이 용이하도록 충분히 편의를 제공할 것. 대일본 제국 정부는 전항의 목적을 달성하기 위해 전략상 필요한 지점을 수시로 사용할 수 있다.

분 석
❶ 을사늑약으로 대한제국의 외교권이 강탈되었다. 그 직후 한성에 통감부, 주요 지방에 이사청이 설치되었다.

■ **을사조약 (1905. 11)** 을사늑약(제2차 한일협약)
제2조 일본 정부는 한국과 타국 간에 현존하는 조약의 실행을 완전히 하는 책임을 맡고, ❶ 한국 정부는 금후에 일본 정부의 중재를 거치지 아니하고 국제적 성질을 가진 어떠한 조약이나 약속을 맺지 않을 것을 서로 약속함.

분 석
❶ 일제는 고종을 강제로 퇴위시킨 후 한·일 신협약을 체결하여 통감의 권한을 확대하고 각 부처에 일본인 차관을 임명하도록 하였다.
❷ 한·일 신협약의 부수각서를 통해 일제는 대한제국의 군대를 해산시켰다.

■ **한·일 신협약(1907. 7)**
제1조 한국 정부는 ❶ 시정 개선에 관하여 통감의 지도를 받을 것
제2조 한국 정부는 법령 제정 및 중요한 행정상의 처분은 미리 통감의 승인을 거칠 것
제4조 한국 고등 관리의 임면은 통감의 동의로써 이를 행할 것

'부수각서'
❷ 육군 1대대를 존치하여 황궁 수위를 담당하게 하고 기타 부대는 해체한다.

09 항일 의병 운동

1) 을미의병

- 을미의병
  - 원인 : 을미사변과 단발령
  - 주도 : 위정척사파 유생(**유인석, 이소응**)
  - 아관파천 이후 단발령 철회, 고종의 해산 권고 조칙 후 해산
- 활빈당 ─ 농민 무장 조직(친일부호, 일본 상인 공격), **대한사민논설**

2) 을사의병

- 을사늑약 ─ **민영환** 등 순국 자결, **5적 암살단**(나철, 오기호)
- 반대 활동 ─ **시일야방성대곡**(장지연) 발표
- 을사의병 ─ 민종식(충청도 홍주), **최익현**(전라도 태인), **신돌석**(경상도 영해)

3) 정미의병

- 원인 ─ 고종 강제 퇴위와 군대 해산
- 활동
  - 해산 군인 주도, 각계각층 참여
  - **서울 진공 작전**(13도 연합 의병), 각국 영사관에 통문
  - 국내 진공 계획(홍범도, 이범윤), 남한 대토벌(1909) 이후 세력 약화
    - 13도 의군

○ 항일의병의 궐기

■ **유인석의 의병 격문**

원통함을 어찌하리. 국모의 원수를 생각하면 이미 이를 갈았는데, 참혹한 일이 더욱 심하여 임금께서 또 머리를 깎으시는 지경에 이르렀으니 의관을 찢긴 나머지 또 이런 망극한 화를 만났으매, 천지가 번복되어 우리 고유의 이성을 보전할 길이 없습니다.

분석|
을미사변과 단발령 실시를 배경으로 제천의 유인석, 춘천의 이소응 등 유생들이 의병을 일으켰다.

■ **대한사민논설**

5. 방곡을 실시하여 구민법을 채용할 것
6. 시장에 외국 상인의 출입을 엄금할 것
8. 금광의 채굴을 엄금할 것
13. 철도 부설권을 허락하지 말 것

분석|
을미의병 해산 이후 농민, 행상, 유민 등은 활빈당을 결성하고 반침략, 반봉건 투쟁을 전개하였다. 13조목 대한사민논설은 활빈당의 성격을 잘 보여준다.

■ **최익현의 의병 격문**   을사조약의 강압적 체결

오호라, 작년 10월에 저들이 한 행위는 만고에 일찍이 없던 일로서, 억압으로 한 조각의 종이에 조인하여 오백년 전해 오던 종묘사직이 드디어 하룻밤 사이에 망하였으니, 천지신명도 놀라고 조종의 영혼도 슬퍼하였다.

분석|
을사조약 체결 직후 최익현은 전라도 순창에서 의병을 일으켰다. 그후 체포되어 대마도에서 순국하였다.

VI. 한국 근대사
10 애국 계몽 운동

1) 애국 계몽 운동의 성격
자강운동(교육 진흥, 산업 발전)
- 주도: 개화운동과 독립협회 활동을 계승한 진보적 지식인
- 성격: 교육, 언론 등 문화 활동과 산업 진흥을 통하여 실력을 양성하여 국권을 회복하자는 자강 운동
- 영향: **사회진화론**(침략과 자강의 논리)의 영향 받음

애국계몽운동 탄압 목적
○ 4대 악법의 제정

1907	신문지법
1907	보안법
1908	학회령
1909	출판법

2) 애국 계몽 운동 단체
- 보안회: 황무지 개간권 반대 투쟁 전개
- 헌정연구회: 입헌 정체 수립 요구, 일진회와 대립
- 대한자강회 (1906): **25개 지회, 월보 발행** / **고종 퇴위 반대 운동** → 보안법에 의해 강제 해산(1907)
- 대한협회: 대한 자강회 후신, 점차 친일 단체로 변질

분석
❶ 대한자강회는 교육과 산업의 진흥을 위한 애국계몽운동을 전개하였고, 고종의 강제 퇴위에 반대하는 운동을 벌이다 강제로 해산되었다.
❷ 대한자강회는 30여 개의 지회를 두고 월보를 간행하였다.

■ **대한자강회 취지서**
　무릇 우리나라의 독립은 오직 자강의 여하에 있을 따름이다. 우리 대한이 종전에 자강의 방법을 강구하지 않아 인민이 스스로 우매함에 묶여 있고 국력이 쇠퇴하여 마침내 오늘의 위기에 이르러 결국 외국인의 보호를 당하게 되었으니, 이는 모두 자강의 도에 뜻을 다하지 않았던 까닭이다. …… ❶ 자강의 방법을 생각해 보면 다름 아니라 교육을 진작함과 식산흥업에 있다. 무릇 교육이 일어나지 못하면 백성의 지혜가 열리지 못하고, 산업이 늘지 못하면 국부가 증가하지 못한다.
- '❷ 대한자강회 월보', 제1호 -

3) 교육과 언론활동
- 학회 활동: 서북학회, 기호흥학회, 호남학회 등의 주도로 사립학교 설립
- 언론 활동: 황성신문(시일야방성대곡), 대한매일신보(국채보상운동)

분석
장지연은 '황성신문'에 을사늑약 체결을 비판하는 '시일야방성대곡'이라는 항일 논설을 발표하였다.

■ **시일야방성대곡**
　천만 뜻밖에 5조약은 어디서부터 나왔는가? 아! 저 개 돼지만도 못한 우리 정부 대신이란 자들이 영달과 이득을 바라고 위협에 겁을 먹고 벌벌 떨면서 나라를 파는 도적이 되어, 4천 년의 강토와 5백 년의 종묘 사직을 남에게 바치고, 2천만 생령으로 하여금 모두 다른 사람의 노예 노릇을 하게 하였으니, 아! 원통하고 분하도다. 우리 2천만 동포여! 살았는가 죽었는가.

4) 신민회 (1907~1911)

- 조직
  - 안창호, 양기탁 등이 주도적으로 조직한 **비밀결사**
  - 실력양성을 통한 국권회복과 **공화정체**의 근대 국민국가 수립을 목표
- 실력양성
  - 교육 분야 : **대성학교**(평양), **오산학교**(정주) 등
  - 산업 분야 : **자기회사**(평양), **태극서관**(평양) 등
- 무장투쟁 준비 독립운동 기지 건설(삼원보, 한흥동) → **신흥무관학교** 설립
- 해체 105인 사건으로 조직 와해(1911)

○ 105인 사건
1911년 일제는 서북 지방을 중심으로 한 배일 기독교 세력과 신민회의 항일 운동을 탄압하려고 데라우치 총독 암살 음모를 조작하여 수백 명의 민족 지도자를 투옥하고, 중심 인물 105인을 재판에 회부하였다.

■ 민영환의 유서

슬프다! 국치와 민욕이 이에 이르렀으니, 우리 인민은 장차 생존 경쟁 속에서 모두 멸망하게 되었다. …… **영환은 다만 한번 죽음으로써 우러러 황은에 보답하고 우리 2천만 동포에게 사죄하노라.** …… 일심협력하여 우리의 자유와 독립을 회복하면 죽은 몸도 저승에서 기뻐 웃으리라. 슬프다. 그러나 조금도 실망하지 말라.

분 석
황실 시종 무관이었던 민영환은 을사늑약이 체결되자 유서를 남기고 스스로 목숨을 끊었다.

★ ■ 동양평화론

뭉치면 성공하고 헤치면 패망하는 것은 만고에 떳떳이 정해져 있는 이치이다. 지금의 세계는 동서 반구로 나뉘어져 있고 인종도 각각 달라 서로 경쟁하기를 다반사로 하고 있다. …… 그렇기 때문에 동양평화를 위한 의로운 싸움을 하얼빈에서 개전하고 담판하는 자리를 여순 항구에 정했으며 이어 동양 평화 문제에 관한 의로운 싸움을 제기하는 바이니 여러분의 깊은 살핌을 바라는 것이다.

분 석
안중근은 1909년 10월 만주 하얼빈 역에서 이토 히로부미를 사살하고, 뤼순(여순) 감옥에 갇혀 있는 동안 "동양평화론"을 집필하였다. 안중근은 1910년 3월에 처형되어 "동양평화론"은 미완성 원고로 남았다.

11. 경제적 구국 운동

VI. 한국 근대사

CheckPoint

1) 청·일간의 상권 침탈 경쟁

- 개항 초기 — 일본 상인 주도의 **거류지 무역** (간행이정 10리)
- 상권경쟁기 (1882~1894)
  - 임오군란 이후 청 상인의 진출 (조·청상민수륙무역장정)
  - 일본 상인의 내륙 진출 확대 (조·일수호조규속약) 간행이정 확대 (50리, 2년 뒤 100리)
  - **청·일간의 상권 경쟁**, 조선 상인의 몰락
- 청일전쟁 이후 — 일본 상인의 조선 시장 독점

○ **대동상회**
1883년 평안도 상인 20명이 자본을 모아 설립한 유통 회사로, **최초의 근대적 상회사**이다.

○ **대한제국기 개항장 설치**
목포(1897), 진남포(1897), 마산(1899), 군산(1899)

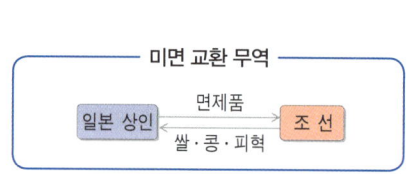
미면 교환 무역
일본 상인 —면제품→ 조선
←쌀·콩·피혁—

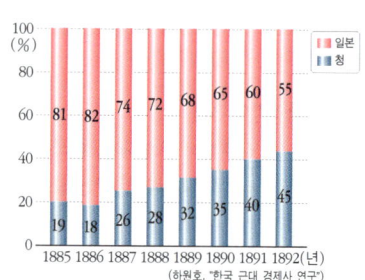
○ 청·일로부터의 수입액

2) 방곡령과 상권수호운동

곡물수출금지령

일본 상인은 영국산 면제품을 조선에 팔고, 쌀을 대량으로 매입하여 큰 이익을 남겼다.

- **방곡령(1889)**
  - 배경 : 일본상인의 내륙 침투 → 지나친 곡물 반출로 쌀 값 폭등
  - 경과 : 함경도(1889), 황해도(1890) 에서 방곡령 선포
  - 결과 : 일본의 압력으로 철회, 배상금 지불 **(조일통상장정 37조)**
- 상권수호운동(시전상인)
  - 1880년대 : 근대적 상회사 설립(대동상회 등), 철시 투쟁
  - 1890년대 : **황국중앙총상회**를 조직하여 외국 상인들의 불법 행위 엄단 요구
    1898년(시전상인)

○ 열강의 이권침탈

3) 열강의 이권 침탈

① 배경 : 아관파천(1896) 이후 열강은 **최혜국 대우** 규정을 내세워 각종 이권 침탈
② 철도 : 일본이 상품 수출과 군대를 수송하는 침략 도구로 이용
  - 경인선(최초) : **1899년 완공**, 미국 → 일본
  - 경부선과 경의선 : 러일전쟁 중 일본의 군사적 목적으로 건설
    1905년 개통(일본) 1906년 개통 (프랑스 → 독자건설시도 → 일본)
    대한제국(서북철도국)
    대한철도회사(박기종)
③ 삼림채벌권 : **러시아**가 두만강, 압록강, 울릉도의 삼림채벌권 획득
④ 광산채굴권 : **운산금광(미국)**, 당현금광(독일), 직산금광(일본) 등

■ **황국 중앙 총상회(1898)**
서울 시전상인이 조직,
독립협회 활동 지원(연좌법 및 노륙법 부활 저지 운동 참가)

4) 일본의 토지약탈

- 청일전쟁 이후 : 일본인 대농장 경영(나주, 전주, 군산 일대)
- 러일전쟁 이후 ─ 철도부지 와 군용지 확보를 구실로 본격적 토지 약탈
  └ 황무지개간권 요구 → 보안회의 반대로 철회 (1904년)
- 동양척식주식회사 설립(1908)

● 동양척식주식회사
1908년 일본이 한국의 토지와 자원을 수탈하고 독점할 목적으로 설립한 국책회사이다.

→ 척식 = 척지식민
(해외에서 토지개발, 일본인 이주시킨다.)

5) 이권 수호 운동

- 이권수호운동(독립협회) ─ 절영도 조차 저지, 한러은행 폐쇄
  └ 프랑스와 독일의 광산 채굴권 요구 저지
- 황무지 개간권 반대운동 ─ 농광회사 설립(1904) 독자적인 황무지 개간 시도(일부 관리와 지주)
  └ 보안회를 중심으로 반대운동 전개 [성공]

6) 일본의 금융지배와 차관제공

대한제국의 중앙은행 역할
제일은행 한성지점 이 국고출납업무, 세관업무, 화폐발행업무 장악

① 일본의 금융지배 (금본위로 전환)
  ─ 러일전쟁 후 한국정부의 화폐 발행권 박탈 (전환국 폐지)
  └ 화폐정리사업(1905)으로 대한제국의 재정 장악 시도 → 한국 상공업자의 몰락

② 차관제공
  ─ 청일전쟁 이후 : 내정간섭과 이권 획득을 목적으로 차관 제의
  └ 러일전쟁 이후 : 화폐정리와 시설 개선을 명목으로 차관공세 본격화 → 재정예속화 심화

③ **국채보상운동**(1907)
  ─ 경과 : 대구에서 시작(김광제, 서상돈), 국채보상기성회 조직(서울) → 언론기관의 참여 (대한매일신보 등)
    모금운동(금주, 금연, 패물폐지 등)
  └ 결과 : 일제 통감부의 방해와 탄압으로 실패
    양기탁을 성금 횡령 혐의로 구속!

● 근대 화폐
1882부터 유통되기 시작한 대동은전(대동폐)이 최초의 근대화폐이다. 1883년 전환국에서 만든 당오전이 1894년까지 유통되었다. 1892부터 전환국에서 백동화가 주조되어 대한제국 시기에 널리 유통되었다.

● 근대 금융기관
- 조선은행(1896, 최초)
- 한성은행(1897), 대한천일은행(1899)

청일전쟁 이후 일본인 고리대금업 진출에 대항하여 설립

■ **화폐 교환과 한국인의 피해**

일제의 화폐 정리 사업에 의해 화폐 교환이 이뤄지던 1905년 당시, 한국인은 상평통보(엽전)와 백동화를 사용하였다. 백동화는 갑오개혁 이후에 사용되던 화폐였다. 그런데 일제는 백동화의 화폐 가치가 일정하지 않다는 이유를 들어, 교환에 불이익을 크게 주었다. 즉, **백동화를 질에 따라 갑, 을, 병으로 나눈 다음, 병종은 교환에서 제외하였다. 한국 상인이 소유한 백동화의 상당수가 을종이나 병종으로 판정받았다.** 한국 사람은 앉은 자리에서 막대한 화폐 자산을 상실당하였으나, 이러한 정보를 미리 알고 있던 일본 상인들은 병종 백동화를 이용하여 물건을 구입함으로써 부당 이익을 챙기는 경우도 적지 않았다. 경제적 어려움에 빠졌던 많은 회사가 이 때 일본인에게 넘어가기도 하였다.

→ 구화폐를 새로운 화폐로 교환할 때 부등가교환방식
→ 많은 한국인의 피해

12 Ⅵ. 한국 근대사
사회구조와 의식의 변화

CheckPoint

○ 노비제 폐지
1801년 중앙 관서의 공노비가 해방되었으며, 1886년 노비 세습제가 폐지되었다. 1894년 군국기무처에서 공사노비제를 폐지하였다.

○ 명동성당

1) 사회의식의 변화

- 평등 사회로의 이행
  - 갑신정변의 14개 개혁 정강(문벌폐지, 인민평등권 확립)
  - 동학농민운동의 폐정개혁안(노비문서 소각, 천인에 대한 차별 개선)
  - 갑오개혁 때 노비제와 과거제 폐지, 봉건적 악습 타파
- 근대적 사회 의식의 확산
  - 독립협회의 민중 계몽 운동(민권 의식의 확산)
  - 애국 계몽 운동으로 계승

2) 의식주의 변화

- 복식 신분에 따른 옷 구별 폐지, 일부 상류층에서 서양식 의복 등장
- 음식 궁중과 일부 상류층에서 커피, 홍차 소비
- 건축 세창양행 사택(1884), 명동성당(1898), 손탁호텔(1902), 덕수궁 석조전(1910)

3) 국외 이주 동포의 생활

- 간도   19세기 후반부터 이주(독립운동의 주요 근거지)
- 연해주 신한촌 건설(독립운동의 주요 근거지)
- 미주지역 하와이 사탕수수 농장의 노동자로 이주

분석 |
관민공동회에서 백정 출신 박성춘이 연설한 것은 민중 의식의 변화를 보여준다.

> ■ 백정 박성춘의 연설(1898년 10월)
> 나는 대한의 가장 천한 사람이고 무지몰각합니다. 그러나 충군 애국의 뜻은 대강 알고 있습니다. 이에, 이국 편민의 길인 즉, 관민이 합심한 연후에야 가하다고 생각합니다. …(중략)… 원컨대, 관민이 합심하여 우리 황제의 성덕에 보답하고, 국운이 만만세 이어지게 합시다.

| 기출지문

04. 덕수궁 중명전과 손탁호텔은 러시아 건축가 사바틴이 설계를 맡았다.

VI. 한국 근대사
13 근대 문화의 수용

1) 근대시설의 수용
{ 1. 민중생활의 편익
  2. 열강의 침략을 뒷받침하는 수단(철도 등) }

- 통신
  - 전신 — 경인전신(1885), 경의전신(1885), 한성전보총국(1885)
  - 우편 — 갑신정변으로 무산, 을미개혁 때 우편 사무 재개, 만국우편연합 가입(1900)
  - 전등 — 경복궁 향원정에 최초로 가설(1887)
  - 전화 — 경운궁에 부설(1898)
- 의료기관
  - 광혜원 — 최초의 근대식 병원(1885. 2, 알렌), 제중원으로 이름 바꿈 (1885. 3) *[갑신정변 때 자상 입은 민영익 치료]*
  - 광제원 — 1900년 설립, 내부 직할의 국립 병원
  - 세브란스 — 1904년 미국인 에비슨이 설립
- 교통기관
  - 철도 — 경인선(1899), 경부선(1905), 경의선(1906)
  - 전차 — 서대문~청량리 구간의 전차 개통(1899, 한성전기회사)

◉ 한성 전기 회사
고종이 전액 출자해 1898년에 설립한 회사로, 미국인 콜브란 등이 경영을 맡아 전차, 전등 등을 부설하였다.
서대문 ~ 청량리 구간

2) 언론기관의 발달

신문	발행	기간	활동과 성격
한성 순보	박문국	1883~1884	최초의 관보(순한문)
한성 주보	박문국	1886~1888	국한문 혼용, 최초의 상업광고
독립 신문	독립협회	1896~1899	근대적 민간지, 한글판과 영문판
황성 신문 (수신문)	남궁 억	1898~1910	유생층 대상, 국한문 혼용, 장지연의 '시일야방성대곡' 게재, 의병에 비판적 기사
제국 신문 (암신문)	이종일	1898~1910	일반 서민과 부녀자층 대상, 순한글
대한 매일 신보	베델, 양기탁	1904~1910	• 세 종류로 발행(국문, 국한문, 영문) • 반일성향(의병에 호의적 기사), 국채보상운동 주도

→ 을사조약 무효친서 게재

◉ 만세보
1906년 창간된 천도교 계열의 국한문체 일간지

◉ 해외 신문
- 미주 : 신한민보
- 연해주 : 해조신문

■ **한성순보 발간사**
우리 조정에서도 박문국을 설치하고 관리를 두어 외국 소식을 번역하고 아울러 국내 일까지 실어 나라 안에 알리는 동시에 여러 나라에 반포하기로 하였다. …… 견문을 넓히고 여러 가지의 의문점을 풀어주며 상리(商利)에도 도움을 주고자 하였다.

분석 |
1883년 정부는 박문국을 설치하고 열흘에 한 번 '한성순보'를 발행하였다.

■ **독립신문 창간사**
모두 언문으로 쓰는 것은 남녀 상하 귀천이 모두 보게 함이요, …(중략)… 또 구절을 띄어 쓰는 것은 알아보기 쉽도록 함이다. 또 한쪽에 영문으로 기록하는 것은 외국인이 조선 사정을 자세히 몰라서 편벽된 말만 듣고 조선을 잘못 생각할까 보아 실상 사정을 알게 하고자 함이다.

분석 |
1896년 창간한 '독립신문'은 순한글판과 영문판으로 발행되어 민권 의식의 향상에 힘썼다.

3) 근대 교육

- 1880년대
  - 원산학사(1883) : **최초**의 근대식 사립학교, **근대 교육과 무술교육**
  - 육영공원(1886) : 관립학교, **상류층 자제와 젊은 관리들에게 근대 교육 실시**
- 1890년대
  - 갑오개혁 때 **교육입국조서** 반포, **각종 관립학교(소학교, 사범학교) 설립**
  - 광무개혁 때 한성중학교, **실업학교** 등 설립
- 1900년대
  - 애국계몽운동 계열의 사립학교 설립 → **사립학교령**(1908)

1차 개혁 { 과거제 폐지, 학무아문 설치 }

◎ 동문학(1883) : 외국어 강습기관
◎ 기독교 계열의 사립학교
  → 배재학당(1885), 이화학당(1886)

분석
정부는 갑오개혁 때 교육 입국 조서를 발표하여 서양식 근대 교육 제도를 본격적으로 도입하고 소학교, 외국어 학교 등 각종 관립 학교를 세웠다.

■ 교육입국조서(1895. 2)
교육은 실로 국가를 보존하는 근본이다. …(중략)… 이 세 가지(덕·체·지)는 교육의 기강이니라. 짐은 정부에 명하여 학교를 널리 세우고 인재를 양성하며 그대들 신민의 학식으로써 국가중흥의 대공을 찬성케 하련다. …(중략)… 왕실의 안전은 그대들 신민들의 교육에 있고, 국가의 부강도 그대들 신민의 교육에 있다.

분석
1898년 서울의 양반 부인들이 조직한 찬양회는 여성의 권리를 주장하는 '여권통문'이라는 글을 발표하고, 순성여학교를 설립하였다.

■ 여권통문
우리나라도 타국과 같이 여학교를 설립하고 각각 여아들을 보내 각기 재주를 배워 향후에 여중군자들이 되게 하기 위하여 여학교를 창설하노니, 뜻있는 위 동포 형제들은 각각 분발하여 귀한 여아들을 우리 여학교에 들여보내시라.
— 황성신문(1898) —

○ **지석영**
종두법(천연두 예방법) 보급에 노력하였으며, 우두신설을 펴냈다. 1899년 경성의학교 초대 교장을 역임하였으며, 1908년 국문연구소 위원으로 주시경과 함께 국문 연구에 힘썼다.

○ **국어문법서**
유길준은 "조선문전"을 보완하여 "대한문전"(1909)을 출판하였고, 주시경은 "국어문법"(1910)을 출판하였다.

4) 국학 연구

을지문덕·이순신·최영 전기(신채호)
연개소문전·동명왕실기(박은식)

- 국사연구 (근대계몽사학)
  - **신채호, 박은식** 주도 : 영웅전, 외국독립운동사 번역 소개
    → 애국심과 독립 의식 고취   미국독립사, 월남망국사
  - **[독사신론]**(1908) : 민족주의 역사학의 연구방향 제시
  - **조선광문회(최남선과 박은식)** : 민족고전 정리, 간행
- 국어연구
  - 국한문체 보급 : [한성주보], [서유견문]
  - 국문체 보급 : 한글전용신문 등장(독립신문, 제국신문, 대한매일신보)
  - **국문연구소** 설립(1907, 주시경·지석영)

분석
신채호는 1908년 대한매일신보에 독사신론을 연재하였다. 그는 왕조 중심에서 벗어나 민족 중심으로 역사를 서술하여 민족주의 역사학의 방향을 제시하였다.

■ 독사신론(신채호)
국가의 역사는 민족의 소장 성쇠의 상태를 서술할지라. 민족을 빼면 역사가 없어지며 역사를 빼어버리면 민족의 그 국가에 대한 관념이 크지 않으리니 오호라 역사가의 책임이 그 역시 무거울진저.

5) 문예의 새경향 (계몽기 문예)

- 문학
  - 신소설 : 혈의누(이인직), 자유종(이해조), 금수회의록(안국선)
  - 신체시 : 해에게서 소년에게(최남선)
- 예술
  - 음악 : 창가 유행(권학가, 독립가 등)
  - 연극 : 신극 도입, 원각사(1908)에서 '은세계', '치악산' 공연

○ **원각사**
1908년 창설된 한국 최초의 서양식 사설 극장으로, 1914년 화재로 소실되었다.

6) 종교의 새경향

- 외래 종교
  - 개신교 : 근대 교육과 의료 발달에 기여
  - 천주교 : 고아원 설립, 애국 계몽 운동에 참여
- 민족 종교
  - 천도교 : 손병희(1905), 만세보(신문)
  - 대종교 : 나철(1909), 단군 신앙, 항일 운동에 참여
  - 유교 : 박은식의 유교구신론(양명학 계승)

■ **유교 구신론**

첫째는 유교파의 정신이 전적으로 제왕 측에 존재하고 인민 사회에 보급할 정신이 부족함이요. 둘째는, 여러 나라를 돌아다니면서 세계의 주의를 바꾸려는 생각을 강론하지 아니하고, 또한 내가 동몽(童蒙)을 찾는 것이 아니라 동몽이 나를 찾는 주의를 지킴이오. 셋째는 우리 대한 유가에서 간이직절한 법문(양명학)을 구하지 아니하고 질질 끌고 되어 가는 대로 내버려두는 공부(주자학)를 전적으로 숭상함이라.

분 석
박은식은 "유교 구신론"을 통해 유교의 3대 문제로 민중과의 괴리, 구세주의(救世主義)의 결핍, 주자학에의 경도를 지적하고, 진취적이고 실천적인 유교 정신을 되살리려 하였다.

| 기출 **지문** |

05. 주시경(1876 ~ 1914)은 1896년 국어 연구 단체로 국문동식회를 조직하였으며, 1907년 국문연구소 연구위원을 지냈다. 1910년 "국어문법", 1914년 "말의 소리" 등을 저술하였다.

분량은 콤팩트,
내용은 임팩트!

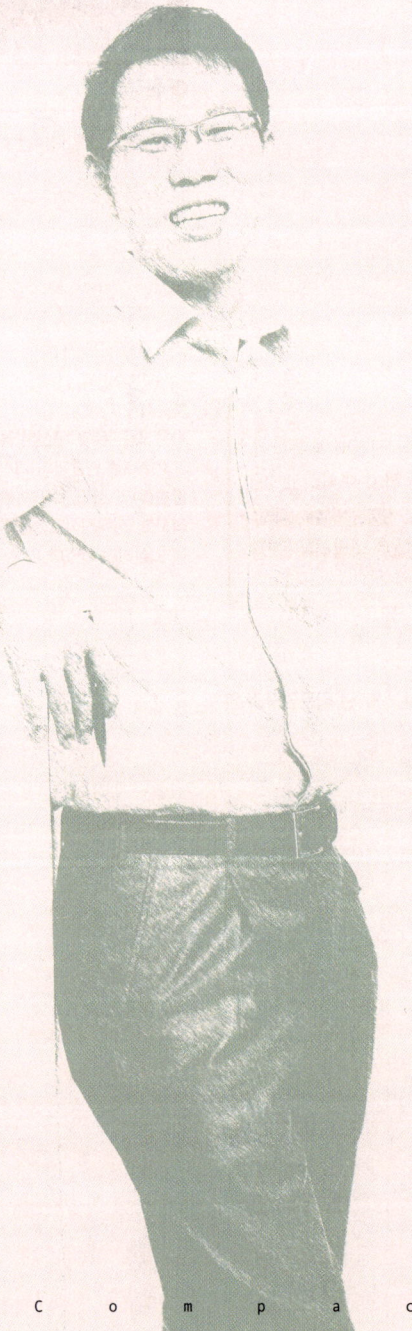

Compact History

VII

독립 운동사

01. 1910년대 ; 헌병경찰통치
02. 1920년대 ; 문화통치
03. 일제말기 ; 민족말살통치
04. 1910년대 민족운동
05. 3·1운동
06. 대한민국 임시정부
07. 의거 활동
08. 1920년대 무장독립 전쟁
09. 1930년대 무장독립 운동
10. 1940년대 무장독립 전쟁
11. 국외 이주 동포들의 활동
12. 사회적 민족운동의 전개
13. 민족유일당운동
14. 실력양성운동
15. 농민운동과 노동운동
16. 일제의 교육 정책
17. 국학연구, 문학과 예술

01 Ⅶ. 독립 운동사
1910년대 ; 헌병경찰 통치

CheckPoint

● 일제 시대의 개관

	1910년대	1920년대	1930년대 중반이후
통치정책	헌병경찰통치	문화통치(민족분열통치)	민족말살통치(황국신민화정책)
경제수탈	토지조사사업 회사령, 광업령, 삼림령	산미증식계획	병참기지화정책, 전시 총동원 체제

● **조선총독**
조선총독은 일본군 현역 대장 또는 대장 출신자 중에서 임명되었고, 일본 국왕에 직속되어 입법권, 사법권, 행정권 및 군대 통수권까지 장악하였다.

1) 식민통치구조

명목뿐인 기구(3·1 운동까지 한번도 열리지 않음)

- 조선총독부 ┬ 총독 : 일왕직속, 육·해군 대장 중 임명, 식민지배의 절대 권력자
  └ 구조 : 총독 관방과 5부 설치, 중추원(자문기구) 설치
- 지방행정조직 : 도-부-군으로 개편, 면을 최하급 행정 단위로 설치

● **범죄즉결례(1910)**
경찰서장 또는 각 지방 헌병대장은 징역 3개월 이하, 벌금 100원 이하에 해당하는 처벌은 재판소의 재판 없이 판정하여 즉결로 집행할 수 있는 권한을 부여하였다.

2) 헌병경찰통치(무단통치, 1910년대)

- 헌병 경찰제 ┬ 주요 업무 : 독립운동가 색출, 처단
  └ 권한 : 치안뿐만 아니라 사법·행정에도 관여(재판 없이 구류·벌금, 태형 처벌, 즉결 처분)
- 위협적인 통치 : 관리나 교원들까지 제복과 칼 착용
- 기본권 제한 : 언론·출판·집회·결사의 자유 제한(신문지법, 보안법, 출판법)
- 민족 운동 탄압 : 105인 사건

● **경찰범 처벌 규칙(1912년)**
일제는 공공질서와 위생 등 일상 생활과 밀접한 관련이 있는 87개의 행위를 경범죄로 정하여 구류와 과태료로 다스리도록 하였다.

3) 산업의 침탈

- 회사령(1910) : 허가제(민족 기업의 성장 억제)
- 전매제 : 인삼·소금·아편 등은 총독부에서 전매, 조선식산은행(1918)
- 산업침탈 : 삼림령(1911), 어업령(1911), 광업령(1915), 임야조사령(1918)
- 철도확충 : 경원선, 평남선, 호남선 등의 개통으로 X자 모양의 간선 철도망 완성

조선물산공진회(1915)
→ 식민 지배의 성과 홍보

| 분 석 |
회사 설립시 총독부의 허가를 받도록 함으로써 한국인들의 회사 설립을 억제하고 일본 자본이나 외국 자본이 조선에 진출하는 것을 통제하였다.

■ 회사령(1910년 12월)
제1조 회사의 설립은 조선 총독의 허가를 받아야 한다.
제2조 조선 외에서 설립한 회사가 조선에 본점이나 또는 지점을 설립하고자 할 때는 조선 총독의 허가를 받아야 한다.

4) 토지 조사 사업(1912~1918)

- 목적   근대적 토지 소유권 확립 명분, 실제로는 **안정적인 지세 확보**, 토지 약탈
- 절차
  - 토지조사국 설치(1910), **토지조사령 공포(1912)**
  - 소유권 조사, 지형 조사, 지가 산정, 토지대장 작성
- 특징   기한부 신고제, 개인으로 신고 주체 한정
- 결과
  - 토지 약탈 : 미신고 토지, 공유지를 총독부에 귀속 → 동척과 일본인에게 불하 → 일본인 이주민 증가
  - 식민지 지주제 강화 : 지주권 강화, **도지권(영구 소작권) 부정** → 기한부 소작농으로 전락
  - 생활 기반을 상실한 농민들은 만주 · 연해주 등지로 이주하거나 화전민이 됨

○ **도지권**(= 관습적 경작권)
소작인들이 경작지에 대해 가지고 있던 부분 소유권이다. 지주에게 소작료인 도지만 내면, 사실상 그 땅을 영구히 경작할 수 있었고, 경작권을 팔거나 물려 줄 수도 있었다.

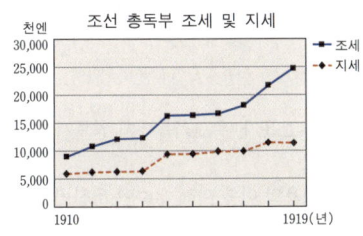
조선 총독부 조세 및 지세

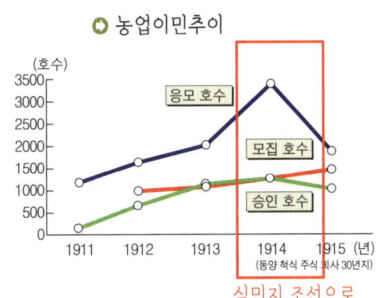
○ 농업이민추이

식민지 조선으로 일본인의 농업이민이 증가하였다.

■ **토지조사령(1912)**

제4조   토지 소유주는 조선 총독이 정하는 기간 내에 주소·씨명, 명칭 및 소유지의 소재, 지목, 지번호, 사표, 등급, 지적, 결수를 임시 토지조사국장에게 신고해야 한다. 단, 국유지는 보관 관청이 임시 토지조사국장에게 통지해야 한다.

제17조   임시 토지 조사국은 토지 대장 및 지도를 작성하고, 토지의 조사 및 측량한 것을 사정하여 확정한 사항 또는 재결을 거친 사항을 이에 등록한다.

분 석

토지 조사 사업은 토지 소유자가 신고서를 작성하여 조선 총독이 정하는 기한 내에 제출하도록 하였다. 이에 따라 미신고지, 정부와 황실 소유지, 공유지, 동중·문중 토지 등 소유권이 불명확한 토지가 국유지로 편입되었다.

02. 1920년대 ; 문화 통치

Ⅶ. 독립 운동사

CheckPoint

1) **문화통치(1920년대)** { 겉 : 유화정책(조선의 문화와 관습 존중)
속 : 민족 분열 정책(친일파 양성을 통한 민족 분열 유도)

① 배경 : 거족적인 3·1운동, 국제여론의 압력
② 문화통치의 방침과 그 실상
- **문관총독 임명 약속** — 해방까지 단 한명도 임명된 적이 없음
- **보통경찰제 실시** ┬ 경찰수·장비·유지비 크게 증가,
                    └ 고등경찰제 실시, 치안유지법 제정
- 민족 신문 발행 허용 — **조선, 동아일보 허가** → 검열과 기사삭제를 통해 친일 언론화
- 참정권 확대 — **도평의회, 부면 협의회 설치** → **선거권 제한,** 친일파 및 상층
                이광수, 최린   의결권이 없는 단순 자문 기구   자산가 참여
③ 문화 통치의 본질 : 친일파 양성을 통한 민족 분열 획책 → 일부 인사들은 일제와 타
협하여 자치운동 전개
        이광수, 최린
        [민족적 경륜]

분 석
일제의 문화통치는 회유와 가장된 유화정책으로 친일파를 양성하여 민족의 이간과 분열을 꾀하는 술책이었다.

> ■ 조선 민족 운동에 대한 대책(1920)
> 1. 핵심적 친일 인물을 양반, 귀족, 유생, 부호, 실업가, 교육가, 종교가들에게 침투시켜 계급과 사정을 참작하여 각종 친일 단체를 조직하게 할 것
> 3. 친일적 민간 유지들에게 편의와 원조를 주고 수재 교육의 이름 아래 우수한 조선 청년들을 친일 분자로 양성할 것
>
> — 사이토, '조선민족운동에 대한 대책'(1920) —
>   3대 총독

분 석
일제가 국가 체제(천황제)나 사유 재산 제도를 부정하는 사상을 통제하고 탄압하기 위해 제정한 법률이다. 그러나 이 법은 사회주의자뿐만 아니라 온건한 민족 운동을 탄압하는 데에도 이용되었다.

> ■ 치안유지법(1925)
> 국체를 변혁 또는 사유재산제를 부인할 목적으로 결사를 조직하거나 그 정을 알고 이에 가입하는 자는 10년 이하의 징역 또는 금고에 처한다.

2) 일본자본의 침투

배경 : 제1차 세계 대전 이후 일본은 공업 대국으로 급성장
→ 일본 대자본의 해외 진출 확대

- **회사령 폐지** ┌ 민족 기업의 설립 증가(경성방직 등) ─→ 1920년대 이후 식민지 조선의 공업화 촉진[면방직, 비료]
  (신고제)   └ 일본기업의 조선 진출 확대
- **관세철폐**(1923) 일본 상품의 수출에 유리한 환경 조성
- **신은행령**(1928) 일본 자본의 금융지배 강화
- → 물산 장려 운동의 배경

○ 연초 전매령(1921)

3) 산미증식계획(1920~1934)

- 배경   일본의 공업화 정책으로 식량 부족 사태(쌀 폭동) *1918년*
- 방식   토지와 수리시설 개선, 종자 개량을 통한 900만석 증산 → 일본으로 쌀 반출 [군산, 목포 등이 쌀 수출 항구]
- 결과 ┌ **증산량 < 수탈량** → 조선의 식량 사정 악화 → **만주에서 잡곡을 수입하여 보충**
        ├ 이중적 수탈 구조 : 고율의 소작료, 각종 증산 비용(수리조합비, 비료대금)까
        │   지 부담 → 농가 부채 증가, 소작쟁의 전개
        └ 농업 구조의 불균형(쌀 중심의 단작형 농업), 화전민으로 전락하거나 만주로
            이주   1934년 농업 공황(일본의 쌀값 폭락)
                                      타개를 위해 조선에서의 산미증식계획 중단

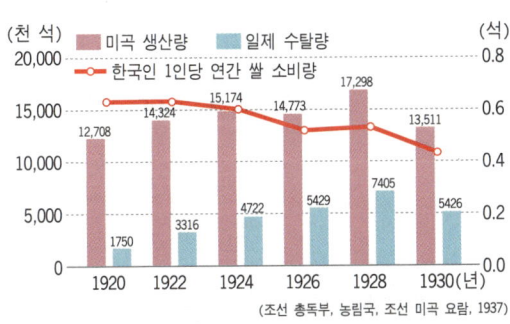

○ 1920년대 미곡 생산량과 일제의 수탈량

 분석
1. 미곡은 30% 이상 증산 되었으나, 목표한 증산량에는 미달,
   그러나 쌀 수탈은 계획대로 강행 (증산량 < 수탈량)
2. 조선인 1인당 쌀 소비량 감소
   → 만주에서 조·콩·수수 등의 잡곡을 수입하여 보충

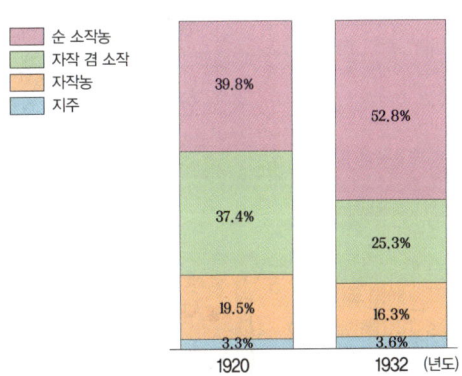

○ 일제 강점기 농촌의 계급 구성

분석 │ 토지 조사 사업과 산미 증식 계획이 추진되면서 농촌
      │ 의 자작농은 감소하고 소작농이 증가하는 식민지 지
      │ 주제가 강화되었다.

VII. 독립 운동사
03 일제말기 ; 민족말살통치

CheckPoint

황국신민화 정책
일본인과 조선인, 대만인은 모두 히로히토 천황의 신민이다.

▶ 조선인을 천황에 충성하는 신민으로 동화시키려고, 조선인의 민족의식을 철저히 말살시키려고

1) 황국 신민화 정책
- 배경 — 1930년대 이후 군국주의 체제 등장 → 침략전쟁 확대(만주사변, 중일전쟁, 태평양 전쟁)
- 황국 신민화 정책
  - 내선일체, 일선 동조론을 내세움
  - 황국 신민 서사 암송 강요, 궁성 요배와 신사 참배 강요
  - 일본식 성명 강요(창씨 개명), 애국반 조직(1938)
  - 우리말·역사 교육 금지

국민정신총동원조선연맹(1938), 국민총력조선연맹(1940)
조선사상범보호관찰령(1936), 조선사상범예방구금령(1941)
동아일보·조선일보 폐간(1940), 조선어학회 사건(1942)

2) 병참 기지화 정책
- **남면북양 정책** — 안정적이고 값싼 공업 원료 확보
- 농촌 진흥 운동 ┬ 총독부 주도의 관제 농민 운동(조선 농민의 회유와 통제)
              └ 조선 농지령, 소작조정령 등 제정
- **병참 기지화 정책** — 군수 공업 위주의 공업화 정책(북부 공업 지대)

3) 인력과 자원의 수탈
- 전시 수탈의 심화 ┬ 국가 총동원령(1938)
                 ├ 산미 증식계획 재개, 식량 배급 제도, 미곡 공출 제도
                 └ 전쟁 물자 수탈(놋그릇, 학교 종 등)
- 인적 수탈 ┬ 지원병제(1938), 근로보국대(1938), 징용(1939)
           └ 학도 지원병제(1943), 징병(1944), 정신대 및 일본군 위안부(1944)

분 석
일제는 1938년 국가총동법을 제정하여 인적·물적 수탈을 강화하였다. 그 후 국민징용령(1939), 물자통제령(1941), 금속류회수령(1941), 기업정비령(1942), 식량관리령(1943) 등의 후속 법령을 잇달아 제정하였다.

■ **국가 총동원법(1938)**
제4조 정부는 전시에 국가 총동원상 필요한 때에는 칙령이 정하는 바에 따라 제국 신민을 징용하여 총동원 업무에 종사할 수 있다.
제8조 정부는 전시에 국가 총동원상 필요한 때에는 칙령이 정하는 바에 따라 물자의 생산·수리·배급·양도 및 기타의 처분, 사용·소비·소지 및 이동에 관하여 필요한 명령을 내릴 수 있다.

▌기출지문
01. 일제는 1938년 근로보국대를 조직하여 여성을 토목 공사에 동원하고, 1944년 여자정신근로령을 제정하여 여성의 노동력을 착취하였다.

04 Ⅶ. 독립 운동사
1910년대 민족운동

1) 1910년대 국내 비밀 결사   기타 : 송죽회(숭의여학교 교사와 학생)

연도	명칭	지역	인물	특징
1912	독립의군부	전국	임병찬	• 고종의 밀지, 국권반환요구서 • 복벽주의(왕정부활)
1915	대한광복회	경북	박상진(사령), 김좌진(부사령) 채기중	• 군대식 조직, 의병출신자와 신지식인 참여 • 군자금 모집, 친일파 처단, 독립군사관학교 설립 계획 • 공화주의 표방

■ 대한 광복회 강령
1. 부호의 의연 및 일본인이 불법 징수하는 세금을 압수하여 무장을 준비한다.
2. 남북 만주에 사관 학교를 설치하여 독립 전사를 양성한다.
6. 일인 고관 및 한인 반역자를 수시 수처에서 처단하는 행형부를 둔다.

분 석
1915년 조직된 대한광복회는 만주에 독립군 사관학교 설립을 계획하고 이를 위해 각지의 부호들에게 의연금을 걷었으며, 모금을 거부하는 반민족적 부호들을 처단하였다.

2) 1910년대 국외 민족운동 [독립운동 기지 건설]

지역	근거지	단체 및 활동
만주	삼원보 (서간도)	• 경학사와 신흥강습소 설립(이회영, 이상룡, 이동녕) • 부민단 조직, 이후 한족회로 개편(서로군정서 설립)
	용정 (북간도)	• 서전서숙(1906, 이상설), 명동학교(1908, 김약연) • 간민회 조직, 이후 대한국민회로 개편
	왕청	• 중광단 조직(대종교인 중심), 북로군정서(김좌진)로 개편
	밀산	중러 접경지역에 한흥동(이상설)
연해주	블라디보스토크 (신한촌)	• 성명회(1910, 이상설), 권업회, 대한광복군정부(1914) 이상설(정통령), 이동휘(부통령) • 전로 한족회 중앙총회는 3·1운동 직후 대한국민의회로 발전
	하바로프스크	한인사회당(1918, 이동휘)
중국	상하이	• 동제사(1912, 신규식), 대동단결선언(1917) • 신한청년당(1918) : 독립청원서 제출, 상해 임정 수립 주도
미주	하와이	• 대한인국민회(1910, 박용만, 이승만) • 대조선 국민군단(1914, 박용만)
	샌프란시스코	흥사단(1913, 안창호)

● 박용만(1881~1928)
1909년 미국 네브라스카주에서 한인 소년병학교를 설립하고, "국민개병설"을 집필하였다. 1914년 하와이에서 대조선국민군단을 조직하여 독립전쟁을 준비하였다. 그 후 임시 정부 활동에도 참여하였으며, 군사통일주비회를 결성하였다.

● 이동휘 [사회주의자]
대한제국 군인 출신 독립운동가로 무장 독립 전쟁론을 주장하였다. 러시아의 원조를 받아 한인사회당을 조직하였고, 대한민국 임시정부 국무총리를 지냈다.

CheckPoint

◎ 만주와 연해주의 독립 운동 기지 건설

✪ 이상설(1870~1917)
1906년 간도 용정촌에서 서전서숙을 설립하여 민족 교육에 힘쓰기도 하였다. 1907년 고종의 밀명으로 헤이그 만국평화회의에 파견되어 특사로 활동하였다. 1909년 밀산에 독립운동 기지 한흥동을 건설하였고, 성명회, 권업회 등의 단체를 주도적으로 만들었다. 1914년 블라디보스톡에서 조직된 대한광복군 정부에 정통령으로 추대되었다.

◎ 이회영(1867~1932)
비밀결사 신민회를 조직하였으며, 국권피탈 직후 전재산을 처분하여 여섯 형제와 가족을 이끌고 만주로 망명하였다. 1911년 유화현 삼원보에 경학사를 조직하고, 신흥강습소를 설립하였다. 1931년 항일구국연맹 의장으로 추대되고, 비밀행동조직인 흑색공포단을 조직하였다. 1932년 다롄에서 일본 경찰에 체포되어 옥사하였다.

◎ 대동단결선언(1917)
1917년 상하이에서 신규식, 박은식, 신채호, 박용만, 조소앙 등이 발표하였다. 이 선언에서 1910년 순종의 주권포기를 국민에 대한 주권 양여로 주장하면서 해외 동포들이 임시망명정부를 수립할 것을 주장하였다.

→ 복벽주의 → 공화주의

■ 대동단결선언(1917)
융희(순종) 황제가 삼보(토지, 인민, 정치)를 포기한 8월 29일은 바로 우리 동지가 삼보를 계승한 8월 29일이니, …(중략)… 우리 동지는 완전한 상속자니 저 황제권 소멸의 때가 곧 민권이 발생한 때이요, 구한국 최후의 날은 곧 신한국 최초의 날이다. …(중략)… 따라서 경술년 융희 황제의 주권 포기는 곧 우리 국민 동지에 대한 묵시적 선위이니 우리 동지는 당연히 삼보를 계승하여 통치할 특권이 있고, 대통을 상소할 의무가 있도다.

분 석
1919년 2월 만주에서 독립운동가 39인이 대한독립선언을 발표하고 일제에 대한 육탄 혈전을 결의하였다.

■ 대한독립선언(무오독립선언)
궐기하라, 독립군! 독립군은 일제히 천지를 바르게 한다. 한번 죽음은 사람이 피할 수 없는 것이나, 개·돼지와도 같은 삶을 누가 바라겠는가. 살신성인하면 2천만 동포는 같이 부활할 것이다.

05. 3·1운동

Ⅶ. 독립 운동사

1) 국내외의 움직임

- 국외
  - 윌슨의 **민족 자결주의**, 레닌의 민족 자결의 원칙 선언
  - 독립 청원 : **신한청년당**(김규식 파견), 이승만의 위임통치 청원
  - 독립 선언 : 대한독립선언서(만주), **2·8 독립선언**(동경 유학생)
- 국내
  - 천도교계 주도로 독립 만세 시위 계획, 종교계 및 학생들과 연계 시도
  - 고종 황제 서거 → 독살설 유포, 국장일을 계기로 만세 시위 계획

● 민족 자결주의
자기 민족의 운명은 스스로 결정할 권리가 있다는 주장이다. 3.1운동을 비롯하여 약소 민족의 독립 운동에 영향을 주었으나, 독일 등 제1차 세계 대전의 패전국 식민지에만 적용되었다.

2) 전개와 확산

- 전개
  - 종교계(**민족 대표 33인**)와 학생 중심
  - 태화관에서 독립 선언서 낭독, 탑골 공원에서 독립 선언식
  - 평화적인 독립 만세 시위 전개
- 확산
  - **도시에서 농촌 지역으로 확산**, 농민과 노동자 등 각계 각층 참여
  - 일제의 무자비한 탄압에 맞서 무력 저항 운동으로 변화 면사무소, 헌병주재소 공격
  - 간도, 상해, 연해주, 미주 지역, 일본 등지에서도 시위

● 한인 자유 대회
미주 지역의 동포들은 1919년 4월 14일부터 16일까지 필라델피아에 모여 한인 자유 대회를 열고 독립 선언식과 시가지 행진을 가졌다.

3) 3·1 운동의 의의

- 조선
  - 국내외 민족 운동의 확산, **대한민국 임시 정부 수립에 영향**
  - 일제의 식민 지배 정책 변화(헌병경찰통치 → 문화통치)
- 국제 아시아 각국의 반제 운동에 영향(5.4운동, 인도의 반영 운동 등)

■ 기미 독립 선언서(1919. 3. 1)

❶ 오등은 자에 아(我) 조선의 독립국임과 조선인의 자유민임을 선언하노라. 이로써 세계 만방에 고하여 인류 평등의 대의를 극명하며, 이로써 자손 만대에 고하여 민족 자존의 정권을 영유하게 하노라. …(중략)…

❷ 공약 3장
1. 금일 오인의 이 거사는 정의, 인도, 생존, 존영을 위하는 민족적 요구이니 오직 자유적 정신을 발휘할 것이요, 결코 배타적 감정으로 일주하지 말라.
1. 최후의 한 사람까지, 최후의 한 순간까지 민족의 정당한 의사를 쾌히 발표하라.
1. 일체의 행동은 가장 질서를 존중하여 오인의 주장과 태도로 하여금 어디까지든지 광명정대하게 하라.

분 석
❶ 3·1 운동 시에 발표된 기미독립선언서는 **최남선**이 작성하였다.
❷ 한용운이 공약3장을 추가하여 만세 시위의 행동 지침으로 삼았다.

VII. 독립 운동사
06 대한민국 임시정부

1) 대한민국 임시 정부의 수립

연해주	대한 국민 의회 손병희	전로 한족 중앙회 개편
상하이	대한민국 임시 정부 ┐ 이승만	신한 청년당 중심
국내	한성 정부 ┘	13도 대표

↓ 통합 한성정부의 법통 계승

상하이	대한민국 임시 정부	3권 분립, 민주 공화정

※ 본부 위치 : 만주 VS 상해
(무장 투쟁론) (외교 독립론)

2) 대한민국 임시 정부의 초기 활동

- 체제
  - 국무원(행정), 임시 의정원(입법), 법원(사법) 3권 분립
  - 대통령(이승만), 총리(이동휘)
- 연락조직 — 연통제(비밀연락망), 교통국(통신기관)
- 군사활동
  - 광복군사령부(광복군총영), 육군주만참의부(1923)
  - 군자금 모금(애국공채, 의연금), 전달(백산상회, 이륭양행)
- 외교 활동
  - 파리강화회의에 대표단 파견(김규식)
  - 구미위원부(이승만) 미국(워싱턴), 프랑스(파리)에 위원부 설치
- 문화 활동 — 독립신문(기관지), 사료편찬소
  → 한·일관계 사료집 발간

◆ 연통제
연통제는 임시정부의 재정을 확보하고, 제정되는 법령이나 공문 등을 국내에 전파하였다. 이를 위해 서울에 **총판**, 도에는 **독판**을 두고 그 아래 **군감, 면감** 등을 두어 활동하였다.

◆ 이륭양행, 백산상회
이륭양행은 아일랜드계 영국인 조지 루이스 쇼가 중국 안동(단둥)에 운영한 회사이며, 백산상회는 민족 기업가 안희제가 부산에 설립한 회사이다. 이들 회사는 임시 정부의 자금 조달에 중요한 통로로 활용되었다.

○ 대한민국 임시정부의 수립과 이동

4월 10일 임시 의정원 구성
→ 4월 11일 임시헌장 공표
→ 4월 13일 임시정부 수립

대한민국은 임시정부가 임시의정원의 결의에 의하여 이를 통치한다.

3) 대한민국 임시 정부의 고난

① 1921년 이후 연통제와 교통국 조직 파괴(국내와의 단절), 외교활동 부진
② 국민대표회의(1923) 개최
  - 이승만의 위임통치청원서를 계기로 신채호, 박은식 등이 소집 요구
  - 창조파(신채호)와 개조파(안창호)의 대립 → 분열, 많은 독립운동가 이탈
③ 체제 개편
  - 1925년 이승만 탄핵 후 박은식을 제2대 대통령으로 추대
  - 국무령 체제로 개편(1925)
  - 국무위원 중심의 집단지도 체제로 개편(1927)
    → 임시정부 활동의 침체
    → 한인애국단 조직(1931)
    → 윤봉길 의거(1932) 이후 중국 정부의 지원

> **CheckPoint**
> ● 북경군사통일회의(1921)
> 신채호, 신숙, 박용만 등 임시정부의 외교 중심 노선에 반대하는 인사들이 결성

■ 지도 체제의 개편

구분	연도	정부형태	정부수반	위치
제1차	1919	대통령 중심제(3권분립)	이승만	상해
제2차	1925	국무령 중심의 내각책임제	이상룡	
제3차	1927	국무위원 중심의 집단지도체제	국무위원	중국 각지로 이동
제4차	1940	주석제	김구	충칭
제5차	1944	주석·부주석 지도체제	김구, 김규식	

4) 대한민국 임시 정부의 재정비(충칭 시기)

- 정당 — 한국독립당 조직(김구 주도)
- 4차 개헌(1940) — 주석 중심제
- 건국강령 채택 — 조소앙의 3균주의(정치, 경제, 교육) 채택
- 민족통일전선의 형성 — 1942년 좌파계열인 조선민족혁명당(김원봉)의 합류
- 군사조직 — 한국광복군 창설(1940, 지청천)

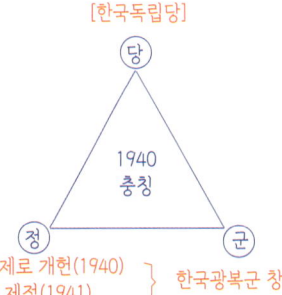

[한국독립당] 당 — 1940 충칭 — 정, 군
- 주석중심제로 개헌(1940), 건국강령 제정(1941)
- 한국광복군 창설

07 의거 활동

Ⅶ. 독립 운동사

CheckPoint

○ **의열단의 노선변화**

[개인 폭력투쟁] →1926→ [무장 투쟁론]

1) 의열단 의열단(정의의 사를 맹렬히 실행)

- 조직: 1919년 만주 길림에서 **김원봉** 등이 주도(암살, 파괴)
- 의거 활동
  - 박재혁(1920년 부산경찰서 투탄)
  - 김익상(1921년 조선총독부 투탄, 1922년 황포탄 의거)
  - 김상옥(1923년 종로경찰서 투탄), 김지섭(1924년 일본 궁성 투탄)
  - 나석주(1926년 식산은행과 동양척식주식회사 투탄) 등
- 행동 지침: 신채호의 **조선혁명선언**(민중 직접 혁명론)
- 활동 변화: 1926년 이후 무장투쟁노선으로 전환(**황포군관학교**에 입교)
  - **조선혁명간부학교 설립**(1932), 조선민족혁명당 주도, 조선의용대 조직(1938)

분석

❶ 신채호는 '조선혁명선언'에서 외교론, 자치론, 준비론, 문화운동론 등의 독립노선을 기회주의, 타협주의로 비판하였다.

❷ '조선혁명선언'에서 신채호는 일제에 대한 폭력 투쟁의 정당성과 민중의 직접 혁명을 주장하였다. 이 글은 무정부주의(아나키즘)의 사상적 영향을 받았다.

■ 조선 혁명 선언(민중 직접 혁명론)

❶ '내정독립'이나 '참정권'이나 '자치'를 운운하는 자 누구이냐? …… 이상의 이유에 의하여 우리는 우리의 생존의 적인 강도 일본과 타협하려는 자나 강도 정치 하에서 기생하려는 주의를 가진 자나 다 우리의 적임을 선언하노라. …… ❷ 민중은 우리 혁명의 중심부이다. 폭력은 우리 혁명의 유일한 무기이다.

우리는 민중 속에 가서 민중과 손을 잡아 끊임없는 폭력-암살, 파괴, 폭동-으로써 강도 일본의 통치를 타도하고 우리 생활에 불합리한 일체 제도를 개조하여 인류로써 인류를 압박치 못하며, 사회로써 사회를 약탈하지 못하는 이상적 조선을 건설할지니라.   – 신채호, 1923년 1월 –

2) 한인 애국단

○ **상하이 사변**
만주사변으로 중국인의 반일 감정이 고조되는 가운데, 상하이의 외국인 조계지에서 일어난 중국인과 일본인 사이의 살상 사건의 처리 문제로 양측 군대가 충돌하였다.

- 조직: 임시정부의 활로를 모색하기 위해 김구가 조직한 의거 단체(1931)
- 이봉창: 도쿄에서 일왕 폭살 기도(1932) 도쿄(사쿠라다몬)에서 일왕 마차를 폭탄 저격
- 윤봉길: 상하이 훙커우 공원 폭탄 투척 의거(1932) → 상하이 사변 응징, 임시 정부의 위상 제고, 장제스의 임시 정부 지원 약속(한국광복군 창설 계기)
  시라카와 대장 등 다수의 일본인 고관 처단

3) 기타 의거

- 강우규: 사이토 총독 암살 기도(1919)
- 조명하: 타이중 의거(1928, 일본 국왕의 장인 암살)

| 기출지문 |

02. 윤봉길 의거 이후 중국 국민 정부는 중국 군관학교 뤄양분교에 한국인 특설반을 설치하는 등 한국의 독립운동을 적극 지원하였다.

08 1920년대 무장독립 전쟁

1) 위대한 승리
- 독립군의 탄생
  - 서간도 지역 : 서로군정서(지청천 등 신흥무관학교 출신)
  - 북간도 지역 : 국민회군, 북로군정서군(대종교 계열)
- 봉오동 전투 ─ 대한독립군(홍범도), 국민회군(안무), 군무도독부(최진동) 등 참여
- 청산리 전투
  - 훈춘 사건을 조작하여 북간도 지역으로 일본군 파병
  - 북로군정서군(김좌진)과 독립군 연합부대가 청산리 일대에서 일본군 격파(백운평, 어랑촌 등)

※ 마지막 의병장
 : 채응언(1915, 체포)

2) 간도 참변과 자유시 참변

간도참변 → 밀산 대한독립군단 → 자유시참변

- 간도 참변 ─ 일본군이 간도 지방의 한국인 대학살(청산리 전투 패배에 대한 보복)
- 대한독립군단 ─ 간도 참변 이후 밀산에서 조직된 독립군 연합부대(서일, 홍범도)
- 자유시 참변 ─ 독립군 내부의 파벌 대립과 소련 적색군의 배신으로 독립군의 피해

● **자유시 참변**
서일, 홍범도 (총재) (부총재)
청산리 전투 이후 밀산에서 독립군을 재편성하여 대한독립군단을 결성하였다. 이들은 소련령 자유시로 이동하였으나 소련 적색군의 무장 해제 요구에 저항하다 많은 독립군이 전사하거나 포로가 되었다.

● **미쓰야 협정**
한국의 독립운동가를 중국 관헌이 체포하여 일본측에 넘긴다는 내용이다. 이로인해 독립군은 일본 군경뿐만 아니라 현상금을 노리는 만주 군벌 경찰의 감시와 탄압도 피해야 했다.

3) 3부의 성립과 통합 운동
- 3부의 설립
  - 민정(자치정부) 및 군정 기관
  - 참의부(임시 정부 직할), 정의부(남만주), 신민부(북만주)
- 미쓰야 협정 ─ 독립군 탄압을 위해 일제와 만주 군벌이 맺은 협정(1925)
- 통합 노력
  - 남만주 지역 : 국민부 결성(1929) → 조선혁명군(양세봉)
  - 북만주 지역 : 혁신의회 결성(1928) → 한국독립군(지청천)

● 봉오동 전투·청산리 전투

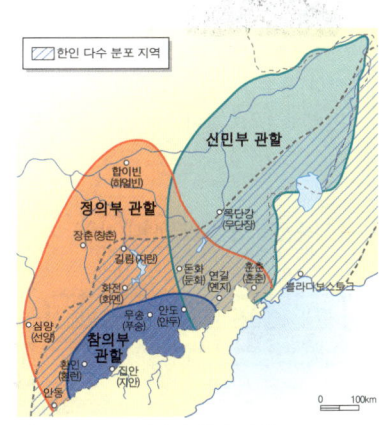
● 3부의 활동 지역

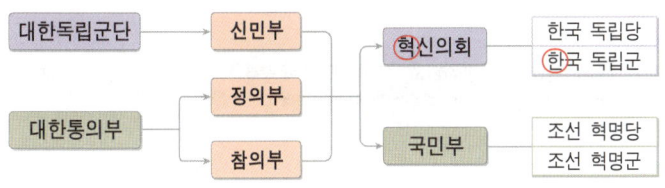
● 독립군의 재편 (계통 암기)

■ 여성 독립운동가

○ 윤희순(1860~1935)

　최초의 여성 의병장 윤희순은 '안사람 의병가', '병정의 노래' 등의 시를 지어 의병들의 사기를 진작하였다. 1907년 정미의병이 일어나 시아버지 유홍석이 의병장으로 싸울 때 춘천시 남면에서 부녀자들을 동원해 의병 활동을 지원하였다. 국권피탈 이후 가족 모두가 중국으로 망명하여 독립 운동에 헌신하였다. 아들이 고문으로 숨지자 스스로 곡기를 끊고 75세에 순국하였다.

○ 박차정(1910~1944)

　박차정은 근우회, 신간회 회원으로 활동하였으며, 광주 학생 항일 운동 동조 시위를 벌이다가 체포되었다. 그 후 중국으로 건너가 의열단 단장 김원봉과 결혼해 의열단원으로 활약하였다. 1938년 조선 의용대 부녀복무단 단장을 맡아 항일 투쟁을 이어갔다. 이듬해 일본군과 교전하다 부상을 입고, 그 후유증으로 고생하다 1944년 사망하였다.

○ 남자현(1872~1933)

　남자현은 중국으로 건너가 서로군정서에서 활약하다 1925년 국내로 잠입하여 사이토 마코토 총독 암살 계획을 추진하였다. 1932년 만주사변과 만주국을 조사하기 위해 국제연맹의 리튼 조사단이 하얼빈에 도착하자, 남자현은 무명지를 끊어 '조선독립원'이라는 혈서를 써서 끊어진 손가락과 동봉하여 리튼 조사단에 전달하여 독립을 호소하였다.

■ 안창호(1878~1938)

　평안남도 강서군 출신으로 일찍 기독교에 입교하였다. 1898년 독립협회 활동에 참여하였으며, 점진학교를 설립하였다. 1900년에 미국으로 건너가 공립협회를 설립하고 교포들의 계몽에 힘썼다. 1907년 신민회를 조직하고 대성학교를 설립하였다. 1911년 다시 미국으로 건너가 대한인국민회 활동에 참여하였으며, 1913년 샌프란시스코에서 흥사단을 결성하였다.

　1919년 3·1 운동 이후 상해 임시 정부의 내무총장을 역임하였으며, 국민대표회의에 참여하였다. 윤봉길 의거 직후 체포되어 복역하였으며, 1937년 수양동우회 사건으로 다시 체포되었다가 병보석으로 풀려난 뒤 이듬해 사망하였다.

■ 민족 연합 전선(1930년대 이후)

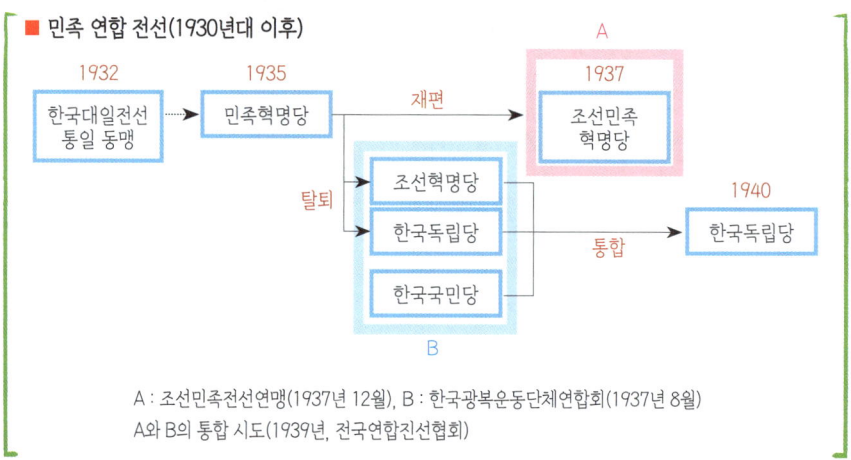

A : 조선민족전선연맹(1937년 12월), B : 한국광복운동단체연합회(1937년 8월)
A와 B의 통합 시도(1939년, 전국연합진선협회)

09 1930년대 무장독립 운동

Ⅶ. 독립 운동사

1) 한·중 연합군의 활동

- 배경: 만주사변과 만주국 수립 → 만주 각지에서 항일군 조직(한중연합작전)
- 남만주: 조선혁명군(양세봉)이 중국 의용군과 연합하여 **영릉가 전투**, **흥경성 전투**에서 일만연합군 격퇴
- 북만주: 한국독립군(지청천)이 중국 호로군과 연합하여 **쌍성보 전투**, **대전자령 전투**에서 일만연합군 격퇴

○ 한·중 연합 작전

2) 항일 빨치산

- 동북항일연군 ─ 만주 지역의 조선인 공산주의자들과 중국 공산당 유격대의 연합
  └ **보천보 전투**(1937)
- 조국광복회 ─ 동북항일연군이 주도하는 반제통일전선 조직

3) 민족혁명당과 조선의용대

- 민족혁명당 ┬ 민족 연합 전선 노력(한국대일전선통일동맹)
             └ 1935년 난징에서 5당 통합을 통해 **민족혁명당** 결성
- 조선민족 혁명당: 의열단(김원봉)이 주도하자 조소앙, 지청천 탈퇴 → 조선민족혁명당으로 개편(1937)
- 조선민족 전선연맹: 중일전쟁 직후 통일 전선을 강화하기 위해 결집, **조선의용대** 조직(1938)
- 조선의용대 ┬ 중국 관내 최초의 한국인 군사 단체, 중국 국민 정부의 지원
             ├ 양쯔강 중류 일대에서 **대일 항전 전개**(심리전, 후방 공작 활동)
             └ 일부가 화북지방으로 이동하여 **조선의용대 화북지대 결성**(호가장 전투, 반소탕전), 남은 세력은 충칭 임시 정부에 합류(1942)

■ 한중연합군의 활동

○ 중동철도를 경계선으로 하여 ❶서부전선은 중국군이 맡고, 동부전선은 한국군이 맡는다.
○ ❷중국과 한국 양국의 군민은 한마음 한뜻으로 일제에 대항하여 싸우고, 인력과 물자를 나누어 쓰며, 합작의 원칙하에 국적에 관계없이 그 능력에 따라 항일공작을 나누어 맡는다.

분석

❶ 한국독립군과 중국 호로군의 합의 내용이다. 이들은 북만주 지역에서 쌍성보 전투, 대전자령전투, 사도하자 전투, 동경성 전투 등에서 일만 연합군을 격파하였다.
❷ 조선혁명군과 중국의용군의 합의 내용이다. 이들은 남만주 지역에서 영릉가 전투, 흥경성 전투 등에서 일본군에 승리하였다.

기출지문

03. 1935년 민족혁명당에 합류하지 않은 김구, 이동녕 등은 항저우에서 한국 국민당을 조직하였다. 이들은 중일전쟁 이후 한국독립당(조소앙), 조선혁명당(지청천) 등과 한국광복운동단체연합회를 결성하였다.

10 Ⅶ. 독립 운동사
1940년대 무장독립 전쟁

CheckPoint

○ 한국 광복군

○ 행동준승 9개항
한국광복군 창설 초기 중국 국민당의 지원을 받기 위해 중국 국민당 군사위원회의 지휘를 수용하겠다는 9개항의 각서를 맺었다. 1944년 끈질긴 협상을 통하여 독자적인 작전권을 확보하였다.

○ 삼균주의
조소앙이 독립운동의 기본 방략 및 조국 건설의 지침으로 체계화한 이론이다. 개인과 개인, 민족과 민족, 국가와 국가의 평등 실현을 전제로 정치·경제·교육의 평등을 강조하였다.

1) 충칭 임시정부

① 충칭 임시정부의 재정비
- **한국독립당** 조직 (3당 통합 : 국민당, 한국독립당, 조선혁명당)
- **건국강령 제정 : 조소앙의 삼균주의**(정치, 경제, 교육)
- 민족통일전선 형성 : 민족주의 좌파인 조선민족혁명당(김원봉) 합류
  → 좌우 연합정부로 발전

② 한국광복군(1940)의 활동
- 지청천 중심, **조선의용대 일부를 편입(1942)**
- 한국 광복군 행동 준승 9개항(중국 국민당정부와 맺은 군사협정)
- 대일본 선전포고(1941. 12)
- **영국군과 연합작전 전개** : 인도·미얀마 전선에 공작대를 파견하여 포로심문, 암호번역, 선전전단 작성, 대적 회유방송 활동(1943)
- 미국 OSS와 연합하여 **국내 진입 작전 준비(1945)**

2) 조선독립동맹(1942)과 조선의용군 : 좌파(사회주의) 계열

- 조선독립동맹 결성(김두봉) : 화북조선청년연합회가 조선의용대원을 흡수하여 조직, 산하 군사조직으로 조선의용군을 둠
- 조선의용군 : 옌안에 본부를 두고 중국 공산당 팔로군과 함께 항일전을 수행
  (중국 공산당 본부)

○ 1940년대 무장독립군

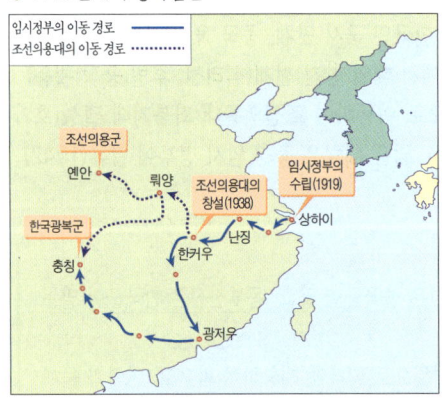

○ 충칭 임시정부의 연보

1940	한국독립당 조직, 한국광복군 창설, 4차 개헌(주석제)
1941	건국강령 제정, 대일본 선전 포고
1942	조선의용대 일부 편입
1943	영국군과 연합 작전 (인도, 미얀마)
1944	제5차 개헌(주석·부주석 체제)
1945	국내 정진군 편성

분 석
건국강령은 제1장 총강, 제2장 복국(復國), 제3장 건국으로 구성되었다. 건국강령은 정치적으로는 민주공화국의 건설, 사회경제적으로는 균등사회의 건설을 지향하였다. 건국강령은 조소앙이 제창한 삼균주의를 이론적 틀로 삼았으며, 대체로 민주사회주의의 성격을 지니는 것이었다.

■ **대한민국 건국 강령(1941)**
삼균제도를 골자로 한 헌법을 실시하여 정치와 경제와 교육의 민주적 시설로 실제상 균형을 도모하며 전국의 토지와 대생산기관의 국유가 완성되고 전국의 학령 아동 전체가 고급교육의 면비수학(무상교육)이 완성되고 보통선거가 구속 없이 완전히 실시되어 (중략) 자치조직과 행정조직과 민중단체와 민중조직이 완비되어 삼균제도가 배합 실시되고 경향 각층의 극빈 계급에게 물질과 정신상 생활 정도와 문화 수준이 제고 보장되는 과정을 건국의 제2기라 함.

10 | 1940년대 무장독립 전쟁
11 | 국외 이주 동포들의 활동

■ **한국광복군의 대일본 선전 포고(1941. 12)**

우리는 3천만 한국 인민과 정부를 대표하여 삼가 중·영·미·소·캐나다 기타 제국의 대일 선전이 일본을 격패(擊敗)하게 하고 동아를 재건하는 가장 중요한 수단이 됨을 축하하여 이에 특히 다음과 같이 성명한다.……
3. 한국·중국 및 서태평양으로부터 왜구를 완전히 구축하기 위하여 최후 승리를 거둘 때까지 혈전한다.
— 대한민국 임시정부 주석 김구, 외무부장 조소앙 —

분 석
1941년 12월 태평양 전쟁이 발발하자 임시 정부는 대일 선전 성명서를 발표하고, 연합국의 일원으로 일본에 대항하여 싸울 것을 천명하였다.

11 | 국외 이주 동포들의 활동

1) 만주 지역
- 활동: 민족학교 설립, 독립군 활동 지원
- 시련: 간도참변(1920), 만보산 사건(1931)

2) 연해주 지역
- 활동: 신한촌 형성, 권업회(1911), 대한국민의회(1919)
- 시련: 중앙 아시아 강제 이주(1937, 까레이스키)

3) 일본 지역
- 활동: 2·8 독립 선언(1919), 신간회 동경 지회 등
- 시련: 관동대학살(관동 대지진 때 많은 조선인들의 희생)

4) 미주 지역
- 국권 피탈 이후: 대한인국민회(1910), 자유 한인 대회(1919), 임시 정부 활동 지원
- 1940년대: 재미한족연합위원회(1941), 한인국방경비대(1942, 일명 맹호군)

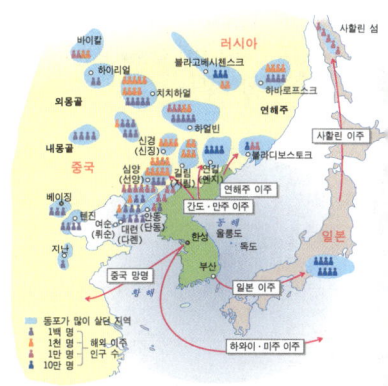

한민족의 해외 이주
(1890~1930년대)

■ **만보산 사건(1931. 7)**
한·중 농민 간에 발생한 수로 싸움에서 일본 경찰이 조선 농민을 편들면서 중국 농민에게 발포하자, 이를 계기로 국내와 만주에서 두 민족 사이에 유혈 충돌이 여러차례 발생하였다. 그 결과 중국인들의 반한 감정이 확산되어 만주 지역의 동포들과 독립군은 활동에 큰 어려움을 겪게 되었다. 이러한 상황을 극복하기 위해 임시정부와 한인 애국단은 윤봉길 의거를 감행하였다.

■ **관동 대학살**
1923년 9월 일본에서 관동 대지진이 일어나 인명과 재산 피해가 발생하였다. 이로 인해 민심이 동요하자 일본은 정부가 앞장서 사회 불안의 원인을 조선인 탓으로 돌렸다. 조선인이 폭동을 일으키려고 우물에 독을 넣었다는 낭설이 널리 퍼지자 지진의 피해로 흥분한 일본인들은 자경단을 조직하여 관헌과 함께 2주간에 걸쳐 조선인을 찾아내어 살해하였다. 당시 살해된 조선인의 수는 7,500명 정도로 파악된다.

VII. 독립 운동사
12 사회적 민족운동의 전개

1) 사회주의 사상의 수용
- 수용
  - 3·1운동 이후 청년, 지식인층을 중심으로 확산
  - 단체 : 서울 청년회, 화요회, 북풍회 등
- 조선공산당 (1925~1928)
  - 6·10 만세운동 주도, 신간회 참여
  - 1925년 치안유지법을 제정하여 사회주의 세력 탄압

2) 사회적 민족운동
- 청년 운동 — 민중 계몽(강연회, 토론회, 야학 개최), 조선 청년 총동맹(1924) 청년계 통합 단체
- 소년 운동 — 방정환 중심, '어린이 날' 제정(1922, 천도교 소년회), 잡지 어린이 발간
- 여성 운동
  - 여성 계몽, 문맹 퇴치, 구습 타파에 주력
  - 근우회(1927) : 여성계 민족 협동 전선 조직, 신간회 자매 단체
- 형평 운동 — 백정에 대한 사회적 차별 철폐 주장, 조선 형평사 조직(1923, 진주)

● 백정에 대한 차별
호적에 올릴 때 이름 앞에 붉은 점을 찍어 표시하거나 도한(屠漢)으로 기재하였을 뿐만 아니라 입학 원서나 관공서에 제출하는 서류에도 반드시 신분을 표시하도록 하였다.

분석|
1927년 조직된 근우회는 여성계 민족 협동 전선 조직으로, 기관지 '근우'를 발간하였다. 근우회는 여성에 대한 차별 철폐, 봉건적인 인습 타파 등을 행동 강령으로 내세웠다.

■ **근우회 창립 취지문(1927)**
우리 사회를 위하여 분투하려면 우선 조선 자매 전체의 역량을 공고히 단결하여 운동을 전반적으로 전개하지 아니하면 안 된다. 일어나라! 단결하자! 분투하자! 조선의 자매들아!

분석|
1923년 진주에서 조직된 조선 형평사는 백정들에 대한 차별 철폐를 위한 사회 운동을 전개하였다.

■ **조선 형평사 취지문**
공평은 사회의 근본이고 사랑은 인류의 본령이다. 그런고로 우리들은 계급을 타파하고 모욕적 칭호를 폐지하여 교육을 장려하며 우리들도 참다운 인간이 되는 것을 기하는 것이 본사(本社)의 주지(主旨)이다.

3) 6·10만세 운동(1926)
6월 7일 천도교계와 공산당 간부 체포
- 배경 식민지 교육 정책에 대한 반발, 순종의 인산   조선학생과학 연구회
- 전개 조선공산당과 천도교계열이 반일운동 계획 → 학생 주도 만세 시위
- 의의
  - 학생 운동 세력이 항일 민족 운동의 구심체로 등장
  - 민족주의계와 사회주의계의 대립·갈등을 극복하는 계기
  → 민족 유일당 운동[신간회 탄생에 기여]

4) 광주 학생 항일 운동(1929)
▶ 나주역 사건(10월 30일) → 편파적인 사건 처리
- 배경 일제의 민족 차별과 식민지 교육
- 전개 한·일 학생 간의 충돌에서 시작 → 학생 비밀 결사, 신간회 등의 지도
  → 전국적 규모의 항일 투쟁으로 발전   진상 조사단 파견 (민중대회 개최)
- 의의 학생과 시민들이 합세한 3·1운동 이후 최대의 항일 민족 운동
  성진회, 독서회 주도 가두시위, 동맹휴학(11월 3일)

■ 격고문(6·10 만세 운동)

조선 민중아! 우리의 철전지 원수는 자본·제국주의 일본이다.
2천만 동포야! 죽음을 각오하고 싸우자!
만세 만세 조선 독립 만세

3. 횡포한 총독정치를 구축하고 일제를 타도하자.
4. 학교의 용어는 조선어로
8. 동양척식주식회사를 철폐하자.
14. 8시간 노동제를 실시하라.
16. 소작제는 4·6제로 하고 공과금은 지주가 부담하라.

■ 격문(광주 학생 항일 운동)

장엄한 학생, 대중이여 궐기하라! 우리의 슬로건 아래로!
○ 검거된 학생들을 즉시 우리 손으로 탈환하자.
○ 언론·출판·집회·결사·시위의 자유를 획득하자.
○ 식민지적 노예 교육 제도를 철폐하라.

나주역 사건의 편파 처리

■ 일제 강점기 생활 모습의 변화

서울은 1910년 강제 병합 후에 경성(京城)이라 불렸고, 일본인 거주자들이 급증하였다. 1930년대 일본인은 본정(충무로), 명치정(명동), 황금정(을지로) 일대를 중심으로 거주하였다. 청계천을 경계로 남쪽의 일본인 거리는 남촌, 북쪽의 한국인 거리는 북촌으로 불렀다. 서울에는 백화점이 여럿 세워졌으며, 다방과 카페가 즐비하였다.
1927년부터 모던걸, 모던보이라고 불리는 새로운 스타일의 소비 주체가 등장하였다. 이들은 유성기로 서양노래와 일본노래를 듣고 극장에서 가서 서양영화를 보고 백화점에서 일제상품을 쇼핑하였다.
농촌 지역의 주택은 초가집이 대부분이었으나, 도시에서는 전통 가옥에 일본식과 서양식을 절충한 주택이 새로 나타났다. 1930년대 나타난 문화 주택은 2층 양옥으로 응접실, 침실 등을 갖추었으며, 상류층이 거주하였다. 영단 주택은 1940년대 들어 도시민 특히 중하층 서민의 주택난을 해결하려고 지은 일종의 국민 연립 주택이었다. 서울 변두리에는 빈민이 토막집을 짓고 살았다.
의생활에서는 직장인을 중심으로 양복을 입는 사람이 늘어났다. 여성의 양장(블라우스와 스커트 차림), 단발머리와 파마머리, 스타킹과 하이힐 등도 도시에서 흔히 볼 수 있게 되었다. 1940년대에 전시 체제가 되면서 남자는 국방색 국민복을 입고, 여자는 몸뻬라는 바지를 입어야 했다.
식생활에서는 빵, 케이크, 카스텔라, 비프스테이크, 아이스크림 등 서양 음식이 대중에게도 본격 소개되었다. 이러한 서양 식품의 소비는 주로 도시 상류층에 한정되어 있었다. 중일 전쟁 이후 쌀 공출제를 실시함에 따라 식량 부족 현상은 더욱 심각해졌다. 서민은 잡곡밥을 먹거나 소나무 속껍질로 만든 송기떡, 콩깻묵, 밀기울, 술찌기를 먹으면서 연명하기도 하였다.

13 민족유일당운동 (= 민족협동전선운동)

VII. 독립 운동사

1) 민족 유일당 운동의 전개

- 배경 ┬ 민족 운동의 분열, 자치 운동론의 대두 이광수(민족적 경륜)
       └ 치안유지법 제정 이후 사회주의계의 변화 모색 → 정우회 선언
- 국외 ─ 한국 독립 유일당 북경 촉성회(1926), 3부 통합 운동(만주)
- 국내 ┬ 6·10 만세 운동 → 조선 민흥회(1926. 7) → 정우회 선언(1926. 11)
       └ 신간회(1927. 2), 근우회(1927. 5) 탄생

2) 신간회(1927~1931)

- 창립 ─ 이상재(회장)·홍명희(부회장), 서울에 본부, 지방과 해외에 지회 설치
- 강령 ─ 민족 대단결, 정치·경제적 각성 촉구, 기회주의 배격
- 활동 ┬ 민중 계몽(토론회, 강연회), 대중 운동 지원(원산 노동자 총파업, 광주 학생 항일 운동)
       └ 조선인 본위의 교육, 일본인 이민 반대, 여성 차별 철폐 등 요구
- 해체 ┬ '민중 대회' 사건 이후 집행부의 우경화 [온건 합법 노선 중시, 지회의 반발]
       └ 코민테른의 노선 변화(통일 전선 강화 → 계급 투쟁 강화)
         1928년 중국의 국공합작이 붕괴되자
         노선변화(통일전선 보다는 민중투쟁을 강화하는 방향으로)

1929년 신간회의 활동 절정
→ 143개 지회, 회원 4만명
[대중적 정치 사회 단체로 성장]

● 민중대회 사건
광주학생항일운동이 일어나자 신간회는 진상 조사단을 파견하고, 진상 보고를 위한 민중대회를 계획하였다. 그러나 일제의 탄압으로 허헌, 홍명희 등 지도부가 검거됨으로써 실행되지 못하였다.

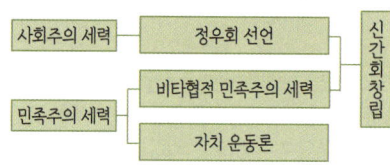

● 신간회의 강령
1. 우리는 정치적·경제적 각성을 촉진한다.
1. 우리는 단결을 공고히 한다.
1. 우리는 기회주의를 일체 부인한다.
    자치운동론

분석
❶ 사회주의 계열의 사상 단체 정우회는 1926년 '정우회 선언'을 발표하여 민족주의 세력과의 제휴를 주장하였다.
❷ 코민테른은 민족주의 세력과의 연합 대신 계급 투쟁을 강조하는 노선으로 전환하였다.

■ 신간회

자료 1 정우회 선언(1926. 11)
민족주의적 세력에 대하여는 그 부르주아 민주주의적 성질을 명백하게 인식하는 동시에 또 과정상 동맹자적 성질도 충분히 승인하여, ❶ 그것이 타락하지 않는 한 적극적으로 제휴하여 대중의 개량적 이익을 위하여서도 종래의 소극적 태도를 버리고 분연히 싸워야 할 것이다.

자료 2 해소론(사회주의계)
소시민(봉급 생활자, 자영업자 등)의 개량주의적 정치 집단으로 변질한 현재의 신간회는 무산 계급(농민, 노동자)의 투쟁욕 성장에 장애가 되고 있다. 노동자 투쟁과 농민 투쟁을 강력하게 펼치기 위해서는 ❷ 신간회를 해소하고 노동자는 노동 조합으로, 농민은 농민 조합으로 돌아가야 한다.

| 기출지문
04. 신간회는 조선인에 대한 착취 기관 철폐, 일본인의 조선 이민 반대, 타협적 정치 운동 배격, 한국인 본위의 교육 실시, 여성에 대한 차별 철폐 등을 내걸고 활동하였다.

14. 실력양성운동

VII. 독립 운동사

1) 개관
- 전개
  - 문화통치 실시 이후 실력양성론(준비론) 등장, 사회진화론의 영향
  - 1920년대 초 물산장려운동, 민립 대학 건립 운동 등 전개
- 변질 — 1920년대 중반 최남선, 이광수 등은 민족개조론과 자치론 주장

2) 물산 장려 운동
- 배경 — 회사령 폐지 이후 민족 기업 증가, 관세 철폐의 움직임
- 단체 — **조선 물산 장려회(1920, 평양)**, 자작회(학생), 토산 애용 부인회 등
- 쇠퇴 — 토산물 가격의 상승 초래, 사회주의 세력의 반대

3) 민립대학 건립 운동
- 전개
  - 이상재 등이 **민립대학기성회 조직(1923)**
  - 민립 대학 설립을 목표로 전국적인 모금 운동 전개
- 실패
  - 자연재해, 총독부의 방해, 지방 부호의 소극적 참여로 모금 운동 중단
  - 총독부는 **경성 제국 대학 설립(1924)**

4) 문맹 퇴치 운동
- 문자보급 운동 (1929~34) — 조선일보 주도, 한글 교재 보급, 순회 강연
- **브나로드 운동** (1931~34) — 동아일보 주도, 농촌 계몽 운동(야학 개설), 상록수(심훈)

○ **경성 제국 대학**
조선총독부는 한국인의 고등 교육 열기를 무마하고 한국 거주 일본인의 고등 교육을 위해 1924년 경성 제국 대학을 설립하였다. 1946년 서울대학교가 설립되면서 통합되었다.

○ 브나로드 운동 포스터와 한글 보급 교재

■ **민족적 경륜**

그러면 지금의 조선 민족에게는 왜 정치적 생활이 없는가? …… 일본이 조선을 병합한 이래로 조선인에게는 모든 정치 활동을 금지한 것이 첫째 원인이다. …… 지금까지 해 온 정치적 운동은 모두 일본을 적대시하는 운동뿐이었다. 이런 종류의 정치 운동은 해외에서나 할 수 있는 일이고, 조선 내에서는 허용되는 범위 내에서 일대 정치적 결사를 조직해야 한다는 것이 우리의 주장이다.
— 이광수, '동아일보', 1924년 —

분석 | 이광수, 최린 등 타협적인 민족주의 세력은 일제의 식민지배를 인정하고 그 밑에서 정치적 실력 양성을 해야 한다고 주장하였다.

■ **조선 민립 대학 기성회 발기 취지서(1923)**

민중의 보편적 지식은 보통 교육으로도 가능하지만 심오한 지식과 학문은 고등 교육이 아니면 불가하며, 사회 최고의 비판을 구하며 유능한 인물을 양성하려면 (중략) 대학의 설립이 아니고는 다른 방도가 없도다.

분석 | 1923년 조선민립대학기성회가 조직되어 '한민족 1천만이 한사람이 1원씩'이라는 슬로건을 내걸고 민립 대학 설립을 위한 모금 운동을 전개하였다.

15. 농민운동과 노동운동

VII. 독립 운동사

CheckPoint

1) 농민운동(소작쟁의)

① 배경
- 토지조사사업, 산미증식계획 → 식민지 지주제 강화
- 과중한 소작 부담 : 고율의 소작료, 기타 종자 및 비료대금 부담
- 농촌 계몽 운동, 사회주의 사상

② 1920년대 : 경제적 권익 투쟁(소작료 인하, 소작권 이동 반대)

③ 1930년대
- 정치적 투쟁으로 발전(동척 타도, 식민지 지주제 철폐, 토지분배)
- 적색농민운동 : 사회주의 세력과 연계, 혁명적 농민 조합 사회주의 색채가 강한 농민 조합
- 총독부의 대응 : 농촌진흥운동(1932~40) 전개

④ 농민 단체 : 각종 소작인 조합, 농민조합 → 조선 농민 총동맹(1927)

⑤ 대표적 사건 : 암태도 소작쟁의(1923)

소작 쟁의

농촌진흥운동(1932~40)
① 배경 : 적색 농민 운동
② 목적 : 농민들의 불만 억제, 각종 농민 운동 통제
③ 내용 : 농촌 생활 개선, 농민의 정신계몽 (소작조정령, 조선농지령)

2) 노동운동(노동쟁의)

① 배경
- 식민지 공업화 정책 → 저임금, 장시간 노동, 열악한 작업 환경
- 1930년대 병참기지화 정책 → 노동력 수탈 심화
- 사회주의 사상

② 1920년대 : 생존권 투쟁 중심(임금 인상, 노동시간 및 환경 개선 요구)

③ 1930년대
- 반제, 반일투쟁으로 발전
- 사회주의자들과 연결된 혁명적 노동 조합 형태로 전개

④ 노동 단체 : 조선노동 총동맹(1927)

⑤ 대표적 사건 : 원산 노동자 총파업(1929)
노동자 구타 사건 계기, 지역 단위 연대 파업, 국내외 노동 단체의 지지와 격려

노동 쟁의

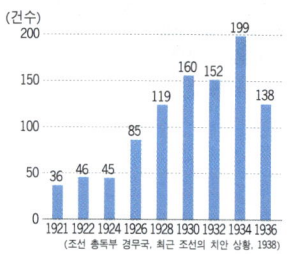

강주룡
→ 을밀대 지붕에서 농성(1931)

노동·농민운동 단체

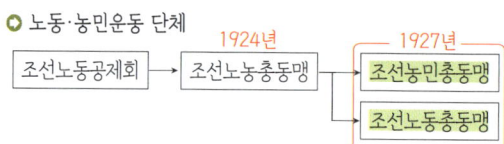

16. 일제의 교육 정책

Ⅶ. 독립 운동사

1) 일제의 식민지 교육 정책

시기	교육정책	내용
헌병경찰통치	1차 조선교육령 (1911)	• 한국인 교육을 보통·실업·전문교육으로 한정 • 식민지 차별교육(보통학교 4년)
문화통치	2차 조선교육령 (1922)	• 일본식 학제로 변경(보통학교 6년, 학교 수 증대) • 조선어 필수, 그러나 일본어 교육 강화에 역점
민족말살통치	3차 조선교육령 (1938) 4차 조선교육령 (1943)	• 황국신민화 교육 • 조선어 선택과목, 1940년대 조선어 교육 폐지 • 심상소학교(1938) → 국민학교(1941)

■ 3차 조선 교육령(1938)

제1조 소학교는 국민 도덕의 함양과 국민 생활의 필수적인 보통의 지능을 갖게 함으로써 ❶ 충량한 황국 신민을 육성하는데 있다.
제13조 ❷ 심상소학교의 교과목은 수신, 국어(일어), 산술, 국사(일본역사), 지리, 이과, 직업, 도화, 수공, 창가, 체조이다. ❸ 조선어는 수의과목으로 한다.
 – '조선총독부 관보' –

분 석
❶ 중·일 전쟁(1937) 이후 일제는 황국 신민화 정책을 추진하였다.
❷ 보통학교와 소학교의 이원적 학제를 통합하여 심상소학교로 바꾸었다.
❸ 조선어를 선택과목으로 지정함으로써 사실상 조선어 과목을 폐지하였다.

■ 개량서당

1908년에 제정되었던 사립학교령이 1911년 사립학교 규칙으로 바뀌면서 사립학교가 대거 폐쇄되었다. 이에 대한 대안으로 개량서당이 곳곳에 설립되었다. 개량서당에서는 기존의 서당이 가르쳐왔던 내용뿐만 아니라 사립학교에서 하던 근대교육도 실시하였다. 개량서당이 확산되자 일제는 1918년 서당규칙을 만들어 개량서당을 탄압하였다.

■ 학제

1차 교육령	일본인	소학교 6년, 중학교 5년
	조선인	보통학교 4년, 고등보통학교 4년
2차 교육령	일본인	소학교 6년, 중학교 5년
	조선인	보통학교 6년, 고등보통학교 5년
3차 교육령	통합	소학교 6년, 중학교 5년

2) 한국사 왜곡

- 조선사 편수회 : 조선사 편찬위원회(1922) → 조선사 편수회(1925), 《조선사》 37권 편찬(1938)
  → 박은식의 한국통사(1915)에 대응하기 위해
- 식민 사관 : 타율성론(당파성론, 반도성론), 정체성론(봉건사회 부재론)

17 Ⅶ. 독립 운동사
국학연구, 문학과 예술

1) 국어 연구와 한글 보급

- 조선어 연구회 (1921)
  - 이윤재 · 최현배, "한글" 잡지 간행
  - 한글 기념일인 '가갸날' 제정
- 조선어학회 (1931~1942)
  - 한글 강습회 개최, 한글 맞춤법 통일안과 표준어 제정
  - 우리말 큰 사전 편찬 시도

조선어학회 사건 (1942)
함흥 사건을 계기로, 조선어학회를 독립운동 단체로 간주하여 탄압

2) 한국사의 연구 — 핵심은 역사학자! (박은식, 신채호, 백남운)

① 민족주의 역사학
- 신채호 : 낭가 사상 강조, 조선상고사, **조선사연구초** 저술
- 박은식 : 국혼 강조, **한국통사**, 한국독립운동지혈사 저술
- 정인보 : 조선얼 강조, 조선사연구 저술

② 사회경제 사학
- 역사발전을 유물사관(사적유물론)에 입각하여 연구
- **백남운**, [**조선사회경제사**] → 한국사를 세계사적 보편성 위에 체계화(정체성이론 비판) ─── 조선시대 사회 경제사 연구

③ 실증주의 사학
- 객관적인 역사 연구(랑케사관)를 통해 청구학회의 왜곡된 한국사 연구에 대항
- 진단학회(이병도, 손진태)

■ 그 밖의 역사학자
- 안재홍 : "조선상고사감", "신민족주의와 신민주주의"
- 문일평 : **조선심** 강조, **"대미관계 50년사"**
- 손진태 : 민속학 연구, **"조선 민족사 개론"**

● **백남운**
"조선 민족의 진로"를 집필하여 '연합성 신민주주의'를 제창하였다.

● **조선학 운동(1933)**
문일평 · 정인보 · 안재홍 등은 1933년 다산 정약용 연구를 중심으로 한 '조선학 운동'을 전개하였다. 이들은 1934년에 정약용의 저서를 모은 "여유당전서"를 발간하여 조선 후기 실학 사상을 재평가하였다.

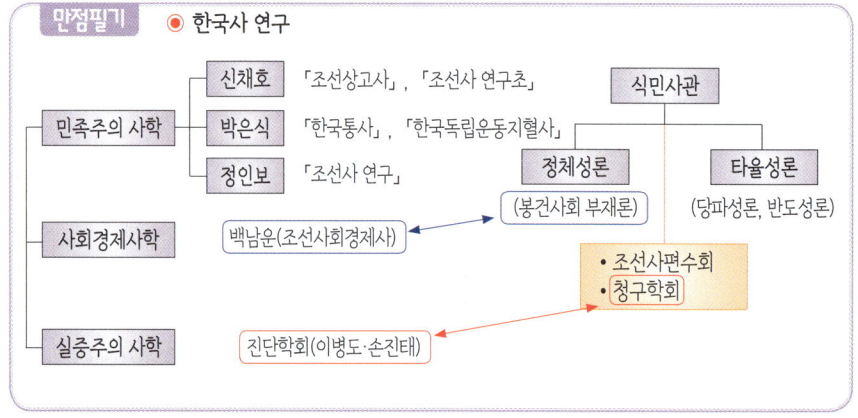

만점필기 ● 한국사 연구

- 역사가(신채호, 박은식, 백남운)
  - 아(我)에 대한 비아(非我)의 접촉이 잦을수록 비아에 대한 아의 투쟁이 더욱 맹렬하여, 인류 사회의 활동이 그칠 사이가 없으며 역사의 앞길이 완성될 날이 없으니, 그러므로 ❶ 역사는 아와 비아의 투쟁의 기록인 것이다.
  - 옛사람이 이르기를, 나라는 없어질 수 있으나 역사는 없어질 수 없다고 하였으니, 그것은 ❷ 나라는 형체이고 역사는 정신이기 때문이다.
  - 우리 조선의 역사적 발전의 전 과정은 가령 지리적 조건, 인종학적 골상, 문화 형태의 외형적 특징 등 다소의 차이는 인정되더라도, 다른 문화 민족의 역사적 발전 법칙과 구별되어야 하는 독자적인 것이 아니다. ❸ 세계사적인 일원론적 역사 법칙에 의해 다른 민족과 거의 같은 궤도로 발전 과정을 거쳐왔다.

분 석
❶ 신채호는 독사신론, 조선사연구초, 조선상고사 등을 저술하였으며, 민족 정신을 낭가 사상에서 찾았다.
❷ 박은식은 한국통사, 한국독립운동지혈사 등을 저술하였으며, 대한민국 임시 정부의 2대 대통령을 역임하였다.
❸ 백남운은 사적유물론에 입각하여 한국사를 세계사적 보편성 위에 체계화하는 연구 활동을 하였다.

3) 문학 활동
- 1910년대 ─ 이광수의 "무정"(1917)
- 1920년대 ─ 민족적, 저항적 작품 활동 : 김소월, 한용운, 이상화, 심훈 등
            └ 신경향파 문학 : 사회주의 계열의 카프(KAPF)결성
- 일제 말기 ─ 친일문학 경향 : 이광수, 최남선, 조병화, 모윤숙, 서정주 등
            └ 저항문인 : 이육사, 윤동주 등

◯ **개벽(1920~26)**
천도교 교단에서 발행한 월간 종합 잡지이다. 1920년 창간되었으나 정간, 발행금지, 벌금 등의 탄압을 받다가 1926년 폐간되었다.

◯ **신경향파 문학**
1924년 이후 백조파와 창조파의 낭만주의 및 자연주의 경향을 비판하고 일어난 사회주의 경향의 문학유파.

4) 예술 활동
- 음악   홍난파, 안익태(1936, 코리아 환상곡)
- 미술   안중식(한국전통회화), 이중섭(소)
- 연극   토월회(1923), 극예술연구회(1931)
- 영화   나운규의 아리랑(1926), 조선 영화령(1940)

◯ **일장기 말소 사건**
1936년 손기정 선수가 베를린 올림픽의 마라톤 종목에서 금메달을 획득하자 조선중앙일보와 동아일보는 손기정 선수의 사진에서 일장기를 삭제하고 보도하였다. 이 일로 조선총독부는 해당 기자를 구속하고 두 신문을 정간시켰다.

5) 종교 활동
- 천도교   여성 운동, 소년 운동, 문예 운동 주도, 잡지 발간(개벽, 신여성)
- 대종교   항일 무장 투쟁 주도(중광단, 북로군정서군)
- 외래종교 신사참배 거부 투쟁(기독교), 의민단(천주교)
- 불교   조선불교유신론(한용운), 조선불교유신회(1920) 일제의 불교계 간섭(사찰령 제정)
- 원불교   박중빈 창시, 새생활 운동 전개(허례 폐지, 미신타파 등)

분량은 콤팩트,
내용은 임팩트!

Compact History

VIII

한국 현대사

01. 8·15 광복
02. 좌우 대립의 심화
03. 대한민국 정부의 수립
04. 친일파 청산과 농지 개혁
05. 6·25 전쟁
06. 이승만 정부와 4·19 혁명
07. 5·16 군사정변과 박정희 정부
08. 1980년대 이후 정치 발전
09. 현대의 경제 발전
10. 현대의 사회·문화
11. 북한 현대사
12. 남북 대화

01. 8·15 광복

VIII. 한국 현대사

1) 연합국의 독립 약속

→ 적당한 시기에 조선을 자주독립시킬 결의를 한다.

명칭	참가국	주요 내용
카이로 선언(1943. 11)	미·영·중	한국 독립 최초 약속
얄타 회담(1945. 2)	미·영·소	소련의 대일전 참전
포츠담 선언(1945. 7)	미·영·중·(소)	한국 독립 재확인

■ 카이로 선언(1943.11), 포츠담 선언(1945.7)
○ 우리 세 나라는 현재 한국 국민이 노예 상태 하에 있음을 유의하여 **적당한 시기에 한국을 자주 독립 국가로 할 결의를 가지고 있다.**
○ 카이로 선언의 조항은 이행되어야 하며, 또 일본의 주권은 혼슈, 홋카이도, 큐슈, 시코쿠 및 우리들이 결정하는 여러 작은 섬에 국한될 것이다.

◉ 1945년 8월
- 8월 6일 : 원폭 투하(히로시마)
- 8일 : 소련 참전
  → 38도선 분할 점령
- 15일 : 일본의 항복
  건국준비위원회 결성
- 9월 6일 : 조선인민공화국 선포
- 8일 : 미군정청 설치

○ 조선건국준비 위원회

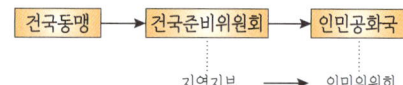

2) 건국 준비 활동

→ 활동지역, 이념적 성향은 서로 다르지만 일본의 패망이후 새롭게 건설될 나라는 민주공화국이 되어야 한다는 건국강령!

중국	충칭	대한민국 임시정부	건국강령 발표, 항일전 전개(한국광복군)
	옌안	조선독립동맹	조선의용군 조직(팔로군과 함께 항일전 전개)
국내		조선건국동맹	여운형 주도(1944), 조선건국준비위원회의 모태

일제의 패망 직전 건국동맹은 화북지방의 조선독립동맹과 연대 모색!

3) 8·15 광복

① 건국준비위원회(1945. 8) — 송진우·김성수 등 일부 우익 인사는 불참(임정봉대론) → 한국민주당 결성
- **여운형·안재홍** 등이 조선건국동맹을 바탕으로 '건준' 건설(좌우합작형태)
- **치안대 조직**(자주적 질서 유지 활동), 광복이후 최초의 정치 단체

건준 내 좌익 세력 주도, 안재홍 등 이탈
- 조선 인민공화국 선포(1945. 9. 6) 이승만(주석), 여운형(부주석) 추대 [당사자 불참]

② 38도선의 설정 : 얄타회담(1945. 2)으로 소련 참전(1945. 8) → 미국의 분할점령 제안

■ **조선 건국 준비 위원회**

본 준비 위원회는 우리 민족을 진정한 민주주의적 정권으로 재조직하기 위한 새 국가 건설의 준비 기관인 동시에 모든 진보적 민주주의적 제세력을 집결하기 위하여 각계각층에 완전히 개방된 통일 기관이요, 결코 혼잡한 협동 기관은 아니다.

<u>해방 직후 상황</u>
강령 3. 우리는 <u>일시적 과도기</u>에 있어서 국내 질서를 자주적으로 유지하여 대중 생활의 확보를 기함
　　　　　　　　　　　　　　　　　<u>치안대 활동</u>

분석 |
8월 15일 일제의 패망 직후 여운형은 안재홍 등과 함께 좌우 합작 형태로 조선건국준비위원회를 조직하였다.

4) 광복 직후 남북한 정세

　　　　　　　　　　　1945년 9월
① 남한 : 미군정의 직접통치 (맥아더 포고령 1호) 직접 점령 통치하겠다!
　　┌ '건준'과 '인공' 부정, 충칭임시정부 불인정　김구 주석과 임정요인들은 개인자격으로 귀국 허용
　　└ 총독부 체제를 그대로 유지, 한민당 지원, 친일파 등용
② 북한 : 소련군 사령부 설치 (간접통치)
　　┌ 평남건국준비위원회 해체
　　└ **인민위원회 인정**

■ **태평양 방면 미 육군 총 사령관 맥아더 포고령 1호(1945. 9. 7.)**

제1조 북위 38도선 이남의 조선 영토와 조선 인민에 대한 통치의 모든 권한은 당분간 본관의 권한 하에 시행 한다.
제2조 정부 등 모든 공공 사업 기관에 종사하는 직원과 고용인은 …… 별도의 명령이 있을 때까지 종래의 정상 기능과 업무를 수행할 것이며 ……
－ 시사연구소, "광복30년사" －

분석 |
맥아더 사령부는 9월 7일 포고문 제1호를 발표하고 38선 이남에 군정을 실시하였다. 미군정은 조선총독부 조직을 그대로 물려받아 일본인 관리와 총독부에 근무하던 한국인 관리를 유임시키거나 이들을 고문으로 활용하였다. 해방 후 피신해 있던 친일 경찰까지도 다시 불러 들였다.

■ **해방 직후 주요 정치 세력(남한)**

성향	정당 및 주요 인물
사회주의계(좌익)	조선공산당(박헌영), 남조선신민당(백남운) → 남조선노동당(1946)으로 개편
중도 세력	조선인민당(여운형), 김규식, 국민당(안재홍)
민족주의계(우익)	한국독립당(김구, 조소앙), 독립촉성중앙협의회(이승만), 한국민주당(송진우, 김성수)

| 기출지문 |

01. 일제의 패망 직전 조선 총독부의 엔도 정무총감은 여운형과 행정권 이양 문제를 교섭하였다.

02 좌우 대립의 심화

VIII. 한국 현대사

CheckPoint

1) 신탁 통치 문제
미국의 신탁 통치안 → 소련의 수정안 제시[확정]

① 모스크바 3국 외상회의(1945. 12) : **임시민주정부 수립**, **미소공동위원회 설치**, 최고 **5년간 신탁통치 결정** (동아일보의 오보 → 신탁통치 반대 운동)
  - 신탁통치 = 제2의 식민통치 즉각 독립 요구!

② 좌우 대립 심화
  - 우익(김구, 이승만, 한민당)은 신탁통치 반대(제2의 식민통치)
  - 좌익(공산당)은 처음에 반탁선언을 했다가 나중에 회의 결정안을 지지

③ 미소공동위원회의 개최와 결렬 (덕수궁)
  - 1차회의(1946. 4) : 미국(**모든 정치세력 참여**)과 소련(**협정 지지세력**)의 입장 차이로 무기한 휴회
  - 2차회의(1947. 5) : 트루먼독트린 → 완전 결렬

분석
미·영·소 3국 외상은 1945년 12월에 모스크바에서 회의를 열고 임시 민주정부 수립, 미·소 공동 위원회 설치, 최고 5년의 신탁 통치 실시 등을 결정하였다.

■ **모스크바 3국 외상 회의의 결정서(1945. 12. 28.)**
1. (중략) 임시 조선 민주주의 정부를 수립할 것이다.
2. 조선 임시 정부의 구성을 원조할 목적으로, …… 남조선 미합중국 점령군과 북조선 소연방 점령군의 대표자들로 **공동 위원회가 설치될 것**이다. 그 제안을 작성하는 데 있어 공동 위원회는 조선의 민주주의 정당 및 사회 단체와 협의해야 한다.
3. 공동 위원회의 제안은 **최고 5년 기한으로 4개국 신탁 통치를 협약**하기 위하여 미·영·중·소 여러 나라 정부가 공동 참작할 수 있도록 조선 임시 정부와 협의한 후 제출되어야 한다.

2) 좌우합작운동(1946. 7~1947. 8)

① 배경
  - 신탁통치 문제를 둘러싼 좌우 대립
  - 미소공위의 휴회
  - 이승만의 **정읍발언**(1946. 6)과 단독정부 수립운동 (남한 만의 단독정부 수립 주장!)

◎ 남조선 노동당의 신전술 (대중투쟁)
  → 9월 총파업, 대구 10월 봉기

② **좌우합작위원회**(1946. 7) 결성 (좌익 인사 5인, 우익 인사 5인)
  - 여운형·김규식 등 **중도파 주도**, **미군정의 지원**
  - **좌우합작 7원칙 제정**(1946. 10)

③ 실패 : 한민당·남로당 불참, 미군정의 지원 철회, 여운형 암살(1947. 7)
  - 중도파만 참여
  - 김구와 이승만 불참
  - 냉전 분위기 (정세변화)

분석
1차 미·소 공동위원회가 결렬되자 이승만은 남쪽만이라도 먼저 임시정부를 수립하자고 제의하였다.

■ **이승만의 정읍발언(1946. 6)**
이제 우리는 무기 휴회된 미·소 공동위원회가 재개될 기색도 보이지 않으며, 통일 정부를 고대하나 여의치 않게 되었으니, 우리는 **남쪽만이라도 임시정부 혹은 위원회 같은 것을 조직하여** 38도선 이북에서 소련이 철퇴하도록 세계 공론에 호소해야 할 것이니 여러분도 결심하여야 될 것이다.

03 대한민국 정부의 수립

VIII. 한국 현대사

■ 좌·우 합작 7원칙

1. 조선의 민주 독립을 보장한 모스크바 3국 외상 회의 결정에 의하여 남북을 통한 좌·우 합작으로 민주주의 임시 정부를 수립할 것.
2. 미·소 공동 위원회 속개를 요청하는 공동 성명을 발표할 것.
3. 토지 개혁에 있어 몰수, 유조건 몰수, 체감 매상 등으로 토지를 농민에게 무상으로 나누어 주며...
4. 친일파 및 민족 반역자를 처리할 조례를 본 합작 위원회의 입법 기구에 제안하여 입법 기구로 하여금 심리 결정하여 실시케 할 것.

→ 좌·우간의 쟁점인 토지 분배, 친일파 처리에 대해 절충

기출지문

02. 좌우합작위원회는 좌익이 제안한 5원칙과 우익이 제안한 8원칙을 절충하여 좌우합작 7원칙을 발표하였다. 이 원칙은 좌익과 우익 간에 이견이 심했던 토지 문제와 친일파 처리 문제 등을 중도적 입장에서 조정한 것이다.

● **남조선 과도 입법 의원** (미군정 입법 자문기구)
간접선거로 선출한 민선 의원 45명, 미군정에서 임명한 관선의원 45명으로 구성되었으며, 1946년 12월 12일 개원하여 1948년 5월 19일 해산되었다. 초대 의장에 김규식이 선임되었다.

---

03 | 대한민국 정부의 수립

1) 한반도 문제의 UN 이관

① UN 총회 결의
- 한반도 문제의 UN 이관(1947. 9) → UN 총회의 한국 문제 결의안(1947. 11)
- 주요 내용 : 인구비례에 의한 자유 총선거 실시, UN 한국 임시 위원단 설치

② UN 소총회 결의 : 소련이 UN한국임시위원단의 입북을 거부하자 UN소총회는 남한 지역만의 단독 총선거 실시 결정(1948.2)

● **UN 한국 임시 위원단**
1947년 11월 2차 국제연합(UN)총회의 결의에 따라 한반도 안에서 공정한 선거와 민주적인 정부 수립이 이루어지도록 돕기 위해서 설치되었다. 중립 8개국 대표로 구성되었다.

2) 남북 협상 ★

- 제의 : 김구, 김규식의 남북 협상 제의(1948. 2), '삼천만 동포에게 읍고함' 발표
- 전개 : 남북 지도자 회의(1948. 4, 평양)에서 단독정부 반대, 외국 군대 철수 결의
- 실패 : 5·10총선거 실시와 단독 정부 강행을 막지 못함, 김구 암살(1949. 6)

남측 인사(김구, 김규식, 조소앙, 홍명희 등)
북측 인사(김일성, 김두봉 등)

■ 김구의 '3천만 동포에게 읍고함'(1948년 2월 10일)

나는 통일된 조국을 건설하려다가 38도선을 베고 쓰러질지언정 일신에 구차한 안일을 취하여 단독 정부를 세우는 데는 협력하지 아니하겠다.

분석
남한 만의 단독 총선거가 가시화되자 김구는 김규식 등과 함께 통일 정부 수립을 위한 남북협상을 추진하였다.

VIII. 한국 현대사
04 친일파 청산과 농지 개혁

3) 제주 4·3 사건과 여수순천 10·19 사건

① 제주 4·3사건(1948) — 현지 경찰, 서북 청년단, 토벌군의 과잉 진압으로 사태 악화
  - 4월 3일부터 좌익을 중심으로 도민들의 무장 폭동 발발(미군 철수, 단독선거 반대)
  - 미군정의 진압 → 유격대를 조직하여 한라산을 근거로 활동(일부 지역 총선 미실시)

② 여·순 반란사건(1948. 10. 19)
  - 제주 4·3사건 진압 명령을 거부한 여수 주둔 군대의 반란 → 진압, 일부는 지리산에서 빨치산 활동
  - 반공정책 강화 : 숙군(肅軍) 작업, 국가보안법 제정(1948. 12)

4) 대한민국 정부의 수립

① 5·10총선거 실시 → 제헌국회 구성 (임기 2년)
  - 최초의 보통선거, 김구·김규식 등 남북협상파 불참, 공산주의자 불참
  - 제헌헌법 제정(7. 17) : 대통령 중심제(4년 중임제, 국회에서 간선), 단원제 국회

② 대한민국 정부의 수립(8. 15)
  - 대통령 이승만, 부통령 이시영, 국회의장 신익희, 국무총리 이범석, 대법원장 김병로 선출
  - UN의 공인(1948. 12) : 한반도의 유일 합법 정부임을 공인

CheckPoint

○ **제주 4·3 사건**
2000년 '제주 4.3 사건 진상 규명 및 희생자 명예 회복에 관한 특별법'이 제정되었다. 2025년 '제주 4.3 기록물'은 유네스코 세계기록유산으로 등재되었다.

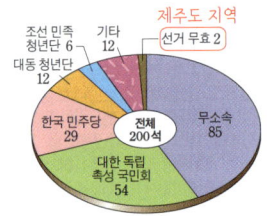

○ **5·10 총선거** 결과 정당별 의석 분포
→ 선거권 21세 이상

○ **국회 프락치 사건(1949)**
제헌국회 의원 중 13명이 주한 미군 철수를 위한 연판장 운동을 전개하였다. 그런데 이들의 행동에 남조선노동당이 개입된 것이 밝혀져 해당 국회의원들이 대거 구속되었던 사건이다.

04 친일파 청산과 농지 개혁

1) 친일파 청산을 위한 노력
남조선 과도 입법 의원에서 '민족 반역자, 부일 협력자, 간상배에 대한 특별 조례' 제정
→ 미군정의 인준 거부

① 미군정청 : 친일파 청산 외면
② 반민족행위처벌법 제정(1948. 9) : 반민족행위특별조사위원회(반민특위) 설치 — 국회의원 10명으로 구성
③ 반민특위의 활동
  - 박흥식, 노덕술, 이광수, 최남선 등 주요 친일혐의자 478명에게 구속영장 발부
  - 이승만 정부는 반공주의를 내세워 친일파 청산에 소극적 [친일파 청산 < 반공]
  - 친일세력은 반민특위 활동 방해(국회 프락치 사건, 반민특위 습격사건)
  - 반민특위 해체(1949. 8) — 검찰에 송치된 친일 인사들은 재판과정에서 무혐의, 증거 불충분, 보석 등으로 모두 풀려났다.
  2년을 1년으로 단축

분석
제헌 국회는 1948년 9월에 반민족 행위자의 범위, 처벌 내용과 방법을 규정한 반민족 행위 처벌법(반민법)을 제정하였다.

■ **반민족행위 처벌법**

제1조 일본 정부와 통모하여 한·일 합병에 적극 협력한 자, 한국의 주권을 침해하는 조약 또는 문서에 조인한 자와 모의한 자는 사형 또는 무기 징역에 처하고 그 재산과 유산의 전부 혹은 2분지 1이상을 몰수한다.

제3조 일본 치하 독립운동자나 그 가족을 악의로 살상·박해한 자 또는 이를 지휘한 자는 사형, 무기 또는 5년 이상의 징역에 처하고 그 재산의 전부 혹은 일부를 몰수한다.

2) 농지개혁과 귀속재산의 처분

① 미군정기의 정책 : '최고 소작료 결정의 건'(1945), 신한공사 설립(1946), 귀속농지 불하(1948) 소작료는 수확량의 1/3을 초과할 수 없다.

② 농지개혁
- 추진 : 1949년 농지개혁법 제정, 1950년 시행
- 방식 : 3정보 이상의 토지는 유상매입·유상분배, 5년간 수확량의 30%씩 상환
- 결과 : 지주제 폐지, 자영농 증가
- 한계 : 농지개혁이 지연됨에 따라 지주들이 토지를 미리 처분

③ 귀속 재산의 처분 : 귀속재산처리법 제정(1949), 휴전 직후 민간인 연고자에게 매각

● **신한공사**
미군정은 1946년 2월 신한공사를 설립하여 귀속재산(적산)을 접수, 관리하였다. 1948년 3월 중앙토지행정처로 개칭하여 귀속농지에 한하여 원래의 소작인과 귀국동포들에게 유상으로 불하하였다.

● **귀속재산처리법(1949.12)**
귀속 재산 중 공공성이 큰 것은 국유 또는 공유로 하고, 그 밖의 기업체, 부동산 등은 매각하되 연고자 또는 공공단체에 우선권을 주었다. 6.25 전쟁 이후 귀속기업체의 민간 불하가 본격적으로 이루어졌다.

● 농지개혁과 토지개혁 비교

구분	남한	북한
개혁안	농지 개혁법 (산림, 임야 제외)	토지개혁법 (전 토지)
법령공포	1949. 6(1950. 3 개정)	1946. 3
원 칙	유상매입, 유상분배	무상몰수, 무상분배
토지상한선	3정보	5정보

→ 지가 증권 발급하여 매수, 농지를 불하받은 농민들은 수확량의 30%를 5년 동안 현물 상환

● 농지 개혁 실시 전후의 소작 면적 변화

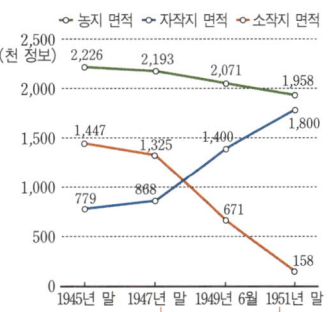

농지개혁이 실시되기 전에 소작지 감소, 자작지 증가
왜? ① 귀속농지 불하(1948년 초),
② 지주들이 농지개혁에 미리 대비

분 석
농지 개혁은 3정보 이상의 토지를 유상 매수하여 농민에게 유상분배하는 방식으로 추진되었다.

■ **농지개혁법(1949. 6. 21)**

제2조 정부는 다음에 의하여 농지를 매수한다.
2. 다음의 농지는 본 법 규정에 의하여 정부가 매수한다.
(가) 농가 아닌 자의 농지
(나) 자경하지 않는 자의 농지
(다) 본 법 규정의 한도를 초과하는 부분의 농지

3) 광복 직후의 사회·경제·문화

- 경제 : 경제 사정의 악화(생필품 부족으로 인한 물가 폭등)
- 교육
  - 미군정기에 6·3·3·4 학제 마련
  - 이승만 정부는 국민(초등)학교 의무교육 실시
- 문화 : 좌우 대립 심화, 극복 노력(안재홍, 손진태, 백남운)

● **대구 10월 사건**
1946년 10월 1일 대구에서 시작되어 전국으로 확산된 대규모 시위. 미군정의 식량 정책에 항의하여 시위에 나선 시민들에게 경찰이 총격을 가한 것이 계기가 되어 일어났다.

05 Ⅷ. 한국 현대사
6·25 전쟁

CheckPoint

1) 전쟁의 발발
- 전쟁 전야 : **애치슨 선언**(1950. 1), 소련의 무기 제공, 조선의용군의 북한군 편입
- 전쟁 발발 : 북한의 전면 남침(1950. 6. 25) → 유엔군 참전과 낙동강 전선의 교착

2) 전쟁의 전개와 휴전 협정
- 전쟁의 전개 : **인천상륙작전**(1950. 9. 15) → 압록강변까지 진출(1950. 10) → 중국군의 참전(1·4후퇴) → 서울재수복(1951. 3), 38도선 일대에서 전선 교착
- 휴전회담 ┬ 소련의 제의로 휴전회담 시작(1951. 6)   자유송환(유엔군)
          └ 군사분계선 설정, 전쟁포로 처리 문제로 난항 vs 자동송환(공산군)
- 휴전반대운동 : 이승만 정부의 휴전 반대 운동, **반공포로 석방**(1953. 6)
- 전쟁의 종결 ┬ 유엔군과 북·중 사이에 휴전협정 체결(1953. 7)
              └ **한·미 상호 방위 조약** 체결(1953. 10)

3) 전쟁의 비극
- 피해 : 수백 만 명의 사상자와 전쟁고아, 이산가족 양산, 산업시설 파괴
- 영향 : 민족 내부의 사상적 대립과 적대감 격화로 분단의 고착화
  → 남북 독재 정권의 유지에 이용
- 주요 사건 : 보도연맹 사건, **국민방위군 사건(1951)**, 거창 양민 학살 사건 등

◯ **보도연맹 사건**
좌익 활동 이력이 있는 사람들을 전향시켜 만든 반공단체이다. 6.25 전쟁 발발 직후 보도연맹원의 상당수가 군경에 의해 학살되었다.

◯ **국민방위군 사건(1951)**
국민방위군의 장교와 관리들이 군사 물자와 군량미 등을 착복하여 수만 명의 장병들이 보급품 부족으로 굶어 죽거나 얼어 죽은 사건이다.

분 석
미국의 태평양 방위선에서 한국과 타이완 등이 제외되었다.

■ **애치슨 선언(1950. 1)**
"미국의 극동 방위선은 알류산 열도, 일본 본토를 거쳐 류큐(오키나와)로 이어진다. 방위선은 류큐에서 필리핀으로 연결된다. …… 이 방위선 밖에 위치한 나라의 안보에 대해서는 군사적 공격에 대하여 아무도 보장할 수 없다."

■ **한·미 상호 방위 조약(1953. 10)**
제2조 당사국 가운데 어느 한 나라의 정치적 독립 또는 안전이 외부로부터 무력 공격에 의하여 위협을 받고 있다고 어느 당사국이든지 인정할 때는 언제든지 당사국은 서로 협의한다.
제4조 상호 합의에 의하여 미국은 육해공 전력을 한국의 영토 내와 그 부근에 배치할 수 있는 권리를 가지며 한국은 이를 허락한다.

기출지문
03. 포로 교환 방식에 대해 유엔군측은 포로 개개인의 자유의사에 따른 송환을 주장하였으며, 공산군측은 출신 국가로의 자동 송환을 주장하였다.

06 이승만 정부와 4·19 혁명

Ⅷ. 한국 현대사

GOSABU Compact History

1) 이승만정부의 장기집권

- 장기집권 획책
  - **발췌 개헌**(1952) : 대통령 직선제 개헌안 통과
  - **사사오입 개헌**(1954) : 초대 대통령의 연임 제한 규정 철폐
- 독재 강화 — 진보당 사건(1958), 보안법 파동(1958), 경향신문 폐간(1959)

CheckPoint

○ 진보당 사건
이승만 정부는 평화통일론을 주장한 조봉암을 간첩 혐의로 사형시키고, 진보당을 해산하였다.

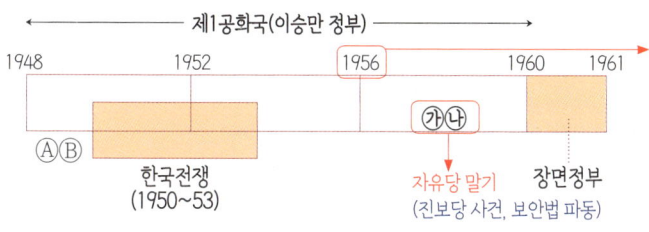

3대 정부통령 선거
신익희(민주당) 사망으로 이승만(자유당)이 당선되었으나 혁신계 후보 조봉암이 약진하였다. 부통령에 장면(민주당)이 당선되었다.

■ **발췌 개헌**(1952) ← {2대 총선거(1950. 5. 30)결과 이승만 재선 가능성 불투명 → 직선제 개헌시도(부산 정치 파동)}

제31조 입법권은 국회가 행한다. ❶ 국회는 민의원과 참의원으로 구성한다.
제53조 ❷ **대통령과 부통령**은 국민의 보통, 평등, **직접**, 비밀 투표에 의하여 각각 선거한다.
                                                정부통령 직선제

■ **사사오입 개헌**(1954) → 국회 표결에서 부결되었으나 사사오입 논리를 내세워 통과 시킴

제55조 ❶ 제1항 대통령과 부통령의 임기는 4년으로 한다. 단, 재선에 의하여 1차 중임할 수 있다.
※ 부칙 : ❷ 이 헌법 공포 당시의 대통령에 대하여는 55조 제1항 단서의 제한을 적용하지 아니 한다.

분석|
❶ 발췌 개헌은 양원제를 규정하였으나 3대 국회는 민의원만 구성되고 참의원은 유보되었다.
❷ 발췌 개헌은 이승만의 재선을 위해 국회 간선제 대신 국민의 직접 선거로 대통령을 선출하도록 하였다.

분석|
❶ 당시 헌법은 대통령과 부통령이 각각 선출되었으며, 임기는 4년이다.
❷ 개헌 당시의 대통령인 이승만에 한해 연임 제한 규정을 적용하지 않는다는 단서 조항이다.

2) ★4·19혁명(1960)

조병옥(민주당) 사망으로 이승만의 당선은 확실,
이승만이 고령(84세)이라 이기붕을 부통령에 당선시키기 위해 대대적인 부정 선거 자행

① 배경 : **3·15부정선거** → 마산의거(부정선거 규탄시위, 김주열의 죽음)
② 전개 : 부정선거 규탄시위의 확산 → 유혈사태, 교수단 시위, 미국의 퇴진 권유 → **이승만의 하야(4. 26)와 허정 과도정부 수립**
③ 의의 : 학생과 시민들이 힘을 합쳐 독재정권을 타도한 민주주의 혁명
        [중고생, 대학생]

┌ 4월 19일 : 부정선거 책임자 처벌
│   → 비상계엄령, 경찰 발포
└ 4월 25일 : 이승만 퇴진 요구

■ 서울대 문리대 4·19 시국 선언문

민주주의 이념의 최저 공리인 선거권마저 권력의 마수 앞에 농단되었다. (중략) 보라! 우리는 기쁨에 넘쳐 자유의 횃불을 올린다. 보라! 우리는 캄캄한 밤의 침묵에 자유의 종을 난타하는 타수의 일익임을 자랑한다.

분석|
자유당의 대대적인 부정 선거로 인해 4.19 혁명이 일어났다. 학생들은 3.15 부정 선거 책임자 처벌과 정부통령 선거의 재실시를 요구하였다.

Ⅷ. 한국 현대사 | **185**

07. 5·16 군사 정변과 박정희 정부

Ⅷ. 한국 현대사

3) 장면내각의 성립

① 과도정부
- 제3차 개헌(1960) : **내각책임제**와 **양원제** (민의원, 참의원) — 헌정 사상 최초
- 7·29총선에서 민주당 압승 → 대통령에 윤보선, 총리에 장면 선출

② 장면내각(제 2공화국)
- 국토 개발 사업 착수, **경제 개발 계획 수립** 실행은 5·16 군사 쿠데타 이후
- 각계 각층의 민주화 요구 분출(학원민주화운동, 노동운동, 청년운동 등)
- 중립화 통일론, 남북협상론 등 **통일운동 대두** → 억제
- 민주당 정부의 개혁 의지 미약, 민주당의 분열(신·구파)
  - 부정 선거 책임자와 부정 축재자 처벌에 소극적
  - 4차 개헌(반 민주 행위자를 처벌하는 소급 입법 개헌)

3·15 부정선거 → 마산의거 → 4·19 민주혁명 → 3차개헌(의원내각제) → 7·29 총선 → 장면정부

분 석
① 양원제가 규정되고, 1960년 7월에 참의원과 민의원을 선출하는 총선거가 치러졌다.
② 헌정 사상 처음으로 내각책임제가 실시되었다.

■ 3차 개헌(내각 책임제 헌법)

33조 ① 민의원 의원의 임기는 4년으로 한다. 단 민의원이 해산된 때에는 그 임기는 해산과 동시에 종료한다.
② ❶ 참의원 의원의 임기는 6년으로 하고 의원의 1/2을 개선한다.
제70조 국무총리는 국무회의를 소집하고 의장이 된다. ❷ 국무총리는 국무원을 대표하여 의안을 국회에 제출하고 행정 각 부를 지휘 감독한다.

---

07. 5·16 군사 정변과 박정희 정부

박정희 시대(1961~79)는 군정기, 제3공화국, 유신시대로 구분한다!

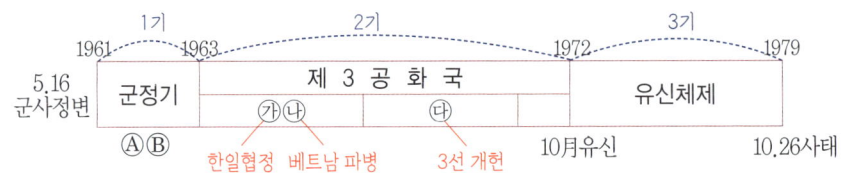

1) 5·16군사정변(1961)과 군정

① 군정실시
- 비상계엄 선포, 헌정 중단 — 군사 쿠데타(1961년 5월 16일) { 반공, 경제 개발 }
- 군사혁명위원회(→ **국가재건최고회의**) 구성, **혁명 공약** 발표

② 군사정부의 활동
- 구정치인들의 정치 활동 금지(**정치활동정화법**), 반공법 제정 — 정치 깡패 척결, 중앙정보부 창설
- **농어촌 고리채 정리 단행**, 부정축재 처리법 제정, 화폐개혁 단행
- 제5차 개헌 : 대통령 중심제와 단원제 국회(1962. 12)
- **경제개발 5개년계획 시작**(1962)

2) 박정희 정부(1963~1972)

- 출범   민주 공화당 창당 후 제5대 대선을 통해 박정희 대통령 선출
- 한일 협정
  - 김종필 오히라 비밀 회담(미국의 권유)
  - 6·3 항쟁(한일회담 반대 시위)
  - 한일 협정(1965) : 기본 조약과 4개의 부속협정으로 구성   어업, 재일교포, 청구권, 문화재
- 베트남 파병
  - 베트남 전쟁에 한국군 파병(1964~1973), 미국의 파병 요청
  - 브라운 각서(1966) : 한국에 대한 경제·군사 분야의 원조 약속
- 제6차 개헌   장기 집권을 위한 개헌(3선 연임 금지 → 4선 연임 금지)

배경 : 7대 대통령 선거, 7·4남북공동성명
(김대중 바람으로 고전) (국제 정세의 변동)

3) 유신체제(1972~1979)

① 10월 유신 선포(1972. 10)
  - 전국에 비상 계엄령 선포, 국회해산, 정치활동 금지
  - 비상 국무회의에서 유신헌법 제정, 국민투표로 확정(1972. 11)

  (기존 헌정 질서 중단 / 독재 권력 강화를 위한 친위 쿠데타)

② 유신헌법(7차개헌)
  - 대통령의 초법적 지위 강화(긴급조치권, 국회해산권), 유신정우회
  - 통일주체 국민회의에서 간접선거로 대통령 선출(임기 6년, 연임제한 철폐)

③ 유신체제에 대한 저항 (재야, 종교계, 학생)
  - 개헌 청원 100만 인 서명운동(1973, 장준하)
  - 민청학련 사건(1974), 3·1민주구국선언(1976)

  김대중 납치 사건(1973)

  명동성당에서 재야, 종교계 인사(긴급조치 철회, 대통령 퇴진 요구)

④ 유신체제의 붕괴

| 78년 총선에서 야당 돌풍 |
| 2차 석유 파동 |
| YH 사건, YS 제명 |

→ 부마 항쟁 → 10·26사태

(중앙정보부장) 김재규가 박정희 저격 → 18년 1인 독재의 종말

유신체제에 반대하는 대규모 시위
(부산, 마산 지역)

김영삼 의원직 제명

○ 통일주체 국민회의
유신 헌법에 의해 설치된 헌법 기관으로 통일 정책의 최고 결정 기관이다. 또 무기명 투표에 의해 대통령 선출, 국회의원 정수의 1/3 선출, 헌법 개정안의 최종 확정 등 막강한 권력을 행사하였다.

유신정우회

■ 유신 헌법

제39조 ❶ 대통령은 통일주체국민회의에서 토론 없이 무기명 투표로 선출한다.
제53조 대통령은 천재지변 또는 중대한 경제상의 위기에 처하거나, 국가의 안전 보장 또는 공공의 안녕 질서가 중대한 위협을 받거나 받을 우려가 있어 신속한 조치를 할 필요가 있다고 판단할 때에는 ❷ 내정·외교·국방·경제·재정·사법 등 국정 전반에 걸쳐 필요한 긴급 조치를 할 수 있다.

분 석
❶ 유신 헌법은 통일주체국민회의에서 간접 선거를 통해 대통령을 선출하도록 하였다.
❷ 국민의 자유와 권리에 대해 무제한의 제약을 가할 수 있는 초헌법적 권한이었다.

기출지문

04. 유신 반대 운동이 확산되자 박정희 정부는 민청학련 사건과 인민혁명당재건위원회 사건 등을 조작하여 수많은 민주인사를 구속하고 사형시켰다.

08 VIII. 한국 현대사
1980년대 이후 정치 발전

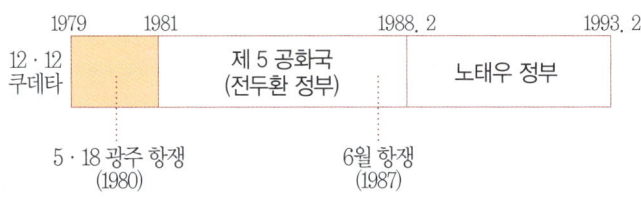

CheckPoint

1960년대 이후 비상계엄령 선포
1. 4·19 혁명(1960. 4)
2. 5·16 군사정변(1961. 5)
3. 6·3 사태(1964. 6)
4. 10월 유신(1972. 10)
5. 박정희대통령 시해사건(1979. 10)
6. 12·12 사태(1979. 12)
7. 5·18 민주화운동(1980. 5)

cf) 6월민주항쟁 때 비상계엄 없었다.

1) 5·18 민주화 운동

- 신군부의 등장 — 12·12 군사 쿠데타 이후 신군부 세력의 권력 장악 시도
  → 서울의 봄 → 비상계엄 확대, 정치활동 금지
- 5·18 민주화 운동 — 신군부의 권력 장악에 맞선 광주 지역 시민과 학생들의 시위
  → 유혈진압
- 국가보위비상대책위원회 — 사실상의 군정 실시
  — 언론사 통폐합, **삼청 교육대**

■ 광주 시민군 궐기문
우리는 왜 총을 들 수 밖에 없었는가? 그 대답은 너무나 간단합니다. 너무나 무자비한 만행을 더 이상 보고 있을 수만 없어서 너도나도 총을 들고 나섰던 것입니다. (중략) 계엄 당국은 18일 오후부터 공수부대를 대량 투입하여 시내 곳곳에서 학생, 젊은이들에게 무차별 살상을 자행하였으니!

2) 6월 민주 항쟁

- 전두환 정부 ┬ 제8차 개헌 : **7년 단임제**(간접선거로 대통령 선출)
              ├ 유화 정책 : 과외 금지, 중고교 교복 자율화, 야간 통행금지 해제 등
              └ 독재 정치 : 민주화 운동 탄압, 인권 유린
- 6월 민주 항쟁 ┬ 박종철 고문치사 사건, **4·13 호헌 조치** → 전국적인 민주화 시위 전개
                └ 6·29 선언(대통령 직선제 개헌 약속) → **제9차 개헌**(5년 단임, 직선제)

분 석
❶ 경찰 등 공안 당국은 박종철 고문 치사 사건을 축소·은폐하려 하였다.
❷ 정부는 1987년 4월 13일 대통령 간선제를 유지한다는 4·13 호헌 조치를 발표하였다.

■ 박종철 고문 살인조작 은폐 및 호헌 철폐 국민대회 선언문(1987. 6. 10)
국가의 미래요 소망인 꽃다운 ❶ 젊은이를 **야만적인 고문**으로 죽여 놓고 그것도 모자라서 국민을 속이려 했던 현 정권에게 국민의 분노가 무엇인지를 분명히 보여주고, 국민적 여망인 ❷ 개헌을 일방적으로 파기한 **4·13 호헌 조치**를 철회시키기 위한 민주 장정을 시작한다.
— 호헌 반대 민주 헌법 쟁취 국민 운동 본부 —

■ 6·29 선언
첫째, **여야 합의하에 조속히 대통령 직선제 개헌을 하고** 새 헌법에 의한 대통령 선거를 통해 1988년 2월 평화적 정부 이양을 실현토록 해야겠습니다.

3) 민주주의 진전

- 노태우 정부
  - 여소야대 국회(5공 청문회) → 3당 합당(민자당)
  - 북방 외교, 남북한 UN 동시 가입
- 김영삼 정부
  - 금융 실명제 실시, 지방 자치 단체장 선거 부활
  - 하나회 해산, 역사 바로 세우기 운동, 외환 위기
- 김대중 정부
  - 최초의 평화적인 여야 정권 교체
  - 외환위기 극복, 남북정상회담(6·15 공동선언)

○ 대한 민국 헌법의 역사 중요! 개헌이 이루어진 배경, 개헌안의 핵심 내용 등을 파악할 것!

연도	구분	개정 요지	특기 사항
1948	헌법 제정	대통령 중심제, 국회의원에 의한 간선, 1회 중임 가능(임기 4년)	최초의 헌법
1952	1차 개정	정·부통령 직선제로 전환, 양원제	발췌 개헌
1954	2차 개정	초대 대통령에 한하여 연임 제한 규정 철폐	4사 5입 개헌
1960	3차 개정	의원 내각제(양원제), 기본권 강화	4·19 혁명 후
1960	4차 개정	3·15 부정 선거 관련자, 부정 축재자 처벌 소급 특별법 제정을 위해 개정	2공화국(장면 정부) 때
1962	5차 개정	대통령 중심제, 단원제, 국민 투표를 통해 확정	5·16 군사 정변 후
1969	6차 개정	대통령 3선 금지 규정을 4선 금지로 완화	3선 개헌
1972	7차 개정	통일주체국민회의에서 대통령 간접 선거(임기6년), 긴급 조치권·국회 해산권 등 대통령의 권한 강화	유신 헌법
1980	8차 개정	대통령 선거인단의 간접 선거로 대통령 선출, 단임제(임기 7년)	5공화국 헌법
1987	9차 개정	대통령의 직접 선거(5년 단임), 대통령 권한 축소	현행 헌법

CheckPoint

○ **지방자치제**

1949년 지방자치법이 처음 제정되었다. 당시에는 단체장은 선출하지 않고 지방 의회만 선출하였다. 1960년 4.19 혁명 이후 단체장도 선출제로 하는 등 지방자치제를 확대하였으나, 5.16 군사 정변 이후 폐지되었다. 이후 노태우 정부에서 지방 의회 선거가 부활되었으며, 1995년 김영삼 정부에서 지방차지 단체장 선거가 실시되었다.

○ **FTA(자유무역협정) 체결**

2004년 한·칠레 FTA가 체결되었으며, 2007년 한·미 FTA에 서명하였다. 한·미 FTA는 2012년에 발효되었다.

09 현대의 경제 발전

VIII. 한국 현대사

CheckPoint

● 삼백산업
1950년대 한국 산업의 3대 성장부문인 제분(밀가루)·제당(설탕)·면방직공업을 가리킨다.

● 대충자금
미국에서 원조받은 농산물을 판매한 돈은 '미공법 480호'에 따라 대충자금으로 적립되었다. 이 자금은 주한 미군의 유지비용, 미국산 무기 구입 비용 등으로 사용되었다.

수출 100억 달러(1977)

1) 원조 경제 체제

- 내용 — 미국의 무상원조(생활필수품, 소비재 원료, 잉여 농산물)
- 영향 — 식량 문제 해결, **삼백산업** 발달 그러나 국내 농업 기반 붕괴
- 중단 ┬ 1958년 이후 원조 중단 → 유상차관으로 전환
        └ 경제개발계획 수립, 장면 정부에서 5개년 계획안으로 수정

2) 경제개발 5개년 계획

대기업 집중 육성·지원

- 특징 — 정부 주도 **수출성장 전략**(외국의 기술·자본 도입, 풍부한 노동력으로 제품 생산·수출)
- 1960년대 ┬ 제1, 2차 경제개발 5개년 계획(수출 주도형, **경공업 중심**)
            └ **일본의 경제협력 자금, 베트남 특수** → 1960년대 후반 경제 발전에 기여
- 1970년대 ┬ 제3, 4차 경제 개발 5개년 계획(**중화학 공업**으로 산업구조 개편)
            └ 두번의 **석유파동**으로 위기, **중동 건설 진출** (오일달러 : 중동 특수)
- 빛과 그림자 ┬ 고도성장과 수출 증대, 국민소득 증가 등
              └ 기술과 자본의 해외 의존도 심화, 도농간의 불균형 심화, 중소기업 문제, 빈부격차 등

3) 1980년대 이후 한국경제

● 경제 발전 연표

연도	내용
1950년	농지 개혁 실시
1962년	제1차 경제 개발 5개년 계획 시작
1965년	한·일 협정 조인
1970년	**경부 고속 국도 개통**, 새마을 운동 시작
1973년	제1차 석유 파동, 포항제철 준공
1979년	제2차 석유 파동
1993년	**금융 실명제 실시**
1995년	세계 무역 기구(WTO) 체제 출범
1996년	**경제 협력 개발 기구(OECD) 회원국 가입**
1997년	IMF 외환 위기

① 전두환 정부
  ┬ 경제 안정화 정책(중화학 공업 투자 조정, 부실기업 정리)
  └ **3저 호황**(저유가, 저금리, 저달러)

② 1990년대
  ┬ 시장 개방(농산물, 자본·금융 등)
  ├ 금융실명제 실시(1993)
  └ 신자유주의 정책 추진(WTO 가입, OECD 가입)

③ **외환위기(1997)** ← 한보철강 부도 이후 국제 단기 자금 이탈로 외환보유고 부족
  ┬ IMF구제금융요청
  └ 금모으기운동, 4대부문(공공, 기업, 노동, 금융) 개혁

뼈를 깎는 구조조정 노력
  ┬ 기업의 연쇄 도산, 대량 해고
  └ 재벌에 경제력 집중, 양극화 심화, 고용 불안(비정규직 제도)

10 현대의 사회·문화

VIII. 한국 현대사

GOSABU Compact History

1) 노동 운동

- 1970년대 ─ 전태일 분신 사건(1970), YH 무역 사건(1979)
- 노동운동의 ─ 1987년 노동자 대투쟁 이후 노동 운동의 양적 질적 성장
  성장 ─ 민주노총 설립(1995), 노사정위원회 설치(1998)

CheckPoint

○ **YH무역사건**
가발 생산 업체인 YH 무역이 1979년에 폐업하자, 종사자들은 정상화를 요구하며 야당인 신민당사에 들어가 농성하였다. 농성은 경찰에 의해 강제 해산되었으나, YH 사건은 유신 체제 몰락의 한 원인이 되었다.

2) 농촌의 변화와 새마을 운동

- 농촌의 현실 ─ 농가 부채 증가(저곡가 정책), 농촌을 떠나 도시 빈민층
  ─ 혼분식 장려 운동(1960~70년대)
- 새마을 운동 ─ 1970년 시작, 정부 주도의 농촌 근대화 운동(근면, 자조, 협동)
  ─ 농어촌 환경 개선 사업으로 시작, 점차 의식 개혁 운동으로 확산

○ **광주 대단지 사건(1971)**
경기도 광주대단지(지금의 경기도 성남시) 주민 수만여 명이 정부의 무계획적인 도시정책과 졸속행정에 반발하며 도시를 점거했던 사건

3) 교육의 발전

- 이승만 정부 ─ 초등 교육 의무 교육 실시
- 박정희 정부 ─ 국가주의 교육(국민 교육 헌장), 중고교 평준화
- 전두환 정부 ─ 과외 전면 금지, 본고사 폐지, 졸업정원제 실시
- 1990년대 ─ 수능 제도 도입과 '초등학교' 명칭(김영삼 정부)
  ─ 중학교 의무 교육(김대중 정부)

■ **국민교육헌장(1968)**
우리는 민족중흥의 역사적 사명을 띠고 이 땅에 태어났다. 조상의 빛난 얼을 오늘에 되살려, 안으로 자주 독립의 자세를 확립하고, 밖으로 인류 공영에 이바지할 때이다. 이에 우리의 나아갈 바를 밝혀 교육의 지표로 삼는다.

4) 사회의 변화(언론, 복지, 여성, 인권)

- 언론 탄압 ─ 유신 정권 : 기자등록제, 동아사태(1974)
  ─ 신군부 : 언론기본법, 언론사 통폐합, 보도지침
- 복지의 확대 ─ 전국민 의료 보험 확대(1989)
  ─ 국민 기초 생활 보장법(2000)
- 사회 운동 ─ 김대중 정부 : 국가인권위원회, 여성부 설치
  ─ 노무현 정부 : 호주제 폐지

○ **동아사태**
1974년 10월 언론사 편집국장이 정보기관에 연행되자 동아일보 기자들은 '언론자유실천선언'을 발표하였다. 정부는 동아일보의 광고를 끊게 하여 백지광고사태가 발생하였다. 정부의 광고 탄압에 반발해 독자들은 유료격려 광고를 내고 성금을 보내왔다.

11 북한 현대사

VIII. 한국 현대사

CheckPoint

조선인민군 창설(1948년 2월)

1) 북한 정부의 수립

- 민주개혁(1946)   북조선임시인민위원회 주도, 토지개혁과 주요산업국유화 조치
- 행정기구
  - 북조선임시인민위원회(1946) → 북조선인민위원회(1947. 2)
  - 조선민주주의 인민공화국 수립(1948. 9)
- 당   북조선공산당(1945) → 북조선노동당(1946) → 조선노동당(1949)

2) 김일성 유일 체제의 확립과 주체 사상의 성립

- 김일성의 권력 강화
  - 6·25 전쟁 중 남로당계 숙청
  - 8월 종파 사건으로 소련파와 연안파 숙청, 김일성 독재 체제 성립
- 주체사상의 성립
  - 1950년대 중소 이념 대립 이후 태동
  - 1972년 사회주의 헌법 제정(국가 주석제, 주체사상 확립)

● **주체사상** (북한식 사회주의 이념)
이른바 사상의 주체, 정치의 자주, 국방·군사의 자위, 경제의 자립, 학문의 주체 등을 내세운 북한의 통치 이데올로기이다. 김일성 유일 지배 체제 구축 및 개인숭배와 반대파 숙청에 이용되었다.

3) 김정일 체제

- 권력 승계   1980년 노동당 대회에서 공식 후계자 지명, 1993년 국방위원장 취임
- 김정일 시대   1998년 헌법 개정(주석제 폐지) 이후 본격적인 김정일 시대 개막
- 김정은 시대   2011년 김정일 사망 후 김정은 국무위원장 취임

4) 북한 경제의 변화

- 1950년대
  - 5개년 경제 계획(협동농장, 개인 상공업 금지)
  - 천리마 운동(생산력 증대를 위한 노동 강화 운동)
- 북한 경제의 위기
  - 사회주의 계획 경제와 자립 경제 정책의 한계
  - 과도한 국방비 지출, 에너지 부족 등
- 변화를 위한 노력
  - 합영법(1984), 경제특구 지정(나진·선봉)
  - 2000년대 이후 시장 경제 일부 도입

● **합영법**
합작회사 경영법의 준말로, 1984년 북한에서 외국과의 경제, 기술 교류 및 합작 투자를 목적으로 제정한 법이다. 1994년 신합영법으로 개정되었다.

12. 남북 대화
Ⅷ. 한국 현대사

1) 통일 정책의 변화

- 이승만 정부: 북진통일론, 통일 운동 탄압(진보당 사건)
- 1960년대: 4·19 혁명 이후 민간의 통일 운동 전개 → 5·16 군사 쿠데타 이후 선건설 후통일론(통일 문제 유보)
- 북한의 도발: 청와대 습격 사건(1968), 울진·삼척 무장 공비 침투 사건(1968)

2) 1970년대 남북 대화와 교류

- 배경: 닉슨 독트린 이후 긴장 완화, 남북 적십자 회담 개최(1971)
- 7·4 남북 공동성명
  - **자주, 평화, 민족대단결의 3대 원칙** 합의
  - **남북 조절 위원회 구성** 서울과 평양 사이에 상설 직통 전화 설치
- 6·23 평화통일 선언: UN 동시 가입을 제안(1973)

3) 1980년대 남북 대화

- 전두환 정부: 남북 이산가족 고향 방문(1985)
- 노태우 정부:
  - 한민족 공통체 통일 방안(1989), 남북 고위급 회담 개최
  - **남북한 유엔 동시 가입**(1991)
  - **남북 기본 합의서**(1991): 체제 인정, 상호 불가침, 교류·협력 확대
  - **한반도 비핵화 공동 선언**(1992)

○ 7·7선언(1988)
노태우 정부가 남북관계와 북방외교의 추진 방향을 제시한 특별선언이다. 이 선언에서 북한과의 관계를 동반자 관계로 발전시키고 남북한이 상호교류를 통해 공동체로 통합을 모색하자는 제안을 담고 있다.

■ 남북 사이의 화해와 불가침 및 교류·협력에 관한 합의서(1991. 12. 13)

　남과 북은 쌍방 사이의 관계가 나라와 나라 사이의 관계가 아닌 통일을 지향하는 과정에서 잠정적으로 형성되는 특수 관계라는 것을 인정하고, …… 다음과 같이 합의하였다.
〈제1장〉 제1조 남과 북은 서로 상대방의 체제를 인정하고 존중한다.
〈제2장〉 제9조 남과 북은 상대방에 대하여 무력을 사용하지 않으며, 상대방을 무력으로 침략하지 아니한다.
〈제3장〉 제15조 남과 북은 …… 민족 내부 교류로서의 물자 교류, 합작 투자 등 경제 교류와 협력을 실시한다.

분 석
남북기본합의서는 남북한 관계를 통일 과정의 '잠정적 특수관계'라고 규정하고, 남북화해(제1장) 및 불가침(제2장), 교류와 협력(제3장)에 대해 합의하였다.

■ 한반도 비핵화 공동 선언(1992. 1.)

　남과 북은 핵무기의 시험, 제조, 생산, 접수, 보유, 저장, 배치, 사용을 아니한다.
　남과 북은 핵재처리 시설과 우라늄 농축 시설을 보유하지 아니한다.

분 석
한반도 비핵화 공동 선언은 1991년 12월 31일 남북한 총리가 서명하였으며, 1992년 정식으로 발효되었다. 핵무기의 시험, 제조, 생산, 접수, 보유, 저장, 배치, 사용을 하지 않으며 핵 재처리 시설과 우라늄 농축 시설을 보유하지 않는 것을 약속하였다.

4) 1990년대 이후 남북 대화

- 김영삼 정부   남북정상회담에 합의했으나 김일성 사망으로 불발 → 남북관계 후퇴
- 김대중 정부   화해 협력 정책(햇볕 정책), 금강산 관광 사업(1998)
  - 남북 정상 회담과 **6 · 15 공동 선언**(2000)
  - 경의선 복구 사업, 개성공단 설치, 이산가족 정례 상봉
- 노무현 정부   제2차 남북 정상 회담에서 **10 · 4 선언** 채택(남북 관계 발전과 평화 번영을 위한 선언) 남북 공동 어로 구역, 서해 평화 협력 특별지대
- 문재인 정부   제3차 정상회담에서 **판문점 선언** 채택(2018년 4월 27일)

CheckPoint

○ **제네바 합의(1994)** — 제1차 북핵위기
1993년 북한이 NPT를 탈퇴하자 북·미 간의 긴장이 높아졌다. 카터 전 미국 대통령의 방북으로 북미 직접 대화가 성사되었다. 북한이 핵을 동결하는 대가로 미국측은 중유와 경수로 발전소 건립을 지원한다는 내용을 담고 있다.
→ 한반도 에너지 개발기구(KEDO)

분 석
6·15 공동선언은 남북 정상이 직접 만나 평화와 화해 협력을 위한 구체적 실천 사항에 합의함으로써 규범력 있는 남북관계의 틀을 마련하였다.

■ **6·15 남북 공동 선언(2000. 6. 15.)**
1. 남과 북은 나라의 통일 문제를 그 주인인 우리 민족끼리 서로 힘을 합쳐 자주적으로 해결해 나가기로 하였다.
2. 남과 북은 나라의 통일을 위한 **남측의 연합제 안과 북측의 낮은 단계의 연방제 안이 서로 공통성이 있다고 인정**하고, 앞으로 이 방향에서 통일을 지향시켜 나가기로 하였다.
4. 남과 북은 경제 협력을 통하여 **민족 경제를 균형적으로 발전**시키고 사회·문화·체육·보건·환경 등 **제반 분야의 협력과 교류를 활성화**하여 서로의 신뢰를 다져 나가기로 하였다.

■ **북한의 주요 도발**
○ 1968년 **1.21 청와대 습격 사건**, 울진·삼척 무장 공비 침투 사건
○ 1976년 판문점 도끼 만행 사건
○ 1983년 아웅산 폭탄 테러 사건
○ 1987년 대한항공 858편 폭파 사건
○ 기타 : 연평해전(1999년, 2002년)

■ 남북한 정부의 통일 방안 비교

남한	이승만~장면	유엔 감시 하에 남북 자유 총선거
	박정희 정부	선 건설 후 통일 → 선 평화 후 통일론
	전두환 정부	민족화합 민주통일 방안(1982)
	노태우 정부	❶ 한민족 공동체 통일 방안(1989)
	김영삼 정부	❷ 민족 공동체 통일 방안(1994)
	김대중 정부	6·15 공동 선언(연합제안과 낮은 단계 연방제 안의 공통성 인정)
북한	1960년대	과도적 연방제 통일 방안(1960)
	1980년대	❸ 고려 민주 연방공화국 통일 방안(1980)

❶ 1989년 노태우 대통령의 국회 연설에서 자주·평화·민주의 원칙 아래 '한민족 공동체 통일 방안'을 제시하였다. 이 방안의 가장 중요한 특징은 통일의 과정에서 중간 단계(남북연합)를 설정한 것이다. 남북연합은 최고의결기구로 '남북정상회의', 남북정부대표로 구성되는 '남북각료회의', 남북 국회의원으로 구성되는 '남북평의회', 이를 위한 실무 문제를 관장하는 '공동사무처'를 두고, 서울과 평양에 상주 연락 대표를 파견하는 것이다. 이 방안은 남과 북에 서로 다른 체제가 있다는 분단 현실을 인정한 바탕 위에 공존공영하면서 민족 공동체를 형성해 나가고, 여건이 성숙되면 민족 전체의 의사에 따라 1민족 1국가 1체제 1정부의 통일국가를 이룩하자는 것이다.

❷ 1994년 8·15 경축사에서 김영삼 대통령이 '민족 공동체 통일 방안'을 제시하였다. 이 통일 방안은 노태우 정부의 '한민족 공동체 통일 방안'의 골격을 유지하고 있지만, 통일의 3단계를 좀 더 구체화하였다. 1단계는 화해·협력, 2단계는 남북연합, 3단계는 통일 국가 완성을 말한다.

❸ 북한은 1960년 처음으로 연방제 통일 방안을 제시하였다. 1973년에는 '고려연방공화국'이라는 단일국호에 의한 남북연방제 실시를 주장하였다. 1980년 제6차 당대회를 통해 최종 정리된 통일 방안으로 '고려민주연방공화국 창립 방안'을 제시하였다. 이 통일 방안은 남북의 상이한 두 체제를 그대로 인정하고, 남북 양 지역정부가 내정을 맡고 군사와 외교는 중앙정부가 맡는 1민족, 1국가, 2제도, 2정부 형태의 통일 국가를 지향하고 있다.

1990년대 이후 북한은 '잠정적으로 지역정부에 더 많은 권한을 부여'하는 느슨한 형태의 연방제를 수정 제의하였다. 2000년 남북정상회담에서는 김정일 국방위원장이 낮은 단계의 연방제를 주장하였다.

부록 1

■ 한국사의 시대 구분

한국사의 여명	고조선 ~ 초기국가
고대	삼국 시대 ~ 남북국 시대
중세	고려 시대
근세 전기	조선 전기(조선의 건국 ~ 양난)
근세 후기	조선 후기(양난 ~ 세도정치)
근대	흥선대원군의 집권 ~ 한일 강제 병합
일제 강점기	한일 강제 병합 ~ 광복
현대	광복 이후

■ 한국사와 중국사

시대	중국사		한국사				시대
상고 시대	하(夏) 상(商) 주(周)						
고대	춘추전국시대		고조선				초기 국가
	진						
	한(漢)		위만조선				
					삼한		
중세	위 촉 오		부여				고대
	서진			백제	신라	가야	
	5호16국	동진	고구려				
	북위	남조					
	수						
	당(唐)		발해	통일신라			
근세 전기	5대10국		고려				중세
	서하	요	북송				
		금	남송				
	원(元)						
근세 후기	명(明)		조선				근세
	청(淸)						근대 태동기
근현대	중화민국		대한제국 일제시대				근현대
	중화인민공화국		대한민국				

부록 2
지역사

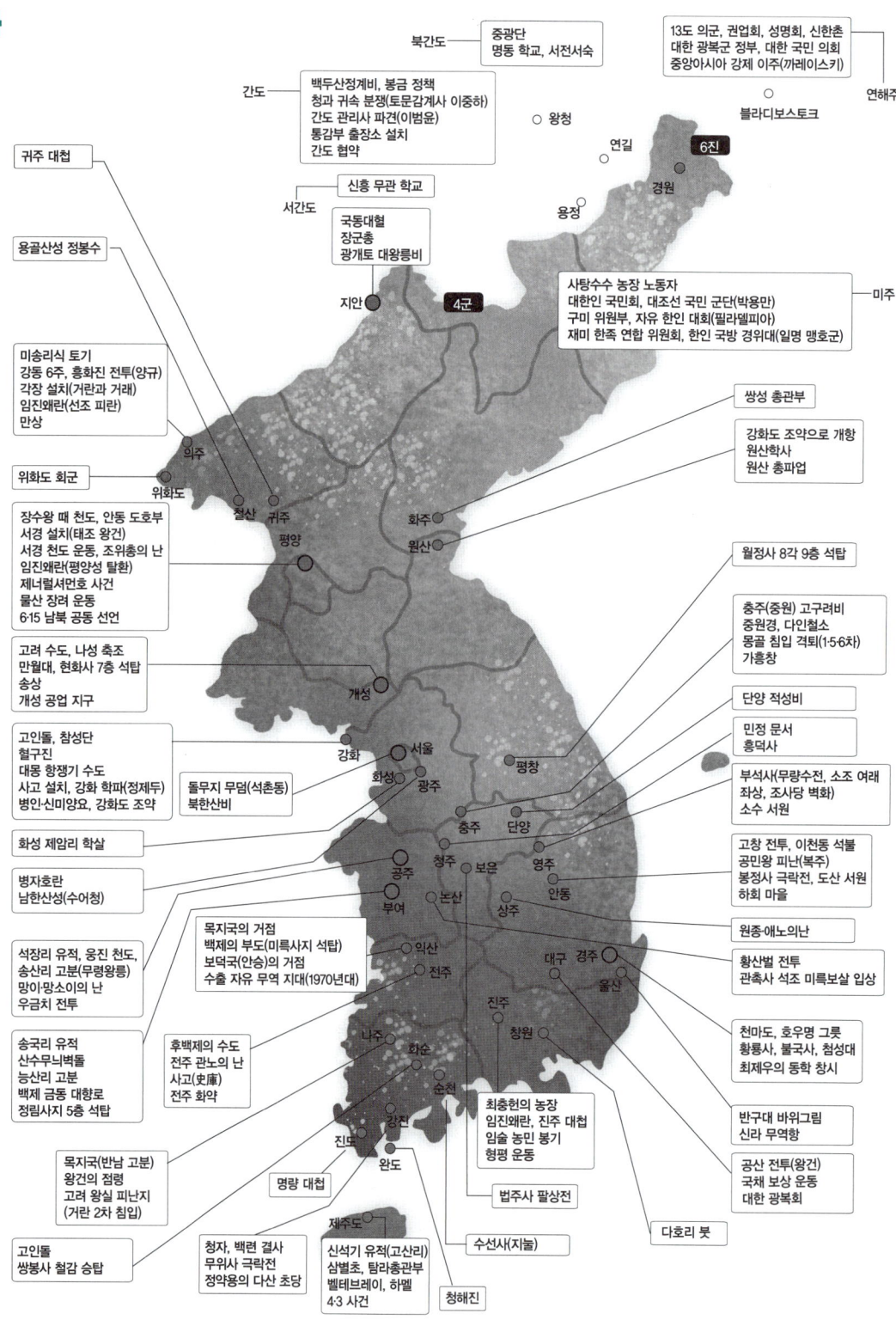

GOSABU Compact History